DESIGUALDADES INTERSECCIONALES
MUJERES Y POLÍTICA SOCIAL EN EL PERÚ, 1990-2000

Jelke Boesten

Desigualdades interseccionales

Mujeres y política social en el Perú, 1990-2000

IEP
INSTITUTO DE
ESTUDIOS
PERUANOS

Serie: Perú Problema, 58

Este título fue publicado originalmente en inglés con el título: "Intersecting Inequalities: Women and Social Policy in Peru", por the Pennsylvania State University en 2010.

Horacio Urteaga 694, Lima 11
Telf.: (51-1) 332-6194
www.iep.org.pe

ISBN: 978-9972-51-697-9
ISSN: 0079-1075
Impreso en Perú

Primera edición: Lima, julio de 2018
600 ejemplares
Hecho el depósito legal en la Biblioteca Nacional del Perú: 2018-09161
Registro del proyecto editorial en la Biblioteca Nacional: 31501131800624

Corrección:	Sara Mateos
Asistente editorial:	Yisleny López
Diagramación:	Silvana Lizarbe
Carátula:	Gino Becerra
Cuidado de edición:	Odín del Pozo

BIBLIOTECA NACIONAL DEL PERÚ
Centro Bibliográfico Nacional

362.5561082 Boesten, Jelke
B68 [Intersecting inequalities: women and social policy in Peru. Español]
Desigualdades interseccionales: mujeres y política social en el Perú, 1990-2000 / Jelke Boesten.-- 1a ed.-- Lima : Instituto de Estudios Peruanos, 2018 (Lima : Litho & Arte).
263 p.; 23 cm.-- (Perú problema / Instituto de Estudios Peruanos; 58)

Traducción de: Intersecting inequalities: women and social policy in Peru.

Bibliografía: p. [227]-263.
D.L. 2018-09161
ISBN 978-9972-51-697-9

1. Mujeres pobres - Política gubernamental - Perú 2. Mujeres pobres - Servicios para - Perú 3. Mujeres pobres - Perú - Condiciones sociales 4. Igualdad - Perú 5. Perú - Política social - 1990-2000 I. Instituto de Estudios Peruanos (Lima) II. Título III. Serie

BNP: 2018-409

Índice

Lista de siglas

CEM	Centro Emergencia Mujer
Conamup	Comisión Nacional de la Mujer Peruana, 1970-1976
CNC	Comisión Nacional de Comedores Autogestionarios
CVR	Comisión de la Verdad y Reconciliación, 2001-2003
Demuna	Defensoría Municipal del Niño y del Adolescente
Depromuna	Defensoría y Promoción de la Mujer, del Niño y Adolescente
Feccpalc	Federación de Centrales de Comedores Populares Autogestionarios de Lima y Callao, fundada en 1991
Fecma	Federación Provincial de Clubes de Madres de Ayacucho, fundada en 1988
Fedecma	Federación Departamental de Clubes de Madres de Ayacucho, fundada en 1991
Femoccpaalc	Federación de Mujeres Organizadas de Centrales de Comedores Populares Autogestionarios y Afines de Lima y Callao, fundada en 1999
Inabif	Instituto Nacional de Bienestar Familiar (hoy Programa Integral Nacional para el Bienestar Familiar)
Mimdes	Ministerio de la Mujer y Desarrollo Social, 2002-2012
ONG	Organización no gubernamental
Promudeh	Ministerio de Promoción de la Mujer y del Desarrollo Humano, 1996-2002
Pronaa	Programa Nacional de Asistencia Alimentaria
Pronamachcs	Proyecto Nacional de Manejo de Cuencas Hidrográficas y Conservación de Suelos
Usaid	Agencia de los Estados Unidos para el Desarrollo Internacional

Nota

Una versión anterior del capítulo 2 se publicó en el año 2003 como "Poor Women in Peru: Reproducers of Poverty and Poverty Relievers", en "Women and Development: Rethinking Policy and Reconceptualizing Practice", edición especial de *Women's Studies Quarterly*, 31, n.° 3 y 4: 113-128. El capítulo 3 se publicó en 2007 como "Free Choice or Poverty Alleviation? Population Policies in Peru under Alberto Fujimori", en la revista *European Review of Latin American and Caribbean Studies*, 82 (abril): 3-20. Finalmente, una versión anterior del capítulo 4 apareció en 2006 como "Pushing Back the Boundaries: Social Policy, Domestic Violence, and Women's Organisation in Peru", en *Journal of Latin American Studies*, 38, n.° 2: 355-378.

La traducción de este libro fue realizada
por Valeria Seminario Portella.

Prefacio y agradecimientos

Candelaria Ascona Salgado vive en un barrio cerca del centro de Lima. Su casa es de adobe y pequeña, y la comparte con su pareja, una de sus hijas, ya adulta, y un nieto adolescente, de quien cuida. Conocí a Candelaria y a su familia en la primavera de 2000 a través de su hija Beatriz —la madre del nieto a su cargo—, que había emigrado a Ámsterdam, donde nos hicimos amigas. Candelaria, para quien yo representaba un puente que la conectaba con su hija ausente, me abrió las puertas de su casa y se hizo un tiempo para hablarme sobre su pasado como activista y sobre las redes sociales que formó y mantuvo en su barrio. Así, fueron Candelaria y su familia mi primera puerta de entrada a la vida de los millones de peruanos que viven en los márgenes de las ciudades, en casas y barrios autoconstruidos.

El barrio de Candelaria es un típico asentamiento humano creado por migrantes a fines de los años sesenta y principios de los setenta. En 1970, Candelaria llegó a Lima desde su pueblo natal en la provincia andina de Huancavelica, junto con su primer hijo y su marido. Como muchos otros migrantes, esta joven familia buscaba una vida mejor en la capital, pero no encontró más que un terreno baldío en los cerros desiertos que la rodean. Optimista y decidida, Candelaria construyó ahí su casa y ayudó a formar un barrio que hoy ya cuenta con un centro de salud, una escuela y servicios de recolección de basura y de transporte. Hoy la gente sigue respetándola por su papel en la construcción y organización de este barrio durante los años setenta.

En aquel entonces, Candelaria logró reunir a algunas vecinas y formar con ellas un "comité de damas". Tomó la iniciativa, organizó ciertas actividades, como el cuidado de los niños; movilizó apoyo cuando fue necesario enfrentarse a instituciones del gobierno o privadas por temas de licencias, materiales de construcción, donaciones o servicios sociales; y se dedicó a fomentar la unidad social en este nuevo barrio abandonado, en gran medida, por el Estado.[1] Así, del intento de solventar ciertas necesidades sociales y materiales básicas para la supervivencia familiar, nació esta organización que exigió el activismo comunitario de las mujeres del barrio.

Su comité de damas, fundado en 1973, es hoy lo que se conoce como un "comedor popular", un fenómeno que se generalizó en el Perú a raíz de la crisis política y económica de fines de los años setenta. Un día, a pedido mío, Candelaria invitó a la junta directiva de esta organización a su casa para conversar sobre sus retos y preocupaciones. Dado que Candelaria ya no participaba en ella, parecía estar tan interesada como yo en escuchar a estas tres jóvenes vecinas. Las mujeres nos contaron que el gobierno —presidido en aquel entonces por Alberto Fujimori— era la mayor fuente de apoyo material, tanto de su organización como de otras; superaba a los centros de caridad de la Iglesia y a las agencias de ayuda internacional, que solían ser los principales benefactores en los tiempos de Candelaria como activista. Nos explicaron que el comedor popular recibía del gobierno el dinero para pagar el alquiler del edificio que ocupaba, además de utensilios de cocina y raciones mensuales de víveres. Nos dijeron, también, que algunas ONG les ofrecían talleres sobre nutrición e higiene y organizaban concursos de poesía. Candelaria explicó que en su época también había cursos, pero de alfabetización y a cargo de estudiantes voluntarios; también contó que era difícil asistir a ellos porque muchos esposos no aprobaban que sus mujeres aprendieran a leer y escribir.

---

1. Entrevista con Candelaria Ascona Salgado, Lima, abril de 2000.

Así, el comedor popular en mención estaba al parecer bien provisto y las mujeres parecían entusiasmadas con su labor. Sin embargo, la conversación pronto dejó al descubierto muchos desacuerdos y dudas. ¿No era cierto que otros comedores recibían más recursos que el suyo? ¿Los niños de otros barrios no recibían acaso comida en la escuela? ¿No era verdad que a varios comedores les habían dado un auto? ¿Acaso algunos comedores no se aprovechaban de los suministros para lucrar? ¿Qué había pasado con la solidaridad que sustentaba antes la organización? Las vecinas parecían discrepar en muchos asuntos.

Después de alrededor de una hora, nuestra conversación —cada vez más interesante— fue interrumpida por un fuerte golpe en la puerta. Candelaria murmuró algo así como: "Ahí está el policía". El hombre, que no entró —solo gritó desde el umbral—, era el controlador esposo de una de las vecinas presentes, Marcela, exigiéndole a su mujer volver inmediatamente a casa. La reunión terminó así con un mal sabor. Cuando Marcela se fue, no conseguimos retomar la conversación con la misma intensidad. Como este había sido mi primer encuentro con mujeres organizadas en el Perú, su dinámica y la cuantiosa información que obtuve de él me dejaron con mucho en qué pensar y un tanto confusa. Una vez que todas se marcharon, Candelaria me confundió aún más al sugerir que ella ya no participaba en el comedor porque estas mujeres estaban recibiendo demasiado dinero y probablemente eran corruptas. Era abril de 2000 y Fujimori estaba a punto de ser re-reelegido a través de métodos cuestionables. Ello explicaba, en parte, la generosidad del gobierno con las organizaciones de mujeres y los conflictos y acusaciones resultantes. Además, estas elecciones mostraban el grado de clientelismo político que existía en el país, lo que ponía en peligro, según Candelaria, la base de solidaridad y apoyo comunitario que había sido central en las organizaciones de mujeres en el pasado.[2]

---

2. Entrevista con Candelaria, Felia, Marcela y Ruth, Lima, abril de 2000.

Así, comencé a investigar la relación entre las organizaciones populares de mujeres y otras entidades: ¿por qué estas organizaciones, fundadas inicialmente como una estrategia para mejorar la vida cotidiana de sus miembros, existían todavía bajo la tutela estatal?; ¿cuáles eran los intereses del Estado en mantenerlas?; ¿sobrevivirían sin apoyo externo?; ¿por qué el Estado dirigía ciertas políticas sociales hacia las mujeres y no hacia otros grupos?; ¿hasta qué punto la imagen de estas organizaciones —y la de sus miembros— influía en las políticas estatales?; ¿por qué los hombres vigilaban a sus esposas, a pesar de que, gracias a dichas organizaciones, ellas eran miembros prominentes de su comunidad?

Tales cuestiones me llevaron inevitablemente a pensar que, teniendo en cuenta la presencia generalizada de organizaciones populares de mujeres en el Perú, valía la pena averiguar cómo las percepciones y representaciones hegemónicas de las mujeres de los sectores socioeconómicos más bajos contribuían a formular e implementar políticas, y cómo las mujeres a las que estas se dirigían, lidiaban con responsabilidades que se encontraban atravesadas por las desigualdades interseccionales de clase, raza y género.

El estudio que siguió se volvió interdisciplinario. Partió no solo de la historia —la disciplina de mi primer grado académico—, sino también de metodologías antropológicas, de la teoría política y del análisis sociológico. Y aunque este enfoque interdisciplinario corre el riesgo de no satisfacer a todos los "verdaderos" historiadores, antropólogos, sociólogos o politólogos, creo que el tema elegido, el periodo estudiado y las preguntas que planteo exigen recurrir de manera flexible a varias disciplinas. Afortunadamente, todos los centros de estudios en los que he participado en mi vida académica —ligados a temas de género, latinoamericanos, de paz y de desarrollo—, comprendían los beneficios de una investigación interdisciplinaria y fomentaban su práctica.

Este libro ha recibido la influencia y ha sido apoyado por muchas personas. Michiel Baud, del Centro de Estudios y Documentación Latinoamericanos de Ámsterdam, respaldó mis ideas de manera crítica, constructiva y generosa, y no puedo agradecerle lo suficiente por haberlo hecho. El antiguo Instituto de Investigación de Estudios de Género Belle van Zuylen de la Universidad de Ámsterdam, dirigido por Selma Leydesdorff, me dio la oportunidad de emprender mi proyecto. Doy las gracias a todos sus miembros por su compromiso —colectivo e interdisciplinario— con el constante cuestionamiento de los supuestos que sostienen la desigualdad. Tuve la suerte de encontrar una supervisión acogedora y alentadora en Frances Gouda, y le estoy muy agradecida por la confianza depositada en mí y en mi trabajo. Sybille Lammes, Marie-Louise Janssen, Margriet van Heesch y Sonja van Wichelen fueron compañeras de trabajo divertidas y constructivas. Astrit Blommestijn y Marjolein Denslagen me ayudaron con confusiones administrativas. El Instituto de Investigación Científica de los Países Bajos (Nederlands Wetenschappelijke Organisatie, NWO) financió dos de los cuatro periodos de mi trabajo de campo, por lo cual le estoy también muy agradecida.

En Lima, agradezco a los historiadores Carlos Contreras y Marina Zuloaga, quienes desde mi primer viaje al Perú en 1998, me invitaron a su casa y me dieron la importante sensación de tener un refugio seguro en una ciudad turbulenta. Margarita Zegarra, aparte de guiarme por los archivos y por el mundo de la historia del género y su gente en el Perú, me invitó a sus agradables y provechosos talleres de historia que, inesperadamente, cambiaron mi vida para siempre. El trabajo de documentación sobre la historia de las mujeres que ella y sus colegas realizaban en el instituto Cendoc-Mujer ha sido una inspiración para mí. Doy las gracias a Candelaria Ascona Salgado y a su hija Beatriz, quienes consintieron que entrara en su vida y, al hacerlo, me permitieron dar un primer vistazo a un grupo social desatendido y a menudo invisibilizado. Si en el Perú hay un sector de la población que está transformando la sociedad con energía e imaginación, lo más probable es que este sea el de los migrantes urbanos como Candelaria. Agradezco también a las vecinas de Candelaria y a todas las demás mujeres de Lima, Huancavelica y Ayacucho que generosamente me hablaron de (parte de) su vida y me ayudaron a darle una dirección y un cuerpo a este libro. Las promotoras de Manuela Ramos de la Casa de Bienestar en Pamplona Alta, Huancavelica y Ayacucho, y las organizaciones de mujeres Fecma y Fedecma en Ayacucho y Femoccpaalc en Lima, han sido centrales para realizar este estudio, y no puedo agradecerles lo suficiente por su generosidad al compartir opiniones e ideas conmigo. Las organizaciones feministas Flora Tristán y Manuela Ramos-Lima, y las mujeres del Movimiento Amplio de Mujeres, fueron todas acogedoras y atentas. Además, y por distintas razones, quisiera también agradecer a Carlos Aramburú, Maruja Barrig, Cecilia Blondet, Betsy Flores, María Emma Mannarelli, Nelly Mejía, Vilma Ortega †, Kelly Alanya, Virginia Vargas, Alicia Villanueva, Victoria Villanueva y Delia Zamudio.

En Gran Bretaña, agradezco al Centro Latinoamericano de la Universidad de Oxford por su cordial bienvenida en 2002. Nikki Craske, Temma Kaplan, Fiona Macaulay, Lorena Nencel, Jacobijn Olthoff y Annelou Ypeij han sido fundamentales, a lo largo de las distintas etapas de la investigación, para desarrollar las ideas que aquí expongo. Los bibliotecarios de Cendoc-Mujer, Flora Tristán, la Pontificia Universidad Católica del Perú, el Centro de Estudios y Documentación Latinoamericanos de Ámsterdam y el Centro Latinoamericano de la Universidad de Oxford, han sido todos de gran ayuda. El Centro de Desarrollo Internacional de la Universidad de Bradford me dio la oportunidad de seguir trabajando en este libro y de desarrollar nuevas ideas, mientras realizaba investigaciones en Tanzania. El Centro de Estudios de Participación Internacional, del Departamento de Estudios de Paz de la misma universidad, me facilitó un ambiente de trabajo estimulante entre los años 2006 y 2007, y mis amigos y colegas de Manchester estuvieron siempre allí, propiciando estimulantes discusiones, mientras disfrutábamos con comida y vino. La Escuela de Política y Estudios Internacionales de la Universidad de Leeds y su Centro de Estudios para el Desarrollo me dieron una calurosa bienvenida entre los años 2007 y 2008. Durante el verano de 2008, encontré a Polly Wilding dispuesta a leer todo el manuscrito, por lo que le estoy muy agradecida. Su mirada crítica y alegres comentarios mejoraron considerablemente el libro.

Entre 1998 y 2001, los amigos y amigas en Barranco lograron distraerme del "trabajo de campo", llevándome a recorrer sus propias

"Limas". Su amistad me hizo más partícipe que observadora, lo cual fue una experiencia invaluable. En Ámsterdam siempre pude contar con cálidas bienvenidas: muchos amigos me han apoyado, ya sea cocinándome, ofreciéndome un lugar donde quedarme, pasando el rato conmigo, ayudándome o visitándome en donde estuviera. Quiero agradecerles por una amistad realmente inigualable. Agradezco, asimismo, a mi familia por su confianza y por la paciencia con la que ha aceptado mis viajes, mis ausencias y mis regresos. Pero fue el conocer a Paulo Drinot a medio camino del proyecto, el verdadero hecho que cambió mi vida; me siento muy afortunada de que esto haya pasado. No solo la vida cotidiana, sino también este libro, habrían sido muy distintos sin él. La atención y paciencia de Paulo en la lectura de varias versiones del manuscrito y su incansable capacidad de crítica constructiva han hecho de este proyecto un esfuerzo rico y emocionante. Solo me queda añadir que el resultado es enteramente mi responsabilidad.

1

Introducción: desigualdades interseccionales

En diciembre de 2002, me acerqué a la Comisaría de la Mujer en la ciudad de Ayacucho, una dependencia policial creada exclusivamente para atender a mujeres. El oficial que estaba a cargo aquel día estaba dispuesto a hablar conmigo de los problemas de quienes acudían a ese lugar y de las dificultades que él tenía para solucionarlos. Mi primera impresión fue que era un hombre dedicado que creía en los derechos de la mujer. La comisaría, inaugurada en 1999, era un éxito, a juzgar por la cantidad de gente que había en ella; estaba llena de mujeres sentadas en dos bancos colocados contra las paredes. Aunque la instalación era modesta y los policías apenas podían lidiar con el gran número de mujeres que había, ellas esperaban su turno pacientemente. Yo había ido con Kelly, una estudiante de antropología quechuahablante de la universidad local. Dado que muchas mujeres en Ayacucho hablan solo quechua y yo no, la ayuda de Kelly me resultaba vital. En general, las mujeres acudían a la comisaría en busca de una compensación económica por divorcio, una pensión de alimentos o dinero para pagar la factura del hospital donde habían ido a parar como resultado de la paliza que habían recibido; otras buscaban protección. Una de ellas era Dori.

El ojo izquierdo de Dori estaba vendado. Sentada en uno de los bancos, se apoyaba solo sobre una de sus nalgas, porque la otra le dolía demasiado. Tenía un bebé en la espalda y estaba embarazada del siguiente. El gobernador de su distrito la había llevado allí porque, según me contó este hombre, Dori ya no podía cuidar ni de sí misma ni de sus hijos; vivía solo de la caridad de sus vecinos y el padre de sus hijos no hacía nada para ayudarla. Kelly se acercó a ella para preguntarle si quería hablar con nosotras, pero antes de que tuviera la oportunidad de responder, el policía a cargo intervino. Empezó a hablarle en español, en voz alta como para que lo escuchasen todos los que estaban ahí —y probablemente también los que se hallaban afuera, donde esperaba el agresor—, y dijo que Dori había sido golpeada por su marido durante años y que solo había ido a la comisaría porque el gobernador la había llevado. Todos supimos que Dori había sido lo suficientemente estúpida como para haberse quedado con aquel hombre abusivo que la embarazaba todo el tiempo y no la ayudaba económicamente. También nos enteramos de que "el marido" en realidad no era tal, pues ese hombre ya estaba casado. Dori, que no podía defenderse en español, sollozaba en silencio en un rincón. Cuando Kelly y yo salimos de la comisaría con la esperanza de que esta humillación pública se detuviera, el policía redactó la denuncia de Dori en quechua y procedió a hablar con el agresor, que seguía esperando afuera. Al final, el hombre lo sobornó.

Más allá de las circunstancias y de la historia personal de Dori, fue la intersección entre su género, su raza y su clase lo que contribuyó a marginar a esta mujer. Ella no solo era marginal con respecto a las élites de Lima, sino que era una paria en su ciudad, en su vecindario e incluso en su propia casa. ¿Cómo era posible que una comisaría especial para mujeres pudiera tratar a Dori de esa manera? Conociendo el racismo y sexismo de los policías, ¿qué esperaba Dori de su denuncia? ¿Habría ido a la comisaría si el gobernador no la hubiera llevado? ¿Por qué el policía no le habló en quechua, si esa era también su primera lengua? ¿Cómo podía este oficial haber aceptado un soborno en un caso tan triste? ¿Qué intereses o beneficios vendrían de humillar a esta mujer? ¿Por qué no huyó Dori de su pareja?[1]

---

1. Este caso particular se analiza con mayor profundidad en el capítulo 5.

Este libro se plantea dichas interrogantes, centrándose en las desigualdades que se producen cuando se entrecruzan la raza, el género y la clase, e indaga cómo estas categorías constituyen, reproducen y mantienen la marginalidad en el Perú. Mi argumento principal es que, a pesar de los esfuerzos por mejorar la situación de las mujeres pobres a través de políticas de desarrollo y emancipación dirigidas específicamente a ellas, tales iniciativas a menudo se ven obstaculizadas por las desigualdades. Me centro principalmente en los años noventa, cuando en un escenario mundial de reestructuración neoliberal y de conferencias y tratados de la Organización de las Naciones Unidas (ONU) sobre los derechos de la mujer, el gobierno de Alberto Fujimori llevó a cabo una serie de proyectos dirigidos a reducir la pobreza y a promover la igualdad de género. Sin embargo, el contexto nacional de autoritarismo y desigualdad dificultó seriamente estos intentos de transformar la sociedad y mejorar la situación de los grupos marginados, en particular, de las mujeres pobres.

Para examinar cómo funcionan las desigualdades interseccionales y los proyectos gubernamentales de emancipación y desarrollo de la mujer, estudio tres políticas sociales en detalle: una de reducción de la pobreza, otra de control demográfico y una última contra la violencia doméstica. Estos estudios de caso revelan la contraposición entre desarrollo y emancipación durante los años noventa, y muestran de qué modo, en el diseño y aplicación de políticas sociales, las desigualdades hegemónicas basadas en la raza, el género y la clase son tanto desafiadas como reproducidas. El análisis de estas tres políticas también muestra cómo las organizaciones populares de mujeres y sus aliadas de clase media —los movimientos feministas y las ONG— hicieron frente al racismo y el sexismo que predominaban en las instituciones peruanas.

En primer lugar, reviso la distribución de alimentos a organizaciones de mujeres, como los comedores populares, los comités del Vaso de Leche y los clubes de madres. Dicha práctica se inició tan pronto como las mujeres urbanas se organizaron en la década de 1960, se expandió durante los años ochenta, y se institucionalizó —y fue apoyada por la legislación— durante la década de 1990.

Tal distribución alimentaria —a gran escala— apeló directamente al papel de las mujeres como cuidadoras, y no a sus capacidades reales como ciudadanas independientes y productivas. Además, los intereses políticos vinculados a la ayuda alimentaria, tanto a escala nacional como internacional, a menudo dificultaron la reducción real de la pobreza. Un vistazo a las organizaciones de mujeres en los barrios pobres de Lima y Ayacucho —este último, el centro de la violencia durante el conflicto armado interno que vivió el Perú entre los años 1980 y 2000—, muestra cómo las mujeres negociaron su rol de madre y cuidadora, sus luchas de supervivencia, y la discriminación y el abuso que encontraron a su paso.

En un segundo estudio de caso examino las políticas de control poblacional que a la postre demostraron haber sido altamente dañinas y discriminatorias. En el ámbito internacional, dicho control constituía una preocupación de larga data, dominada por las nociones maltusianas que enfatizaban la correlación entre los problemas sociales, económicos y ambientales, y el número de hijos que las mujeres tenían. En el Perú, desde 1960 hasta la década de 1980, las políticas demográficas se enfrentaron con una considerable oposición, tanto de la derecha cristiana como de la izquierda antiimperialista. Una de las consecuencias de dicha corriente fue el ahondamiento de la brecha entre las mujeres de clase media, que tenían acceso (aunque limitado) a métodos anticonceptivos y servicios de salud reproductiva, y las mujeres pobres, que no lo tenían. Durante la década de 1990, las mujeres en situación de pobreza fueron objeto del agresivo Programa Nacional de Salud Reproductiva y Planificación Familiar, como parte de una política de Estado llevada a cabo por el gobierno fujimorista. En 1997, se confirmaron las denuncias de métodos coercitivos de esterilización en las zonas rurales y urbanas más pobres del país (Cladem 1998, 1999, Defensoría del Pueblo s/f). Esta política revela, entonces, la tensión entre el uso instrumental del cuerpo de la mujer como un mecanismo para reducir la pobreza, y la necesidad de mejorar el acceso a la salud reproductiva y a métodos anticonceptivos entre los pobres. Un estudio sobre las experiencias de mujeres en comunidades de la provincia andina de Huancavelica contribuye a comprender este programa, mostrando cómo las desigualdades hicieron posible el abuso en los servicios de salud.

Finalmente, en un tercer estudio de caso exploro los intentos de combatir la violencia contra la mujer. La alta prevalencia de la violencia doméstica en el Perú sugiere que las formas autoritarias del patriarcado son fomentadas y reproducidas por las propias familias, convirtiendo —más que metafóricamente— al hogar en el "criadero" de una nación atrapada en desigualdades raciales y de género.[2] Durante la década de 1990, se aprobó la muy esperada legislación contra la violencia doméstica y se crearon programas de apoyo para las mujeres maltratadas. Sin embargo, como veremos, el diseño e implementación de dicha política fueron (en el mejor de los casos) mediocres, y muestran cómo la violencia cotidiana encuentra resonancia en las instituciones del país. Pero el racismo y el sexismo que afectan el ejercicio de la ciudadanía y los derechos de la mujer, no solo se manifiestan en el lento proceso de elaboración de leyes y medidas contra la violencia doméstica, sino también en la respuesta de los profesionales que luego deben hacerlas cumplir. Lo que le ocurrió a Dori en la comisaría de Ayacucho será analizado con mayor profundidad, al igual que las experiencias de otras mujeres en zonas urbanas y rurales del departamento de Ayacucho. La propia interpretación que hacen las mujeres de esta violencia cotidiana y su lucha por detenerla serán fundamentales para este capítulo.

Al centrar mi estudio en el diseño y aplicación de tres políticas sociales dirigidas a las mujeres pobres del Perú, expongo los mecanismos a través de los cuales la desigualdad basada en el género, la raza y la clase se mantiene, se reproduce a diario y —menos visiblemente— se desafía. Dichos mecanismos no solo son esgrimidos por líderes autoritarios como Fujimori, sino que están inmersos en la sociedad y en

---

2. La familia (o el parentesco) está muy interrelacionada con ideas de nación, raza, sexo y género, y a menudo puede ser encontrada en las representaciones de la nación (Wade 2003). Por supuesto, la naturaleza doméstica de muchos proyectos racistas que apuntan a construir la nación es tema de numerosos estudios coloniales y poscoloniales (Clancy-Smith y Gouda 1998; Stoler 1995, 2002; Young 1995).

todos los niveles institucionales, creando una miríada de jerarquías que se sostienen en formas diarias de violencia y humillación. No solo el racismo está institucionalizado en el Perú (Drinot 2006), sino también el sexismo. Por tanto, las relaciones de clase se encuentran, además, influenciadas por el género y la raza (el servicio doméstico es un buen ejemplo de ello). Y tales parámetros de jerarquía —raza, clase y género— se intersecan especialmente en la vida de las mujeres pobres.[3]

La idea de que las categorías diferenciales se superponen y entrelazan se convirtió en un tema político y analítico entre feministas, luego de que bell hooks criticara la noción de una "hermandad femenina mundial" en *Ain't I a Woman* (1981). Desde los años ochenta, la fragmentación de la "categoría mujer" y el vínculo entre estas divisiones sociales han sido ampliamente debatidos en los foros feministas de los Estados Unidos y más allá (Brah y Phoenix 2004, Phoenix y Pattynama 2006, Yuval-Davis 2006). Dichos debates han creado una mayor conciencia sobre las particularidades de cada forma de discriminación, y sobre la fluidez e historicidad de la raza, la clase, el género y la etnia, entre otras divisiones sociales. El término "interseccionalidad", acuñado por Kimberlé Crenshaw en 1989, sirve para entender la dinámica y productividad de tales superposiciones y divisiones mutuamente constitutivas, y "pretende hacer visible el múltiple posicionamiento que constituye la vida cotidiana y las relaciones de poder que le son centrales" (Phoenix y Pattynama 2006: 187).[4] Estas relaciones (jerárquicas) de poder son hegemónicas y

---

3. Otros parámetros también podrían afectar las percepciones de jerarquía y autoridad, particularmente la edad. La sexualidad y la religión son también factores de diferenciación que tienen consecuencias sociales. Sin embargo, la raza, el género y la clase son los principales pilares de la diferenciación institucionalizada en el Perú. Para una discusión teórica adicional del número ilimitado de "significantes", véase Butler (1999); para una discusión de la potencial importancia que tienen ciertas divisiones sociales sobre otras, véase Yuval-Davis (2006).

4. En este libro, todas las citaciones de obras en inglés han sido traducidas. Evitamos mencionarlo en cada caso debido a la gran cantidad de publicaciones en inglés que se citan textualmente *(N. de la T.)*.

normalizadas en la vida cotidiana y, como indica Yuval-Davis (2006: 198), "[...] se expresan a través de instituciones y organizaciones concretas, como las leyes y agencias estatales, sindicatos, asociaciones y la familia. Además, implican relaciones afectivas y de poder entre personas reales, ya sea mientras actúan de manera informal y/o en sus funciones como agentes de instituciones y organizaciones sociales". Así, si queremos entender, tanto la posición de la mujer en la sociedad como su relación con el Estado, es evidente la necesidad de estudiar este tema desde una perspectiva interseccional.

Maxine Molyneux sostiene que la ciudadanía proporciona el marco para "problematizar las cambiantes relaciones entre el Estado y la sociedad" (2000b: 35). De este modo, para analizar la posición de la mujer en la sociedad y su vínculo con el Estado, debemos considerar que existen distintas formas en que se hace efectiva la ciudadanía. El estudio de la ciudadanía ha estado dominado por el influyente trabajo de T. H. Marshall, que considera que ella implica "la pertenencia a y la participación en la comunidad" (Marshall 1973, citado en Held 1989: 190). El debate en torno a la teoría de Marshall resaltó la necesidad de mirar más allá de la clase, para incluir la raza, la etnia y el género como categorías diferenciales en las relaciones entre Estado y sociedad (Held 1989, Pateman 1988, Squires 1999, Yuval-Davis 1997). El argumento de Bryan Turner de que la "[...] evolución de la ciudadanía es un proceso contingente y variable [...] en constante evolución" (Molyneux 2000b: 35), demostró que la ciudadanía y los derechos civiles, políticos y sociales asociados a ella no están garantizados, y que la ciudadanía no es un estatus estable que se adquiera de una sola vez.

En el caso de América Latina, como señalan Abel y Lewis (2002: 9), "[...] la ciudadanía social se aplaza en la medida en que los derechos sociales se niegan o son puestos en práctica de manera desigual; los derechos son subvertidos por fraude; y los regímenes hacen de las formas de ciudadanía palabras vacías, buscando solo reconocimiento internacional, ayuda o préstamos". Según estos autores, existe una profunda brecha entre los derechos en principio y los derechos en la práctica, potenciada por el uso de los derechos sociales por parte de muchos gobiernos latinoamericanos como un medio para mantener redes de clientelismo. La ciudadanía y los grados de inclusión y exclusión están mediados por decisiones políticas y por políticas públicas que, a su vez, se distinguen por una fuerte desigualdad de género (Dietz 1998: 378-400, Squires 1999, Young 1989). Las políticas no son un instrumento técnico que resuelva problemas, sino que están insertas en y constituyen un reflejo de la relación entre el Estado y la sociedad y de los cambios que los políticos y los encargados de formular medidas buscan con esa relación (Shore y Wright 1997: 5). Al mismo tiempo, la política se suele asumir solo como un instrumento técnico y, en consecuencia, a menudo colisiona con la falta de tecnicismo y la irracionalidad de los problemas que se propone resolver. Los estudios sobre las relaciones entre Estado y sociedad en América Latina muestran que la ampliación del concepto de ciudadanía mediante la liberalización de las políticas y la legislación sobre género, con frecuencia se ve frenada por las desigualdades sociales (Molyneux 2000b: 40).

Al explorar las particularidades de la evolución del género como un componente de la ciudadanía en el Perú, este libro contribuye a los estudios que investigan la relación entre género y Estado. En particular, se vincula con los que analizan los procesos latinoamericanos que amplían la ciudadanía de la mujer, a la vez que esta se mantiene entrampada en estructuras sociales y políticas racistas y sexistas (Lievesley y Rai 1996; Waylen 1998; Jaquette y Wolchik 1998, Craske 1998, 1999; Matear 1999; Dore y Molyneux 2000; Schild 2000; Craske y Molyneux 2002).

El estudio del género y su relación con el Estado en América Latina ha merecido una creciente atención del mundo académico. *Hidden Histories of Gender and the State* (2000), editado por Elizabeth Dore y Maxine Molyneux, se centra en dos siglos de independencia y propone una perspectiva comparativa a través de capítulos sobre Costa Rica, Colombia, Nicaragua, Argentina, México, Brasil, Bolivia, Cuba y Chile. Esta obra es un hito en el estudio de las relaciones entre Estado y sociedad y el componente de inequidad de género en la formación del Estado. Desde su publicación, varios estudios sobre las relaciones marcadas por la desigualdad de género que existen entre el Estado y la sociedad en la región, han explorado en profundidad cómo las organizaciones de mujeres formulan demandas y negocian un espacio dentro del Estado (a menudo deficiente y prejuicioso) y sus instituciones; la naturaleza del vínculo entre el activismo feminista y el activismo del sector popular; y de qué manera las diferentes posiciones étnicas y de clase influyen en la relación entre las mujeres y el Estado y entre ellas mismas.

Tales temas se plantean, por ejemplo, en las obras de Patricia Richards sobre Chile (2004); Amy Lind sobre Ecuador (2005); Fiona Macaulay sobre Brasil y Chile (2006); y con énfasis en la teoría del movimiento social, Carol Ann Drogus y Hannah Stewart-Gambino exploran el activismo antimilitar y el religioso en Brasil y Chile (2005). Tales estudios muestran cómo el activismo del sector popular a menudo se entrelaza con la labor de las ONG y las organizaciones feministas, mientras que, al mismo tiempo, negocia constantemente con ellas con miras a mantener un mínimo de autonomía. Dichas investigaciones también ponen de manifiesto que los gobiernos, especialmente durante los años noventa, no se resistieron necesariamente a ampliar la participación de las mujeres. Bajo la influencia de tendencias políticas mundiales —como el neoliberalismo y la declaración de los derechos de la mujer—, se mostraron más bien entusiastas por abordar, tanto en el ámbito legislativo como en el político, los problemas de la mujer. Sin embargo, estos esfuerzos se vieron a menudo limitados por las desigualdades y prejuicios. El Perú es uno de los países con mayor desigualdad en América Latina, pero durante las últimas décadas del siglo XX, siguió la tendencia internacional a ocuparse cada vez más del tema de la mujer y la equidad de género a través de la legislación y la política. Por lo tanto, este trabajo contribuirá a comprender las relaciones entre Estado, sociedad y género en América Latina, ofreciendo estudios de caso que enriquecen la perspectiva comparativa sobre dichos procesos.

El estudio de las relaciones entre Estado y sociedad en el Perú se ha centrado durante mucho tiempo en la clase (Cotler 1992, Graham 1991, Stokes 1995) o en regímenes particulares (Carrión

2006, Collier 1976, Crabtree 1992, Crabtree y Thomas 1998, Degregori 2000, Kruijt 1994, McClintock y Lowenthal 1983, Stepan 1978). En un importante artículo de 1998, Jeanine Anderson analizó la relación entre el Estado y las mujeres en el Perú contemporáneo, y llegó a la conclusión de que las mujeres nunca han sido realmente tratadas como ciudadanas por derecho propio, con la posibilidad de plantear demandas al Estado, y que "poseen derechos que no necesariamente pueden ejercer" (1998: 94). Anderson no reparó en cómo la raza, la clase y el género se intersecaban en la marginación de las mujeres, pero reconoció que las alianzas políticas entre los grupos de gente privada de sus derechos civiles podían ser el camino a seguir. Su artículo fue escrito, quizás, demasiado pronto como para poder hacer una reflexión crítica sobre la política de género del régimen de Fujimori; pero desde entonces varios estudiosos han evaluado la década de 1990 desde esta perspectiva (Blondet 1999, 2002; Schmidt 2006).

Tanto Schmidt como Blondet enfatizan que los intereses políticos y la política personalizada fueron el sostén de las políticas de género de Fujimori, lo que hizo que estas fueran a menudo contradictorias y ambiguas. Recientemente, Stephanie Rousseau ha desentrañado cómo estas políticas han repercutido en la ciudadanía de la mujer (2006), mientras que Christine Ewig ha estudiado la reforma del sector salud (2006a, 2006b). Ambas hacen hincapié en el contexto neoliberal y autoritario ("neopopulista", en palabras de Rousseau) en el que se realizaron las reformas. Por su lado, María Elena García adopta un planteamiento a largo plazo para examinar la evolución de la ciudadanía indígena en el Perú (2005) y, al hacerlo, se vincula al estudio de la dinámica de las identidades raciales y de clase en una nación fragmentada, como sugiere Marisol de la Cadena (2000).

Al explorar las desigualdades interseccionales, intento reunir las nociones de raza, clase y género y mostrar cómo estas divisiones sociales se entrelazan en el ejercicio de la ciudadanía. Aunque mis estudios de caso se centran en el periodo de Fujimori y algunos pocos años después, rastreo el desarrollo de las políticas que se dirigen a las mujeres pobres partiendo de la tensión que existe entre el discurso y la práctica sobre el desarrollo (económico), por un lado, y la emancipación de la mujer, por el otro. Al hacerlo, intento resaltar las profundas estructuras de la desigualdad que influyen no solo en la formulación de políticas, sino también en su aplicación y, por lo tanto, en sus resultados.

El Perú: desigualdades persistentes

Durante el siglo XX, el tamaño y la composición de la población peruana cambiaron como consecuencia de mejoras en el sistema de salud, la migración, la urbanización, la industrialización y el declive de la agricultura. De un país principalmente rural con una gran población indígena, el Perú se convirtió en una sociedad urbana y cultural, étnica y racialmente mixta.[5] Como en otros países de América Latina, los cambios sociales y económicos llevaron al surgimiento de movimientos políticos populistas.

A principios del siglo XX, los intelectuales —indigenistas, comunistas, socialistas y un pequeño grupo de feministas—[6] desarrollaron proyectos idealistas con miras a formar una nación más inclusiva, y abogaron por la población indígena. Al mismo tiempo, las contracorrientes tenían opiniones muy negativas sobre la población nativa y, más bien, planteaban que el desarrollo de la nación debía seguir la vía europea.

En la década de 1960, en un contexto de fuerte desigualdad social y de revoluciones latinoamericanas, los ideales socialistas llevaron a

---

5. Según el Instituto Nacional de Estadística (INEI), el 64,6% de la población era rural en 1940; mientras que en 2002, solo el 27,8% vivía en el campo: <http://www.inei.gob.pe>. Además de las poblaciones indígenas, mestizas y criollas (de ascendencia europea), existen importantes grupos afroperuanos y asiáticos en la costa. Para una visión general de la historia peruana, véase Klarén (2000) y Contreras y Cueto (1999).
6. Existe una extensa bibliografía sobre el indigenismo e hispanismo en el Perú. En Hale (1996) uno puede encontrar un buen panorama general de tales estudios y de las ideas y proyectos políticos de principios del siglo XX. En la introducción a De la Cadena (2000) y en García (2005, capítulo 2) se pueden hallar reseñas más recientes.

movimientos guerrilleros revolucionarios. Tales iniciativas radicales fueron derrotadas por los militares peruanos, que en 1968 tomaron el poder mediante un golpe de Estado para gobernar a través de una dictadura militar "revolucionaria" e izquierdista hasta 1980, primero bajo la dirección del general Juan Velasco Alvarado y, a partir de 1975 —cuando se abandonó la retórica de la "revolución"—, bajo la del general Francisco Morales Bermúdez. Este periodo se distinguió por su intento de romper con el viejo orden, la oligarquía y la desigualdad, con el fin de establecer un nuevo proyecto nacional que incorporara a la población indígena, predominantemente rural.

En 1980, en las primeras elecciones democráticas celebradas en diecisiete años en el país, un grupo que se autodenominó Sendero Luminoso le declaró la guerra al Estado peruano. Durante los siguientes veinte años, el Perú vivió aterrorizado por la violencia de Sendero Luminoso y la contrainsurgencia de las Fuerzas Armadas. Por otro lado, gobiernos incompetentes, principalmente el régimen populista de izquierda de Alan García (1985-1990), llevaron al país al borde de la bancarrota, con una inflación de más de 7000% en 1990 y con niveles de subempleo que afectaron al 80% de la población (Crabtree 1992, Figueroa 1998). Solo a partir de 1992, con la captura del líder de Sendero Luminoso, Abimael Guzmán, y la aplicación de políticas de ajuste estructural, se inició el proceso de pacificación del país y la economía comenzó a recuperarse. Esto sucedió en el contexto del régimen cada vez más autoritario y —como más tarde se revelaría— corrupto de Alberto Fujimori (1990-2000). En 2001, luego de la espectacular caída el año anterior del tercer gobierno de Fujimori (por muchos percibido como producto de una re-reelección fraudulenta), un régimen de transición instaló la Comisión de la Verdad y Reconciliación (CVR) para investigar los hechos violentos ocurridos entre 1980 y 2000.

A pesar de —o quizás como consecuencia de— los diversos proyectos intelectuales, políticos y violentos que intentaron transformar el país en una sociedad más próspera, igualitaria y justa, el Perú sigue siendo una nación fuertemente desigual y fragmentada. Las contradicciones culturales y políticas han dado pie a un gran número de estudios que se centran en el (fallido) Estado-nación y que buscan explicar el persistente caos económico y político del país, su profunda desigualdad y su incapacidad para instaurar una democracia estable (Drinot 2006; Larson 2004; Mallon 1983, 1995; Méndez 2005; Thurner 1997). Sin duda, la mayoría de los peruanos vivió y vive aún experiencias cotidianas de "violencia persistente (ya sea física o no), pobreza, y exclusión política y económica" (Drinot 2006). Varios estudios han afirmado que en los años sesenta y setenta, el Perú tuvo probablemente la distribución más desigual de riqueza de América Latina (Webb 1977, Thorp y Bertram 1978). Solo el 5% de la población recibía el 48% del ingreso nacional, el 19% de dicho ingreso lo percibía el 1% de la población; mientras que el 20% de la población ganaba solo el 2,5% del ingreso nacional (Klarén 2000: 323). A partir de la década de 1970, la pobreza comenzó a disminuir ligeramente. Aun así, según el Estudio sobre la Medición de las Condiciones de Vida del Banco Mundial, el 42% de los peruanos todavía vivía por debajo del umbral de pobreza en 1985. El porcentaje aumentó a 54% en 1991 (Figueroa 1998: 138), y en 1997 seguía siendo un 51% (Ruggeri Laderchi 2001: 2).[7]

Las diferencias de ingresos coinciden aproximadamente con el lugar de residencia y el origen étnico: los ingresos más altos se encuentran principalmente entre los blancos ("criollos") de ascendencia española —o, más ampliamente, europea—, que viven en las centros urbanos costeños, sobre todo en Lima. En la década de 1970, entre el 15% y el 25% de la población estaba conformada por una

---

7. Uso el concepto de pobreza empleado en las estadísticas de la población pobre del Perú (Ruggeri Laderchi, Saith y Stewart 2003), que se basa en cálculos monetarios respecto del umbral nacional de pobreza. Los "pobres" son todas aquellas familias que viven bajo el umbral de dos dólares al día, mientras que la pobreza extrema tiene un umbral de un dólar. Según estas estadísticas, el 19% de los peruanos vivía en la pobreza extrema en 1994. Sin embargo, el 35% de los hogares rurales vivía con menos de un dólar al día, en contraposición al 5,5% de los hogares urbanos (Ruggeri Laderchi 2001).

clase media de criollos urbanos o mestizos.[8] El resto consistía en masas rurales, indígenas, pobres y en su mayoría sin tierra; migrantes urbanos de ascendencia indígena; un pequeño grupo de afroperuanos descendientes de los esclavos que trabajaban en las plantaciones costeñas; así como pequeñas comunidades de migrantes que incluían a chinos, japoneses y gente del Medio Oriente (aunque muchos de estos últimos forman parte de las clases media y alta). A pesar de que a un segmento de migrantes del interior le está yendo cada vez mejor en las ciudades, la división socioeconómica sigue las mismas líneas étnicas y geográficas de siempre y la desigualdad continúa siendo alta. Recientemente, el crecimiento económico del país parece haber comenzado a beneficiar a los pobres, y según el Instituto Nacional de Estadística (INEI), la pobreza se ha reducido del 54% en 2001 al 39,3% en 2007.[9]

Las mujeres se encuentran en particular desventaja por las desigualdades de raza y clase que caracterizan a la sociedad peruana. Según la organización feminista Manuela Ramos, en 1991, los hombres ganaban un 47% más que ellas, un porcentaje que disminuyó lentamente hasta llegar a un 42% en 2000. Y aunque desde la década de 1960 las mujeres tienen cada vez más acceso al sistema educativo, el 16% aún son analfabetas a escala nacional, en comparación con el 5% de los hombres.[10] Tales números aumentan dramáticamente cuando observamos las zonas rurales más pobres del país: a principios de los años noventa, en Huancavelica, en la sierra central del país, casi el 50% de las mujeres eran analfabetas, en comparación con el 10% de los hombres (Flacso 1993: 55). En 2004, el INEI calculó que el 32% de las mujeres que no vivían en Lima no sabía leer ni escribir

---

8. A las clases medias urbanas se fueron sumando, cada vez más, migrantes procedentes principalmente de Europa y Asia. Los asiáticos se convirtieron en otro grupo que se vio estigmatizado y discriminado racialmente.

9. Este libro se publicó por primera vez (en inglés) el año 2010. Por tal motivo no contiene datos más actualizados (N. del E.).

10. Véase: <http://www.manuela.org.pe/empleo.asp>.

(frente al 11,3% de los hombres); mientras que la proporción en la capital era de un 7,8% (frente al 2% de los hombres).[11]

Por otro lado, hay problemas particulares que colocan a las mujeres en una situación de desventaja con respecto a los hombres: cuatro de cada diez sufren violencia doméstica, mientras que el 88% de las víctimas femeninas de violencia sexual son menores de 18 años (Endes 2005). El incesto es un fenómeno poco documentado en el Perú. Sin embargo, un estudio ha señalado que de todos los embarazos de niñas de 12 a 16 años atendidos en un hospital de maternidad en Lima en 1990, el 90% era resultado de una violación del padre, padrastro u otro pariente cercano.[12] Los trabajadores sociales de los centros y refugios para víctimas de violencia doméstica confirman que existe una alta incidencia de abuso sexual contra niñas en sus propias casas.[13] Sobre la reproducción, se estima que del total de embarazos anuales, alrededor del 60% son indeseados, de los cuales la mitad termina en aborto. El aborto es ilegal, por lo que se realiza, a menudo, en circunstancias incontroladas e inadecuadas. En consecuencia, constituye una de las causas más importantes de mortalidad femenina.[14]

Tales cifras, sin embargo, difieren según la clase, residencia y origen étnico de la mujer, ya que el acceso a la salud reproductiva (incluido el aborto) es relativamente bueno entre las clases medias y altas urbanas, a diferencia de lo que sucede en las zonas pobres urbanas o rurales del país. Pero este acceso se ve obstaculizado no solo por la pobreza o el alcance insuficiente de los servicios médicos, sino también por la discriminación, la incomprensión y la falta de

---

11. Véase: <www.inei.gob.pe>.
12. Según una encuesta realizada por Manuela Ramos, citada en Heise (1997: 415).
13. Entrevista con Emma Espinoza, Lima, diciembre de 2002; también Programa Integral de Lucha Contra la Violencia Familiar y Sexual (2005).
14. Según una encuesta realizada por el instituto estadounidense Alan Guttmacher, citado en Centro de la Mujer Peruana Flora Tristán (2000).

respeto que impera en ellos.[15] Como veremos a lo largo de este libro, desde los años setenta la legislación nacional que protege a la mujer ha mejorado considerablemente. No obstante, las jerarquías basadas en el género, la raza y la clase, y la aplicación inadecuada de leyes y programas, han contribuido a que la desigualdad persista.

El Perú sigue siendo una sociedad jerárquica en la que algunos están más "incluidos" que otros. Los especialistas subrayan de manera constante la base racista de la desigualdad social y sus devastadoras consecuencias para la mayoría de los peruanos y para el desarrollo nacional (Drinot 2006). El autoritarismo violento que mantiene estas jerarquías (Flores Galindo 1999) se intensificó durante el conflicto armado interno que estalló en 1980. Nelson Manrique y Alberto Flores Galindo concluyeron, ya en 1986, que era una paradoja que la "guerra popular" desatada por Sendero Luminoso contra el Estado peruano, que supuestamente destruiría las relaciones de poder y favorecería a los pobres, llevara a una escalada de violencia contra los ya de por sí marginados (Flores Galindo y Manrique 1985). Salomón Lerner (2003), presidente de la CVR, la organización encargada de investigar las atrocidades cometidas por los grupos insurgentes, así como por los agentes del Estado, hizo luego eco de esta conclusión.

En lugar de las 35.000 personas que inicialmente se estimaron como asesinadas y desaparecidas durante esos años de violencia, la Comisión calculó que el número era de 70.000. El 85% de estas víctimas eran quechuahablantes y vivían en zonas rurales. En su discurso ante el entonces presidente Alejandro Toledo, Lerner remarcó que "[...] vivimos, todavía, en un país en el que la exclusión es tan absoluta que resulta posible que desaparezcan decenas de miles de ciudadanos sin que nadie en la sociedad integrada, en la sociedad de los no excluidos, tome nota de ello [...] ¿Qué cabe decir de nuestra comunidad política, ahora que sabemos que faltaban 35 mil más de nuestros hermanos sin que nadie los echara de menos?" (Lerner 2003).

---

15. Véase el capítulo 3 para una mayor elaboración.

Enfoque y metodología: investigando las jerarquías

Estudiar la interacción entre el Estado y las mujeres pobres en el ámbito del discurso y las prácticas públicas, la formulación de políticas y la experiencia cotidiana, puede arrojar luz sobre quién mantiene qué estructura jerárquica en qué momento particular. Propongo un análisis en profundidad y en diferentes niveles analíticos de las desigualdades interseccionales para conectar y contraponer lo cotidiano a lo estructural e institucional, lo social a lo político, y lo discursivo a lo real. Encuentros habituales con el racismo, el sexismo y la exclusión institucional y socioeconómica ratifican la idea de que existen "diferencias" desventajosas para quienes están en el extremo negativo de tales ecuaciones. En las interacciones diarias, se enfatizan las actitudes jerárquicas a través de imágenes marcadas por componentes sexuales y raciales. Sin embargo, como nos recuerda Joan Scott, el uso estratégico de ciertas representaciones muestra que las diferencias de género, clase, raza y/o etnia pueden también ser desplegadas como formas de resistencia, negociación y cambio (1996: 12). Pero al emplear las mismas categorías de diferenciación, los modos de resistencia, a menudo, también confirman las relaciones de poder existentes, tanto como lo hace la dominación.

Por ejemplo, el énfasis de las mujeres en la maternidad materializa la jerarquía de género, pero al mismo tiempo, otorga legitimidad a las organizaciones de mujeres, creando así espacios para desarrollar múltiples actividades. Este tipo de resistencia se encuentra dentro de los márgenes "permisibles" del poder y la subordinación, incluso si puede provocar cambios imprevistos que, al final, conseguirían socavar esas relaciones de poder.[16] Como una muestra, al hablar entre ellas en los clubes de madres, las mujeres logran desarrollar una conciencia de género, lo que puede capacitarlas para rechazar ciertos tipos de abuso o exclusión. A largo plazo, este empoderamiento

16. Según James Scott, a "los grupos que carecen de poder" les interesa, "conspirar para reforzar las apariencias hegemónicas" y así proteger lo poco que tienen (1990: xii).

tiene el potencial de cambiar las relaciones con sus parejas y, eventualmente, las relaciones patriarcales en la sociedad en general. Pero, al mismo tiempo, dicha identificación puede también impedir que se cuestionen los roles reproductivos asignados por la familia o la comunidad.[17]

Considero al Perú una sociedad jerárquica en la que un complejo sistema de diferencias atribuidas a grupos enteros —a veces pequeñas o imaginarias y a menudo maleables y exageradas—, termina colocando a una persona en una posición dominante con respecto a otra. Como resultado, pequeñas diferencias pueden conducir a grandes desigualdades, que refuerzan las jerarquías y son empleadas para hacer prevalecer los intereses de algunos a expensas de otros (Scott 1996: 12). Como demuestra convincentemente Marisol de la Cadena, los elementos que se utilizan para constituir tales diferencias deben examinarse teniendo en cuenta la función que estas parecen cumplir. Es decir, su examen debe fundamentarse en los intereses de la persona o grupo que pretende instrumentalizar la diferencia (2000: 10-11). Desde esta perspectiva, las oposiciones fijas entre dominante y subordinado se vuelven menos claras y concretas y, por lo tanto, menos predecibles y más abiertas a la negociación. De hecho, estudios académicos recientes sobre la agencia histórica de los campesinos, las mujeres, los trabajadores, los esclavos y los sirvientes en el Perú y en otros lugares, comienzan cada vez más a mostrar las relaciones jerárquicas de manera menos definida y, en cambio, señalan que el poder es constantemente (re)producido a través de interacciones y negociaciones entre diferentes grupos sociales (Scott 1985, 1990; Bunster y Chaney 1985; Hünefeldt 2000; Christiansen 2004).

El presente estudio encaja en este reciente grupo de estudios académicos que intenta demostrar la existencia de ciertas sutilezas en las relaciones de poder aparentemente firmes, en las que los "opresores"

---

17. Véanse también los debates sobre otros movimientos de mujeres en los años ochenta y noventa, como las Madres de Plaza de Mayo (Navarro 1989); pero también sobre otros grupos, tratados por Kaplan (1982), Radcliffe y Westwood (1993), Fisher (1993), Jaquette (1994) y Molyneux (2003).

parecen gobernar sobre los "oprimidos". Al hacer esto, no pretendo subestimar el impacto de la subordinación exaltando la creatividad de los llamados "subalternos". Más bien, me interesa analizar cómo las principales desigualdades interseccionales se encuentran en la base de cada relación social en la vida cotidiana de los peruanos y, en consecuencia, en toda negociación sobre recursos, servicios y participación. Al explorar este tema, busco particularmente investigar la agencia de los menos poderosos; en este caso, de las mujeres de los estratos socioeconómicos más bajos.

Para incorporar las diferentes dinámicas de la sociedad peruana en su diversidad cultural y geográfica, examino y relaciono tres localidades diferentes: Lima, en la costa, y Huancavelica y Ayacucho, en la sierra centro-sur del país. Ayacucho fue la principal área de enfrentamiento entre Sendero Luminoso y las Fuerzas Armadas entre aproximadamente 1980 y 1995. Huancavelica, vecino de Ayacucho, se vio también gravemente afectado por ese conflicto armado. Ambos se encuentran entre los departamentos más pobres del Perú, dependen principalmente de la agricultura, y la mayoría de sus habitantes, en especial en el ámbito rural, hablan quechua y español, o solo son quechuahablantes. Y aunque yo no domino el quechua, tuve la suerte de encontrar siempre hablantes bilingües dispuestos a ayudarme. Aun así, como no pude conducir sola entrevistas con quechuahablantes monolingües, este estudio se centra más en los migrantes de habla hispana que viven en centros urbanos, que en los quechuahablantes de zonas rurales.

Se asume a menudo que Lima es un espacio cultural y sociopolítico completamente diferente a la sierra; sin embargo, esto no es cierto para los millones de migrantes que viven en las afueras de la capital. Hay fuertes lazos e influencias entre las mujeres que residen en Huancavelica, Ayacucho y Lima. De hecho, los migrantes que viven en centros urbanos tienen estrechas relaciones con las comunidades rurales: algunos viajan continuamente a esos lugares para visitar a parientes, otros comercian con ellas. Muchos de mis entrevistados urbanos nacieron en zonas rurales, y aunque la generación más joven tiene menos recuerdos de la comunidad de origen de sus padres, numerosos jóvenes los acompañaban regularmente a visitar a familiares o a trabajar en el campo. En las universidades de Huancavelica y Ayacucho, algunos hijos de campesinos quechuas se convirtieron en antropólogos y estudiaron la dinámica de la sociedad en la que crecieron; otros se volvieron activistas del feminismo o comenzaron a trabajar en ONG. Ello indica que los vínculos entre lo rural y lo urbano son mucho más fuertes de lo que parecen cuando se los ve desde la perspectiva de las clases medias urbanas.

Teniendo en cuenta los diferentes temas que toco en este libro, el carácter contemporáneo de su historia, la diversidad de sus actores y, sobre todo, mi propia interdisciplinariedad, realizo esta investigación a partir de una gran variedad de fuentes y metodologías. En primer lugar, exploré materiales escritos, tales como revistas del feminismo peruano de los años ochenta, informes anuales y de recaudación de fondos de ONG feministas, así como publicaciones con testimonios de activistas de sectores populares. En segundo lugar, para estudiar las diferentes políticas utilicé material de promoción gubernamental, discursos publicados en internet y periódicos nacionales a partir de 1975. Pude hacerlo gracias al Centro de Documentación de la Mujer de Lima (Cendoc-Mujer), que realizó un excelente trabajo de recolección de comunicados de prensa entre 1975 y 1996, y los hizo accesibles a través de unos CD-ROM y un buscador. Por último, pero no menos importante, tuve la suerte de encontrar a la mujer que guardaba un libro de actas de la Federación Provincial de Clubes de Madres de Ayacucho – Huamanga (1995-1999). Este material, que utilizo en el capítulo 2, contiene una gran cantidad de información sobre las preocupaciones, contactos y problemas de las organizaciones de mujeres en Ayacucho.

Aparte de estos materiales escritos, entrevisté a personas involucradas en organizaciones populares, en ONG feministas y movimientos activistas; hablé con funcionarios de ministerios, municipalidades y comisarías; entrevisté a abogados y médicos; y compartí mis experiencias con investigadores peruanos. Además de asistir a las reuniones de las organizaciones populares, participé en numerosos talleres organizados por distintas ONG en asentamientos humanos y comunidades rurales. Tanto en Huancavelica como en varios distritos de Lima, se me permitió seguir a las promotoras de la ONG Manuela Ramos en su labor de concientización y suministro de servicios en lugares que solían carecer de servicios sociales cubiertos por el Estado. Asistir a las reuniones me dio una buena idea del "mundo de los cursos y talleres" por el que se mueven las organizaciones populares de mujeres, y de la difícil relación que existe entre las mujeres, el Estado y las ONG. Las promotoras de Huancavelica también compartieron conmigo valiosos documentos que habían producido con, entre otras personas, las mujeres de una comunidad que habían visitado recientemente. En estos documentos, llamados "autodiagnósticos", las mujeres rurales expresan sus preocupaciones acerca de las ideas prevalentes sobre salud reproductiva, anticonceptivos, y cuentan sus experiencias con ellos. Como se detalla en el capítulo 3, los autodiagnósticos contienen una gran cantidad de información sobre salud reproductiva y sexualidad.

Pero, quizás, lo más valioso de mi trabajo sean las entrevistas con mujeres involucradas en organizaciones populares. He hablado con muchas más mujeres y visitado muchas más organizaciones que las que figuran en este libro y, sin embargo, todas estas voces son parte de la narrativa al haberle dado perspectiva, firmeza o fuerza a las historias de las mujeres que sí aparecen en el análisis. Aunque la mayoría de las mujeres estaban más que dispuestas a contarme su historia, no puedo asegurar que en las entrevistas hayan sido completamente abiertas u honestas conmigo. Ellas también pueden haber tenido sus propios motivos para encontrarse conmigo. Pero reconocer este hecho no invalida sus narrativas. En todas las entrevistas que realicé, buscaba entrever agendas políticas o malentendidos culturales que pudieran influir en la conversación. También necesité leer entre líneas y pensar en posibles interpretaciones para los diálogos que teníamos (Sangster 2000: 87; véase también Leydesdorff, Passerini y Thompson 1996: 6-7). Para algunas mujeres, hablar conmigo puede haber sido una expresión de resistencia o autoconfianza.

Luz, por ejemplo, una trabajadora doméstica en casa de unos amigos que participaba en grupos de mujeres en el lugar donde vivía, se interesó en mi trabajo y quiso contarme su versión de la historia. En la conversación que sostuvimos, criticó a las organizaciones de mujeres de su barrio y se mostró preocupada por la calidad de la comida que preparaban, así como por la manipulación política —por parte del gobierno y la municipalidad— a la que estaban sujetas, advirtiéndome que tuviera cuidado con contar una historia muy "optimista". También compartió conmigo sus penurias como migrante, madre y esposa. Al contarme su historia, resaltó su experiencia personal, contrarrestando de esta manera las ideas románticas que pudieran existir sobre los movimientos populares de mujeres, y buscó deliberadamente una alianza conmigo acusando a su esposo por abuso. Así, aunque la historia de Luz quizás no haya sido "verdadera" —no verifiqué si realmente venía de Loñagrande, si había empezado a trabajar a los seis años y otros asuntos—, sus experiencias, tal como me las narró, fueron invaluables para mí. Interpreto su decisión (y la de otras mujeres) de concederme una entrevista —antes de siquiera preguntar— como un acto de resistencia contra sus propias dificultades, por un lado, y como un intento de influir en mis opiniones y acciones, por el otro. Podríamos considerar la agencia de Luz como una forma de "resistencia subalterna", como observa James Scott en *Las armas de los débiles.*

En agosto de 2003, la CVR publicó su informe, un trabajo de nueve volúmenes que investigaba "lo que había pasado" en los años de violencia política entre 1980 y 2000. Aparte del estudio detallado de los acontecimientos, este informe ofrece una historia sociopolítica y contemporánea del Perú, escrita por destacados sociólogos, historiadores y antropólogos. Los investigadores son académicos, pero, en primer lugar, son peruanos que han vivido el violento pasado del país. Se trata de uno de los documentos más comprometidos y conmovedores que he leído sobre la historia peruana de los últimos años. En sus serios esfuerzos por descubrir la verdad sobre los acontecimientos de las últimas décadas del siglo XX, confirma los peores temores sobre las jerarquías sociopolíticas en el Perú. Esta fue la primera comisión de la verdad en el mundo en tratar la violencia de género en un comité especial, y su informe incluye un análisis detallado de las desigualdades de género y sus consecuencias para las mujeres durante el conflicto armado interno (CVR 2003, vol. 8. Véase también Henríquez y Reynoso 2006; Boesten 2007, 2008). Y aunque este libro no trata sobre esta violencia, ese periodo es parte del contexto en el que se ubica el estudio. El informe muestra explícitamente cómo las desigualdades fundadas en etnia, género y clase pueden ser una base tanto para la violencia y el odio extremos, como para la impunidad y la indiferencia. También revela cómo la desigualdad y el autoritarismo son insostenibles como base sociopolítica para una sociedad pacífica. Como tal, el informe confirma la pertinencia y necesidad de investigar las desigualdades interseccionales en el Perú con el fin de hallar formas de combatirlas.

En el próximo capítulo, ahondaré en el análisis histórico y conceptual de la relación entre el Estado y las mujeres, ampliando el contexto en el que se ubican los estudios de caso. El capítulo examina el enfoque del Estado con respecto a los barrios urbano-marginales en crecimiento, centrándose en particular en el incremento de las organizaciones de mujeres en aquellos sectores de migrantes desde los años setenta. Ese fue también el momento en que las ideas feministas se arraigaron en el país y surgió un movimiento partidario del feminismo entre peruanas de clase media. Se analizará la evolución del vínculo entre el llamado movimiento popular de mujeres, el movimiento feminista y el Estado. El capítulo concluirá con una discusión de los cambios en las relaciones entre el Estado y la sociedad y las políticas enfocadas en el género durante los años noventa. Sostengo que, aunque esa década se distinguió por la reestructuración neoliberal y el creciente énfasis internacional en los derechos de la mujer, por un lado, y por el gobierno popular pero autoritario de Fujimori, por el otro, las corrientes subyacentes que determinaron la forma que adquirieron las tres políticas sociales discutidas provienen de procesos de desigualdad más profundos.

En el capítulo 3, trabajaré mi primer estudio de caso, la distribución de alimentos a organizaciones de mujeres de Lima y Ayacucho. Tras analizar esta política de ayuda alimentaria y la relación entre el Estado y las mujeres, tal como se expresa en ella, examino cómo los grupos de mujeres lidiaron con la función de distribuidoras de alimentos que se les asignó, en una etapa de violencia política y pobreza. Además, utilizando material etnográfico, exploro los juegos de poder manifiestos en la relación entre los agentes del Estado y las mujeres beneficiarias, así como las estrategias de negociación que desarrollaron las organizaciones de mujeres por el espacio que buscaron ocupar.

En el capítulo 4, analizo la política poblacional diseñada e implementada en los años noventa, durante el gobierno de Alberto Fujimori, y el desigual acceso a los métodos anticonceptivos. Debido a que el Estado se opuso por mucho tiempo a las políticas demográficas —y a desarrollar temas de salud reproductiva—, este programa en exceso ambicioso y práctico fue abrumador, tanto para los oponentes como para quienes lo plantearon. Mientras que amplió considerablemente los derechos formales de la mujer, al darle la posibilidad de controlar su fecundidad, y mejoró su acceso a métodos anticonceptivos, tuvo por lo bajo un claro matiz racista y sexista. Al examinar de cerca un proyecto paralelo que pretendía empoderar a las mujeres en materia de salud reproductiva (financiado por la Agencia de los Estados Unidos para el Desarrollo Internacional – Usaid), exploro las ideas y prácticas de salud reproductiva de las mujeres rurales en la provincia de Huancavelica y las dificultades que encuentran en el manejo de su fertilidad. La tensa relación entre el personal de salud y las mujeres y hombres, contribuyó fuertemente al abuso que ocurrió al aplicarse el agresivo programa poblacional del gobierno fujimorista.

En el capítulo 5, examino las políticas y programas destinados a combatir la violencia contra la mujer. Exploro hasta qué punto dicha violencia se relaciona con el autoritarismo político y si los esfuerzos del gobierno por contrarrestarla han contribuido a la democratización. Rastreo el desarrollo de políticas contra la violencia y cómo ellas se han vinculado con ideas de género, raza y clase. Utilizando material etnográfico de Lima y Ayacucho, indago el uso que hacen las mujeres de la legislación, las comisarías especiales y los centros de emergencia, y al hacerlo, también examino sus luchas contra la violencia doméstica y cómo los grupos de mujeres sirven para desafiar patrones violentos y autoritarios.

Por último, luego de unificar los argumentos que surgen de los estudios de caso y de comparar las propuestas de cada una de las políticas sociales con su puesta en práctica, en el capítulo 6 hago un seguimiento de las ambiciones, logros y fracasos de varias dirigentes femeninas.

2

El Estado peruano y las mujeres en situación de pobreza

Cualquier transformación social, cultural o económica solo puede sostenerse si involucra a las mujeres —que constituyen la mitad de la población mundial—, y si elimina las injusticias que soportan millones y millones de mujeres pobres en todo el planeta. Estoy convencida de que en América Latina, así como en otras partes del mundo, ha llegado el momento de abandonar de una vez por todas los anticuados esquemas mentales que obstaculizan el pleno desarrollo de la mujer y, por tanto, de la humanidad.

Presidente Alberto Fujimori, Pekín, 1995[1]

En septiembre de 1995, el presidente Fujimori fue el único jefe de Estado hombre en dirigirse a las delegaciones oficiales en la Cuarta Conferencia Mundial sobre la Mujer en Pekín. Su discurso no solo celebraba los logros de las mujeres, sus capacidades y su valor para la sociedad, sino que también reconocía las injusticias que habían sufrido todas en general, y las pobres en particular. Al asistir a la conferencia

---

1. Solo la traducción en inglés está disponible al público: <http://www.un.org/esa/gopher-data/conf/fwcw/conf/gov/950915131946.txt>. Aqui presentamos, entonces, la traducción de una traducción.

de Pekín y anunciar él mismo un conjunto de medidas destinadas a alcanzar la equidad de género y el desarrollo de la mujer en el Perú, Fujimori hizo de la "cuestión de la mujer" una inquietud personal. Por otro lado, al rodearse de legisladoras, ministras y congresistas mujeres y otorgarles amplios espacios para desarrollar propuestas de reformas políticas y legales en materia de género, el mandatario destacó aún más su interés por el bienestar y emancipación de la mujer peruana. Pero si bien la presidencia de Fujimori marcó una década de legislación y políticas de equidad, tales cambios no surgieron de la nada. Aunque sin mucho éxito, tanto la emancipación femenina como la lucha contra la pobreza ya habían sido desde hacía tiempo tema de debate, activismo y políticas. Estos dos objetivos —emancipación y desarrollo—, se unieron en el modo en que el Estado se acercó a las organizaciones de mujeres que habían surgido en los barrios urbano-marginales de migrantes en los años sesenta y setenta, y en las zonas rurales en las décadas de 1970 y 1980. Durante la década de 1990, el gobierno de Fujimori trabajó en ambos objetivos, pero falló en gran medida al no abordar las desigualdades subyacentes.

Así como las medidas de equidad de los años noventa no pueden ser totalmente atribuidas al gobierno de Fujimori (Schmidt 2006), tampoco son los ambiguos resultados de las políticas y programas solo una consecuencia de proyectos mal diseñados. Central para mi argumento a lo largo de este libro es el análisis del desencuentro entre el discurso político, los principios e intereses subyacentes y los usos y efectos que las políticas tuvieron en la población a la que se dirigieron.

Reconocer la compleja naturaleza de la política social nos obliga a mirar más allá de los objetivos y metas declarados en documentos oficiales o mensajes presidenciales (Shore y Wright 1997). Las tensiones entre el discurso y la práctica son particularmente fáciles de identificar al analizar los discursos de Fujimori en retrospectiva, dado que ya conocemos algunos de los resultados dañinos de su práctica política. Sin embargo, exige un mayor escrutinio detectar las conexiones que existen entre las continuidades y los procesos de cambio locales, nacionales y globales, que influyen en cómo se crean y aplican políticas. Estos procesos son inherentes a las relaciones de poder y a las jerarquías existentes que son, a su vez, desafiadas y confirmadas simultáneamente por las políticas: discursivamente, estas apuntan al cambio; mientras que en la práctica, a menudo, reafirman y materializan las desigualdades inmanentes a las relaciones entre Estado y sociedad. Con el fin de proporcionar una perspectiva de largo plazo, así como para demostrar la urgencia actual de los tres estudios de caso examinados en los próximos capítulos, tenemos que situar el análisis de las políticas en un marco que contemple el desarrollo de la relación entre el Estado peruano y las mujeres, en particular las "pobres". Por un lado, debemos explorar el contexto histórico y político de las políticas públicas dirigidas a las mujeres, a fin de examinar cómo el género, la raza y la clase se intersecan en ellas. Asimismo, debemos analizar las relaciones entre las organizaciones de mujeres, el movimiento feminista, las ONG y el Estado.

La tensión entre desarrollo y emancipación femenina es fundamental para investigar el vínculo entre el Estado y las mujeres.[2] Tal tensión no fue exclusiva del Perú, sino que surgió al aparecer el enfoque de mujer en el desarrollo (MED), a raíz de la publicación en 1970 del importante libro de Ester Boserup *La mujer y el desarrollo económico*. Si bien el trabajo de esta economista hizo que la incorporación de las mujeres en los procesos de desarrollo se percibiera como algo factible, también mereció críticas. Según algunas, el enfoque de MED defendía la equidad en el desarrollo, promovía la inclusión de la mujer en el mercado laboral, pero sin poner en entredicho la ideología de género que permeaba la sociedad y las instituciones (Vavrus y Richey 2003: 6). Las críticas argumentaron que este enfoque descuidaba el

---

2. Aunque la emancipación es un concepto un tanto anticuado, y ha sido reemplazado por términos como "empoderamiento" y "equidad de género", creo que el proyecto emancipatorio, entendido como un proceso histórico que tiene como objetivo liberar a la gente, especialmente a los grupos marginados, de "cualquier clase de subordinación o dependencia" (*Diccionario de la Real Academia Española*), es apropiado en este contexto.

"carácter sistémico de la desigualdad de género, así como su conexión con otras formas de desigualdad" (Kabeer 2001: 55).

Este debate entre inclusión de las mujeres en el desarrollo y socavamiento de la ideología de género dio lugar a un nuevo enfoque, el de género en el desarrollo (GED), que defiende el empoderamiento de las mujeres y la reestructuración de las desiguales relaciones de poder. El punto de partida del enfoque de GED es que las identidades de género son construcciones sociales influenciadas por diferentes procesos de cambios culturales y socioeconómicos, en oposición a la idea de que están biológicamente determinadas. Por lo tanto, mientras que el enfoque de MED tiende a promover la inclusión de las mujeres sin considerar la ideología de género que perpetúa la desigualdad, el de GED trata de desafiar los estereotipos y roles de género. Pero a pesar de esta visión estructural sobre la desigualdad de género, el enfoque de GED ha dado lugar al lenguaje técnico de la "transversalización del género", que a menudo pasa por alto críticas más feministas a las subyacentes relaciones de poder basadas en el género (Murdock 2003). Los intentos por mejorar la situación de las mujeres, tanto en América Latina como en otros lugares, con frecuencia chocan con las desigualdades fundamentadas no solo en el género, sino también en la etnicidad, la raza y la clase (Molyneux 2000b).

En primer lugar, examinaré la evolución de la política social a partir de la provisional, dispersa y a veces aleatoria "política de barriadas" de mediados del siglo XX, y cómo "la mujer" se volvió una categoría aparte en la política social peruana. Discutiré los diferentes enfoques sobre la "cuestión de la mujer" y argumentaré que, con la aparición de mujeres profesionales y el feminismo, por un lado, y el crecimiento e identificación de las mujeres organizadas en barrios marginales como un electorado importante, por otro, surgió una división clasista de qué significaba ser mujer en la retórica y práctica políticas, que no conciliaba las metas de desarrollo y emancipación femenina, sino que más bien perpetuaba la desigualdad basada en el género y la clase. Los gobiernos oportunistas emplearon la política social para subsanar la insatisfacción de ambos grupos y, al mismo tiempo, ganarse el beneplácito internacional. Sin embargo, la falta de ciudadanía real para la mayoría de las mujeres (en oposición a la ciudadanía en principio), convirtió la relación entre el Estado y la ciudadana en una reminiscencia de la que existe entre patrón y cliente.

Políticas de barriadas: clientelismo y paternalismo

La política en el Perú durante la segunda mitad del siglo XX muestra algunos contrastes con las tendencias que hubo en América Latina en aquel tiempo. Por un lado, si bien el país fue gobernado por dictaduras militares entre 1948 y 1956, 1962 y 1963 y 1968 y 1980, dichos regímenes no fueron tan represivos y violentos como las dictaduras que hubo, por ejemplo, en Brasil, Argentina o Chile durante ese mismo periodo. El gobierno militar del general Juan Velasco Alvarado fue considerado un experimento de política revolucionaria, y, en general, fue bien visto por la izquierda peruana y latinoamericana, hasta que el dictador Francisco Morales Bermúdez, más moderado políticamente, lo reemplazó (Kruijt 1994, Lowenthal 1975, McClintock y Lowenthal 1983, Stepan 1978). Por otro lado, la violencia que paralizó a gran parte del país entre 1980 y 2000, iniciada por Sendero Luminoso y agravada por las fuerzas contrainsurgentes, ocurrió durante gobiernos elegidos democráticamente. Sin embargo, la persistente desigualdad y pobreza, visible en la rápida urbanización y el crecimiento demográfico, facilitó (aunque en diferentes grados) las relaciones de clientelismo en todos los regímenes desde la segunda mitad del siglo XX. El incremento de los barrios urbano-marginales construidos sobre terrenos residuales alrededor de las ciudades por migrantes de la selva, sierra y costa, fue acompañado por un renovado interés en la política revolucionaria, los ideales izquierdistas, el feminismo y los cambios en la política mundial y el poder militar entre los años sesenta y ochenta.

La transición demográfica del Perú comenzó alrededor de 1940. Para 1970, la población se había duplicado, y se cuadruplicó en 2000, alcanzando los 28 millones de habitantes. El cambio económico provocó una migración masiva de las zonas rurales a las urbanas, trayendo a las ciudades no solo a campesinos pobres, sino también indígenas. Este fue el comienzo de lo que se conoció como "cholificación", un proceso de cambio cultural que fue de la mano con la mezcla de identidades étnicas y el aumento de expectativas y hábitos urbanos, incluida una creciente demanda por educación (De la Cadena 2000, Matos Mar 1984; Nugent 1992; Quijano 1967, 1980).[3] Las élites políticas y económicas concentradas en Lima interpretaron los barrios informales de migrantes —llamados "barriadas", "pueblos jóvenes" o "asentamientos humanos"— como caldos de cultivo para potenciales conflictos sociales. Como señala David Collier (1976: 19), dichos espacios eran frecuentemente designados como un "cáncer social", una "desviación social" o un "cinturón de miseria". Tanto el miedo y el desprecio criollo por las "sucias masas", como la subestimación de su poder político, contribuyeron a formular políticas vacilantes e incoherentes para estos barrios urbano-marginales.

Pero por lo menos había políticas. Manuel Odría, el dictador militar que gobernó el Perú de 1948 a 1956, reconoció el potencial electoral entre los recién alfabetizados habitantes de barriadas (los analfabetos no pudieron votar sino hasta 1979), y estableció redes de clientelismo utilizando la caridad como un favor a los pobres.[4] Tales prácticas continuaron con el presidente democráticamente electo Fernando Belaunde (1963-1968), aunque este mandatario intentó activamente detener la creación de nuevas barriadas alrededor de Lima. Mientras tanto, en gran parte abandonados por el Estado, los migrantes hombres se organizaron en comités vecinales, mientras que las mujeres comenzaron a reformular, en términos comunales, cuestiones que hasta entonces habían pertenecido solo a la esfera doméstica. Como muestran los estudios sobre el tema, los comités

---

3. En 1940 se contaron 3370 estudiantes universitarios; en 1970, 109.590; y en 1980, 257.220. Según Flacso (1995), en 1970 el 30% de la población universitaria era femenina. La educación primaria y secundaria también subió.

4. El clientelismo se define como la relación entre un cliente y un patrón, en la cual se intercambian favores (por ejemplo, alimentos por votos). Odría fue elegido presidente del Perú en 1950.

de damas y clubes de madres de los barrios marginales de Lima se organizaron para conseguir la infraestructura necesaria; mantuvieron una red social de suma importancia para los migrantes, privados de sus antiguas estructuras sociales, como el parentesco o las redes comunitarias; organizaron cursos de alfabetización con el apoyo de voluntarios universitarios; y crearon un sistema de seguridad social alternativo e informal para cuidar de los hijos de los demás, así como de los enfermos, las viudas, los huérfanos o las madres solteras (Barrig 1986, 1988; Blondet 1991; Blondet y Montero Checa 1995; Denegri 2000). En la década de 1970, a las organizaciones de mujeres se les unieron —o se transformaron en— comedores populares, mientras que la versión femenina de las organizaciones vecinales de hombres —los comités de damas— desaparecieron en su mayoría. Y es que los comedores populares tenían una tarea más específica y definida que los comités: fueron creados durante las crisis económicas para aliviar la pobreza más urgente, muchas veces con el apoyo financiero y logístico de ONG, organizaciones religiosas e instituciones gubernamentales (Anderson 1998).

Un estudio de 1973 centrado en el nuevo y masivo fenómeno de los pueblos jóvenes que se estaban formando en las afueras de la capital, argumentaba que los "invasores", es decir, los migrantes que ocupaban tierras vacías para construir casas y barrios, estaban siendo, a su vez, "invadidos" (Rodríguez, Riofrío y Welsh 1973). Los autores resaltaron la creciente presencia de sacerdotes, burócratas, estudiantes, profesores, líderes de partidos, militantes políticos, esposas de presidentes y señoras de la alta sociedad dedicadas a la caridad, que comenzaron a llegar a estos nuevos barrios motivados por sus propios intereses. Para los gobiernos, las cada vez más numerosas organizaciones de mujeres se convirtieron en un perfecto objetivo para distribuir beneficios a cambio de votos. Por ejemplo, las primeras damas de la nación repartían en esos barrios víveres y utensilios de cocina. Aquellas campañas, esporádicas y paternalistas, tenían la intención de hacer el bien "civilizando" a los pobres. De este modo, Violeta Correa de Belaunde, primera dama del Perú entre 1963 y 1968, visitó personalmente el asentamiento de San Martín de Porres, en Lima, y organizó un concurso entre las organizaciones de mujeres: aquellas mujeres que pudieran mostrar las casas más limpias e, incluso, a los niños más aseados, recibirían máquinas de coser, utensilios de cocina o comida (Blondet 1986: 45). Así, y a lo largo de los años, los gobiernos trataron de comprometer a las organizaciones con el partido gobernante; incluso el régimen del general Velasco, que pretendió reglamentar el desarrollo de los pueblos jóvenes y acercar a sus habitantes al Estado, amarró el apoyo a la política partidaria.

A principios de los años setenta, Velasco buscó reducir la creación de nuevas barriadas y la ocupación informal de tierras, pues su gobierno "revolucionario" tampoco apoyaba a quienes se establecían de manera ilegal en los terrenos alrededor de Lima. Sin embargo, el régimen también intentó administrar y controlar (o regular e incluir) a quienes ya habían migrado a la ciudad. Así, el gobierno otorgó derechos de propiedad sobre las tierras ya ocupadas, una medida muy importante para los migrantes, quienes no solo se sintieron bien recibidos por la sociedad, sino que también accedieron a servicios inasequibles para ellos cuando vivían en la informalidad. Con la población de los pueblos jóvenes en gran medida reconocida, el gobierno buscó una forma de controlar la infraestructura de estos barrios, sin asumir de por sí demasiada responsabilidad. Con este fin, Velasco llamó a su oficina al obispo progresista de Lima Luis Bambarén —implicado en los pueblos jóvenes desde 1963—, para que lo asesorara e involucrara activamente a la Iglesia en un nuevo programa gubernamental. Bambarén veía a estos barrios no como un "cáncer social", sino como una buena alternativa a los callejones que abundaban en la ciudad. Los rebautizó "pueblos jóvenes", un término oficializado de inmediato por Velasco y que aún sigue vigente, junto con el de "asentamientos humanos".

Así, la filosofía de Bambarén —autoayuda a través de la organización, en lugar de dependencia de la "esporádica y paternalista" asistencia del gobierno—, se institucionalizó y politizó (Stepan 1978: 161-162). Las organizaciones vecinales que gestionaron y ejecutaron las obras de infraestructura estuvieron directamente vinculadas a instituciones gubernamentales. Y si bien estuvieron convenientemente constituidas, los intereses políticos en los que la mayoría se involucró, no incrementaron la participación política independiente. La idea de "autoayuda" se volvió característica de los pueblos jóvenes, mientras que a la vez resaltaba el abandono que existía por parte del Estado. Las mujeres fueron centrales para este concepto, pues eran ellas quienes se organizaban para gestionar la sobrevivencia de sus vecindarios a través de sus organizaciones populares.

El surgimiento de la "cuestión de la mujer"

La creciente visibilidad de las mujeres en organizaciones de autoayuda coincidió con el surgimiento del feminismo entre las clases medias. La primera conferencia de la ONU sobre la mujer, celebrada en México en 1975, puso de relieve la necesidad de una política destinada a promover la emancipación femenina. Sin embargo, entre los años sesenta y setenta, la izquierda dominaba la política peruana y el debate intelectual, y la cuestión de la mujer fue inicialmente abordada desde una perspectiva de política de clase. En la mayoría de los análisis académicos sobre el periodo de Velasco, las mujeres desempeñan un papel marginal. Sin embargo, su régimen fue el primero de la historia peruana en dirigirse particularmente a las mujeres a través de una comisión especial, la Comisión Nacional de la Mujer Peruana (Conamup), y el primero en adoptar políticas específicas que promovían la inclusión de la mujer en la vida pública (Anderson 1998).

En primera instancia, la Conamup fue un intento de vincular a las organizaciones de mujeres de todas las clases con el Estado, para promover su identificación con el régimen. Según un documento de 1970 (Conamup 1970), la Conamup ya estaba activa en ese año; sin embargo, fue impulsada oficialmente a finales de 1974, en preparación para la conferencia de 1975 de la ONU (Jara 1975). El gobierno revolucionario envió una delegación peruana a dicho evento para promover sus logros en lo que atañía a la movilización efectiva de las mujeres en "[...] organizaciones femeninas de base, ubicadas dentro de las organizaciones económico-productivas y política-representativas del pueblo y los trabajadores del país" (Conamup 1975: 11). El punto de vista oficial del gobierno sobre la emancipación femenina se basaba en la idea de que la igualdad se lograría mediante una revolución general, y no a través de una lucha feminista e independiente. El "patriarcado" era considerado parte del legado del colonialismo y de la Revolución industrial, y se pensaba, por lo tanto, que se lo eliminaría llevando a cabo una revolución socialista (Conamup 1975: 11). El feminismo fue, incluso, descalificado ferozmente: "Rechazamos todo intento de liberación feminista que actúe solamente en pro de los derechos de la mujer [...] ya que estos están comprendidos dentro de la temática general de la liberación humana" (Conamup 1970).

En sus objetivos, la Conamup mostró fuertes paralelismos con la Federación de Mujeres Cubanas (FMC). En ambos casos, el establecimiento de una gran organización femenina de arriba hacia abajo controlada por el Estado, "buscó lograr la movilización política de la mujer para consolidar el poder político y poner en marcha un programa socialista de transformación económica y social", en el que el "[...] compromiso ético con la emancipación de la mujer se basaba en la entrada de las mujeres al mundo laboral, la igualdad jurídica formal y los derechos sociales a la salud y la educación" (Molyneux 2000a: 295). Con respecto a la "cuestión de la mujer", el gobierno militar de Velasco parecía apoyar la tesis de Engels sobre el capitalismo y la división del trabajo —reinterpretada por el enfoque de mujeres en el desarrollo (MED)—, que sostenía que la opresión de las mujeres era el resultado de su exclusión del mercado laboral. Siguiendo esta tesis, si a las mujeres se las incorporaba a ese mercado, la lucha feminista era innecesaria y podía ser incluso contraproducente para la lucha general contra las relaciones laborales capitalistas (Kabeer 2001: 44-45).

Como señala Maxine Molyneux (2003: 170), el rechazo al feminismo desde una perspectiva marxista no impidió que muchos estados comunistas fueran "los primeros que aplicaron principios igualitarios en las leyes y las políticas". La primera y más extensa política que buscó atacar las desigualdades de género, fue la reforma educativa del régimen de Velasco, en 1972, que instauró un plan de estudios que "dignificaba" a las mujeres como personas y fomentaba la expansión de la enseñanza técnica y profesional para las niñas. Se trató, además, de que el plan de estudios básico fuera neutro, asignando los mismos cursos a niños y niñas, incluidos tejido, costura y clases técnicas. Otro de sus objetivos fue el de cambiar gradualmente la segregación por sexo en las escuelas públicas y privadas (Anderson 1998: 80). Si bien este gobierno militar no era un Estado comunista, en algunos aspectos —como la cuestión de la mujer— seguía principios marxistas.

Al intentar vincular a las organizaciones con el Estado, el régimen de Velasco no solo utilizó un discurso emancipador (aunque no explícitamente feminista), sino que señaló el papel específico que las mujeres de clases populares podían desempeñar en un proyecto nacional de modernización. Un documento de 1975, editado por la Conamup, resaltó la responsabilidad reproductiva de las mujeres y aclaró que sus actividades, al igual que las de todos los ciudadanos, debían estar al servicio del pueblo, pero destacando que ellas, específicamente, tenían "una base única y auténtica en su función esencial familiar, y en su participación reproductiva en el proceso de transformación y perfección de la sociedad peruana" (Conamup 1975). El papel materno y reproductivo de las mujeres se subrayó y fue trasladado a la esfera pública, enfatizando su responsabilidad con las futuras generaciones de peruanos que ellas llevaban dentro. Este punto de vista debe ser visto a la luz del creciente activismo de la mujer en los asentamientos humanos. El régimen de Velasco explotó una retórica que mezclaba la clase y el "maternalismo", con miras a ganar el apoyo de las organizaciones de mujeres y de las emergentes organizaciones feministas. Como sucedió con otras instituciones estatales del "experimento peruano" destinadas a fomentar cambios en el ámbito popular, la Conamup nunca obtuvo el apoyo necesario, y cuando en 1975 Velasco fue depuesto por otro gobierno militar más moderado, comenzó a desintegrarse lentamente.

Del periodo de Velasco en adelante, el interés en la cuestión de la mujer se disipó como resultado de diferentes enfoques sobre la relación entre los procesos de desarrollo y la emancipación de la mujer, las posiciones de clase y las perspectivas feministas. Dicha dispersión se discutió principalmente como una diferencia de intereses entre las mujeres de sectores populares, las políticas y las feministas (Vargas 1991). Las de sectores populares eran vistas como mujeres pobres luchando por necesidades básicas; carecían de conciencia feminista, según muchas partidarias del feminismo, o lo que requerían era una lucha de clases, según otros. Las políticas se ajustaban al enfoque clásico de MED: buscaban la integración de las mujeres en los procesos de desarrollo, sin un interés primordial por una transformación estructural de las relaciones de género. Las feministas se veían a sí mismas como el único grupo autónomo que cuestionaba las ideologías de género en pos de una genuina igualdad. Las políticas, a su vez, consideraban que las feministas tenían una visión poco realista de las relaciones de clase en el Perú; mientras que las mujeres de sectores populares a veces las acusaban de elitistas (Grupo Autónomo de Mujeres 1983, Vargas 1991, Blondet 1995, Lievesley 1996).

Las tensiones entre feministas, mujeres de sectores populares y políticas no fueron exclusivas del Perú; también se reflejaron en las Reuniones Feministas Latinoamericanas de la región (Saporta Sternbach et ál. 1992; Craske 1999, 2000; Álvarez et ál. 2003). Mientras que los conflictos entre feministas y políticas se centraban principalmente en temas de autonomía y doble militancia —es decir, si se podía ser leal tanto al feminismo como a un partido político—, los que existían entre mujeres de sectores populares y feministas fueron tal vez más complicados. ¿Estaban de acuerdo las primeras con el feminismo? ¿Acaso no enfatizaban y profundizaban el maternalismo con sus organizaciones para la supervivencia diaria? ¿No eran contraproducentes esas actividades para el proyecto feminista? ¿Las feministas no eran quizás demasiado elitistas? ¿Podían las mujeres de clase media realmente desear la emancipación y empoderamiento de "todas" las mujeres, si empleaban —por poco dinero— a las que vivían en barrios marginales para trabajar en sus casas y oficinas? ¿Se encontrarían en algún punto el proyecto que se enfocaba en los medios de supervivencia con el que perseguía el empoderamiento de la mujer? Estas y otras cuestiones fueron discutidas sin cesar, y también se reflejaron en los primeros intentos de acercamiento entre ambas partes (Vargas 1991, 1992, 1995; Lievesley 1996).

En un plano teórico, dos enfoques sobre este cisma fueron ganando terreno en América Latina y en el Perú. En primer lugar, siguiendo las ideas del movimiento socialista negro estadounidense —predecesor obvio del pensamiento en función de las desigualdades interseccionales—, se sostuvo que las mujeres pobres eran oprimidas triplemente por los mecanismos de género, clase y etnicidad (Francke 1990). Según esta lógica de la triple opresión, las luchas de las mujeres en situación de pobreza fueron separadas de las luchas feministas por la raza y la clase. El acercamiento entre ambas podía encontrarse en la lucha común contra los tres pilares de la opresión, pero se hallaba limitado por la realidad, en la que las feministas criollas de clase media empleaban a mestizas o indígenas de las clases populares como trabajadoras domésticas. El segundo enfoque que explica el cisma entre el proyecto feminista y el gran movimiento popular de mujeres en América Latina, desarrollado por Maxine Molyneux (1985), plantea que ambos compartían los intereses particulares de las mujeres, pero que diferían en sus prioridades prácticas y estratégicas. La separación de los intereses prácticos, como alimentar a las familias, de los intereses estratégicos, como leyes para mejorar la representación política, ayudó a aclarar por qué los debates entre las mujeres de sectores populares y las feministas eran tan acalorados, pero también representó una oportunidad de entendimiento entre ambos grupos. María Elena Moyano, activista del distrito popular de Villa El Salvador y admirada política y feminista, demostró haber comprendido esto cuando se pronunció sobre el tema:

> Pienso que si las compañeras feministas dicen que nosotras estamos trasladando el trabajo doméstico de la casa a la política, no entienden que nosotras las mujeres populares necesitamos salir del espacio privado para poder comprender el espacio público, y poder entender que todavía somos oprimidas, porque primero pensamos en alimentar a nuestros niños. La mujer de la clase media tiene a sus niños alimentados, tiene al esposo que si no ayuda a hacer los quehaceres de la casa, tiene una compañera que la ayuda a hacerlos. (Moyano 1990)

La crítica de Moyano apuntaba a lo que ella consideraba eran los aspectos que diferenciaban al movimiento popular de mujeres de la política feminista: en primer lugar, señaló que la necesidad era lo primero y no debía olvidarse, es decir, que los intereses prácticos eran necesidades; en segundo lugar, defendió la importancia de organizarse en nombre de estas necesidades; y, en tercer lugar, argumentó que, al organizarse, las mujeres pobres lograban comprender mejor las formas de opresión, remarcando así que los intereses estratégicos y prácticos no eran mutuamente exclusivos. A pesar de intentar neutralizar las posiciones de clase llamando tanto a las feministas como a las mujeres de sectores populares "compañeras", Moyano mostró que la cómoda posición de las clases medias, facilitada por el trabajo de los pobres, dependía en gran parte de las clases bajas.

Reconocer estos intereses distintos, pero no exclusivos, sin duda ayudó a comprender mejor las tensiones entre feministas y mujeres de sectores populares. Sin embargo, la distinción entre intereses prácticos y estratégicos también proporcionó un marco que permitió elaborar un lenguaje —dirigido a las mujeres pobres— que aparentaba preocuparse por la igualdad de género, pero que se centraba más en el alivio de la pobreza (Wieringa 1994). El conflicto inherente a una posición de género que impulsa a las mujeres a pensar primero en los hijos, y una clase que no deja más opción que hacer públicas las demandas por necesidades básicas, otorgó a las organizaciones populares de mujeres una imagen de cuidadoras colectivas en tiempos de crisis económica, que a su vez fue magnificada por los partidos políticos, el Estado, las organizaciones benéficas, la Iglesia y las ONG. Durante los años ochenta y noventa, en el Perú y otros países latinoamericanos, estas organizaciones fueron identificadas predominantemente, o como cuidadoras de la comunidad, o como parte de programas comunitarios de autoayuda (Craske 1999, 2000; Lind 2005). Como sostiene Wieringa (1994), la excesiva atención puesta en las necesidades prácticas de las mujeres alejó el interés en cuestiones esenciales relacionadas con la opresión de género de las mujeres pobres, incluidas las premisas según las cuales ellas se habían convertido en cuidadoras de sus familias y comunidades.

Durante la era Fujimori, los intereses y posturas en el movimiento de mujeres volvieron a cambiar. Las mujeres que participaban en el gobierno o en los diferentes partidos, identificadas como políticas durante los años ochenta y principios de los noventa, integraron comisiones e instituciones del Estado diseñadas para tratar asuntos relacionados con la mujer. El problema de la "doble militancia" se hizo menos relevante en la década de 1990, tanto para las organizaciones feministas como para los partidos políticos izquierdistas, debido a la ruptura de lo que solía llamarse la Nueva Izquierda, pero también a una despolitización gradual del movimiento feminista a medida que sus miembros comenzaron a trabajar cada vez más para instituciones gubernamentales. Algunas de estas profesionales feministas pasaron a formar parte del círculo íntimo de Fujimori, mientras que otras se involucraron en los márgenes como asesoras y consultoras (Schmidt 2006). Asimismo, las feministas independientes comenzaron a trabajar en ONG centradas en lo que solía ser el movimiento popular de mujeres, o las organizaciones populares (ahora llamadas organizaciones sociales de base). A partir de los años ochenta, las ONG feministas comenzaron a desempeñar un papel cada vez más importante en el desarrollo de las organizaciones populares y en la instalación de una agenda feminista en los discursos sobre el desarrollo, en un proceso al que se le denomina ONGización del activismo social.

La ONGización del movimiento feminista

La ONGización del feminismo es la profesionalización, institucionalización y burocratización de las organizaciones feministas antes definidas como organizaciones sociopolíticas relativamente autónomas (Álvarez, Dagnino y Escobar 1998; Craske 1998, 2000; Schild 1998; Vargas 2004). En lugar de ser organizaciones políticas activistas/oposicionistas, las ONG a menudo sirven como intermediarias entre el Estado y la sociedad civil, y con frecuencia también dependen de la financiación de fuentes externas, lo que tiene profundas implicancias en su funcionamiento. En los países en desarrollo, el ajuste estructural impuesto por el Banco Mundial y el Fondo Monetario Internacional fomentó la ONGización de organizaciones civiles que buscaban y encontraban cada vez más fondos externos y se convertían en especialistas en ciertas áreas de prestación de servicios y apoyo, muchas veces trabajando de la mano con las ONG (Bondi y Laurie 2005). La experta australiana Tessa Morris-Suzuki sugiere que esta tendencia fue fomentada por la comunidad internacional y transfirió la responsabilidad del Estado por el desarrollo social a las organizaciones civiles. Morris-Suzuki señala también que el Banco Mundial evaluó la presencia de ONG en los países en desarrollo como instrumentos de "buena gobernanza" (2000: 69).

Aunque la ONGización del feminismo puede verse como una tendencia global, cada región tiene sus propias particularidades en este proceso. Durante los años ochenta, el feminismo fue institucionalizándose cada vez más en el Perú debido a varios factores. Además del activismo político, las organizaciones feministas se vincularon con organizaciones populares para desarrollar proyectos. Ello se debió al interés de las feministas por salvar la brecha de clase, la creciente atención internacional prestada al género en el desarrollo, así como los recursos relacionados que se asignaron a las intervenciones en materia de género y pobreza (Craske 1999: 128). Organizaciones feministas, como el Centro de la Mujer Peruana Flora Tristán, creado en 1979, y el Movimiento Manuela Ramos, fundado en 1980, aprovecharon esta tendencia y organizaron talleres de concientización en los pueblos jóvenes con el soporte financiero de organizaciones internacionales de desarrollo.[5]

Para 1985, una creciente demanda de apoyo por parte de las organizaciones feministas provino de los pueblos jóvenes mismos. Las mujeres organizadas de los barrios más pobres tenían, al parecer, el deseo, el espacio y la red para una mayor colaboración con los grupos feministas. Esta cooperación fue beneficiosa para ambas partes: las organizaciones populares recibieron más dinero para sus

5. Véanse, por ejemplo, los informes sobre las reuniones del Movimiento Manuela Ramos (1983, 1984).

proyectos, mientras que los grupos feministas tuvieron cada vez más la capacidad de profesionalizarse e institucionalizarse. Por ejemplo, en 1985, los principales actores de las organizaciones feministas eran profesionales remunerados financiados con fondos internacionales. Cuestiones vinculadas con el desarrollo, tales como la organización de talleres sobre producción, gestión financiera, nutrición y generación de ingresos, se convirtieron en el principal objetivo de las ONG feministas en su apoyo a las organizaciones populares de mujeres. La rápida neoliberalización de la economía, y el creciente autoritarismo del gobierno de Fujimori, impulsaron aún más a las organizaciones feministas a buscar financiamiento internacional y autodenominarse organizaciones no gubernamentales.

Esta tendencia tuvo efectos tanto positivos como negativos. Sonia Álvarez (1998) enfatiza el mérito del surgimiento de las redes transnacionales que fueron parte integrante del proceso de ONGización. En cambio, Arturo Escobar (1995) plantea que esto llevó a que las mujeres se convirtieran progresivamente en clientes de proyectos gubernamentales y de programas internacionales de carácter privado, que desplazaron la responsabilidad del bienestar social del Estado a las mujeres. Verónica Schild (1998) observa que si bien los programas de desarrollo nacionales e internacionales apuntaban cada vez más a las mujeres, deberían haber prestado más atención a la inclusión de las mujeres (pobres) en un sistema nacional de asistencia social mediante la concesión y aplicación de derechos. El debate sobre los méritos y desventajas de la ONGización como proceso ha ido desapareciendo a medida que las funciones de las ONG en los proyectos de desarrollo locales, nacionales y mundiales han ido consolidándose. Sin embargo, la naturaleza de la contribución de las ONG al desarrollo en diferentes contextos y, especialmente, las cuestiones de rendición de cuentas, representación y profesionalización, todavía se discuten acaloradamente (Bebbington, Hickey y Mitlin 2008; Bondi y Laurie 2005).

De las diversas organizaciones feministas fundadas en el Perú entre 1978 y 1980, dos se fueron convirtiendo progresivamente en ONG durante los años ochenta: el Movimiento Manuela Ramos y el

Centro de la Mujer Peruana Flora Tristán. La ONGización de ambos provocó tensiones con las organizaciones feministas más pequeñas. Estas últimas los criticaron por convertirse en "centros" con oficinas, empleados con sueldo y un programa específico. En una controversia similar a la de principios de los años ochenta sobre la autonomía y la doble militancia en el feminismo y los partidos políticos, a mediados de la década de 1980, tanto Manuela Ramos como Flora Tristán fueron criticados por tener una agenda doble y ambigua. Se argumentó que debido a que estos centros debían cumplir con los requisitos impuestos por los organismos internacionales que los financiaban, no podían desarrollar una militancia feminista y, por lo tanto, tampoco podían representar al movimiento. A pesar de tales críticas, las organizaciones más pequeñas no se distanciaron. Después de todo, también se beneficiaban de las instalaciones que solo estos dos centros podían ofrecer: utilizaban sus oficinas, su logística, sus redes y su *know-how* al organizar actividades.[6] Así, aunque las tensiones sobre las estrategias políticas y el acceso a los recursos comenzaron tempranamente en la historia del feminismo en el Perú, las distintas organizaciones también colaboraron de manera estrecha entre sí (Vargas 2004).

Neoliberalismo y autoritarismo en las décadas de 1980 y 1990

La ONGización de los movimientos sociales y la neoliberalización de la economía política no fueron acontecimientos repentinos, sino que estuvieron íntimamente ligados a la persistente crisis económica y política en el mundo en desarrollo en general, y en el Perú en particular. Desde las fracasadas reformas agrarias de los años setenta, el Perú no había logrado alcanzar una economía estable: la pobreza y el caos social y político aumentaban, y las necesidades básicas —como alimentación, salud y vivienda— se vieron cada vez más amenazadas

6. *Mujer y Sociedad* (1984). Para 1991, por lo menos 42 ONG se especializaban en temas relacionados con la mujer (Blondet et ál. 1994: 122).

y se convirtieron en problemas para las redes de organizaciones populares de mujeres y las ONG que las apoyaban.

Las elecciones de 1980, luego de diecisiete años sin comicios, fueron importantes por varios motivos. En primer lugar, fueron las primeras en las que se permitió votar a los analfabetos, luego de que una asamblea constituyente extendiera el sufragio en 1979. Dicha medida amplió el electorado en un 17%, del cual la mayoría fueron mujeres (Klarén 2000: 365); en aquel periodo, una cuarta parte de la población femenina era analfabeta, en comparación con el 10% de los hombres.[7] En segundo lugar, la izquierda política —normalmente fragmentada— se unió en esta ocasión bajo el partido de Izquierda Unida. La izquierda, no obstante, perdió las elecciones, lo que dejó en evidencia su incapacidad para ofrecer una alternativa a lo que proponían sus oponentes conservadores, liberales, populistas o incluso violentos. En tercer lugar, Sendero Luminoso eligió aquel escenario para anunciar su "guerra popular" quemando las urnas en la comunidad ayacuchana de Chuschi.

Fernando Belaunde Terry, el presidente depuesto por el general Velasco y sus tropas en 1968, fue quien ganó dichos comicios. Para contener la violencia desatada por Sendero Luminoso —de quien las clases políticas pensaban que estaba actuando lejos, en la "mancha india" de los Andes, pero que de hecho había comenzado a aterrorizar al campo entero—, Belaunde empezó a militarizar cada vez más las áreas afectadas y, pronto, todo el país lo estuvo. La guerra desatada por Sendero Luminoso contribuyó a desestabilizar el modo de vida de la mayoría de la gente y disminuyó la seguridad física. Los años ochenta se distinguieron por este conflicto armado devastador y por el debilitamiento de las organizaciones sociopolíticas populares, que empobrecieron a una población ya de por sí necesitada y generaron una nueva ola de migración interna (CVR 2003).

Como ya vimos, la década de 1980 fue también un periodo de intenso activismo feminista en Lima. Las organizaciones feministas,

---

7. El 10% de los hombres eran analfabetos en 1981 (Flacso 1993: 55).

y más tarde las ONG, aumentaron la presión sobre el Estado con el fin de que tuviera en cuenta las cuestiones de género y los derechos de la mujer. Varias instituciones estatales que abordaron la cuestión de la mujer, sucedieron al primer comité gubernamental de mujeres, la Conamup. El general Francisco Morales Bermúdez (1975-1980), que reemplazó a Velasco, creó un centro para la familia, el Instituto Nacional de Promoción de Menores y la Familia.[8] En 1980, Belaunde instauró una nueva comisión nacional de mujeres, esta vez llamada Oficina de la Mujer. Su sucesor, el presidente Alan García (1985-1990), la renombró Comisión de los Derechos de la Mujer y la convirtió en responsabilidad del Ministerio de Justicia. Estas instituciones trabajaban principalmente con mujeres en los pueblos jóvenes. A medida que se deterioraba la situación económica, se prestó cada vez más atención a los programas temporales de alivio de la pobreza dirigidos a las organizaciones de mujeres que, como veremos en el capítulo 2, se encargaron de distribuir los alimentos donados. Pero más allá de estas tareas, las agencias estatales mantuvieron un perfil bajo y no parecen haber desempeñado un papel político importante.[9]

García era el líder joven y prometedor del APRA de Haya de la Torre, el partido populista de izquierda fundado en la década de 1920 que, 70 años después, llegaba por fin al poder. Su programa reformista dirigido a las masas recibió un amplio apoyo. Sin embargo, el gobierno de García no fue capaz de establecer políticas sólidas y coherentes y, más bien, cambió constantemente sus medidas sobre economía, relaciones internacionales e integración social. Al final del mandato de García, en 1990, quedó claro que la integración de

8. Hoy se llama Inabif y forma parte del Ministerio de la Mujer y Desarrollo Social (Mimdes).
El Inabif corresponde actualmente al Programa Integral Nacional para el Bienestar Familiar y depende del Ministerio de la Mujer y Poblaciones Vulnerables (N. del E.).

9. Estas agencias ni siquiera son nombradas en el fundamental capítulo de Jeanine Anderson (1998) sobre el tema. Fueron mencionadas en 1987 en un artículo de la revista feminista *La Tortuga*.

las masas en los ámbitos económico, social y político había vuelto a fracasar, pues persistían las relaciones de clientelismo, autoritarias y paternalistas. De nuevo, como ocurrió en las elecciones de 1980, la Izquierda Unida no pudo presentarse como una alternativa razonable, aunque obtuvo la mayoría en varios municipios en 1989. Los problemas con los que luchaba el país se agravaron por la violencia política y por el desplazamiento del campo de batalla hacia Lima. Para las elecciones presidenciales de 1990, el panorama social, económico y político del Perú era desalentador.

En ese contexto, el imprevisto y rápido ascenso de un ingeniero desconocido, Alberto Fujimori, como candidato presidencial, fue interpretado como producto de la permanentemente pobre integración social y la extrema inseguridad, que destruyeron la fe en los políticos de siempre (Cotler 1994: 165-222, Crabtree y Thomas 1998, Jochamowitz 1993, Vega-Centeno 1994).[10] Fujimori se convirtió en presidente en 1990 porque no era político y, sobre todo, porque no era miembro de las clases altas criollas tradicionales. Muchos peruanos parecían haber votado por él para bloquear la coalición neoliberal encabezada por el novelista de la derecha, Mario Vargas Llosa. Fujimori no era un político ni pretendía serlo: ni siquiera tenía un partido o programa, pero prometió, eso sí, "acción" y "eficiencia". Siguiendo tales promesas formuladas a partir de conceptos que se sentían poderosos después de décadas de creciente ineficiencia, caos, violencia y corrupción, Fujimori creó un régimen autoritario-populista. Sin embargo, también prometió devolver la democracia al pueblo: ninguna élite blanca (haciendo eco de la imagen de Vargas Llosa) gobernaría a los peruanos, sino que él mismo, como figura heroica, los liberaría.[11] Así, desde el comienzo, Fujimori utilizó una retórica

10. Tal vez el relato más esclarecedor de las elecciones de 1990 sea la memoria política del oponente de Fujimori, Mario Vargas Llosa (1994).

11. En 1992, un canal de televisión "independiente" realizó una miniserie propagandista que fue transmitida por todos los canales nacionales. En este programa, que comenzó una semana antes de las elecciones para el Congreso Constituyente Democrático, Fujimori fue presentado como el salvador del Perú. El

de integración social y emancipación, supeditada, no obstante, a la dirección patriarcal del presidente.

En su campaña electoral, Fujimori prometió que nunca cedería al neoliberalismo y la terapia de choque —en la línea del Fondo Monetario Internacional y el Banco Mundial—, que habían sido la solución propuesta por sus competidores ante el abismo económico en el que el país había caído. Sin embargo, inició su mandato en la segunda mitad de 1990 con medidas económicas que luego fueron conocidas como el "fujishock". Fujimori aplicó uno de los ajustes económicos más radicales y rápidos de América Latina. El inti, la moneda nacional creada en 1985, fue reemplazado por el nuevo sol, que valía un millón de intis. El gobierno también comenzó a pagar la deuda externa y dejó de subvencionar y controlar los precios y la producción. Al comienzo, estas medidas golpearon duramente la economía: los precios y el desempleo subieron inevitablemente. La situación se volvió tan grave que el aumento de la pobreza, la malnutrición, el mal saneamiento y la escasa asistencia sanitaria pública, trajeron consigo epidemias que se creían extintas desde el siglo XIX: malaria, fiebre amarilla, dengue, tuberculosis y cólera. En julio de 1991, en tan solo una semana, el cólera se extendió desde la costa norte hasta Lima, la sierra e incluso la selva. Aquel año, 322.562 peruanos resultaron infectados, mientras que a principios de 1992, la Organización Mundial de la Salud informó de casos en Ecuador, Brasil y Bolivia (Cueto 1997, Poole y Renique 1992: 24). Según Marcos Cueto, el cólera se hizo endémico en el Perú porque no se siguieron las recomendaciones para mejorar el sistema de salud pública y la infraestructura de abastecimiento de agua y saneamiento después de la epidemia de 1991 (Cueto 1997: 216-218). En 1994, sin embargo, a pesar del alto costo del "fujishock", la economía se había estabilizado, la inflación se había contenido y la inversión internacional iba en aumento (Kisic 1998).

---

programa pretendía cubrir toda la historia republicana, y relataba que, desde 1990, había habido un "gran cambio". Véase Vega-Centeno (1994).

Como lo indicaban sus inesperados cambios económicos, Fujimori no estaba interesado en los principios democráticos. El 5 de abril de 1992, organizó un "autogolpe" con el apoyo de las Fuerzas Armadas. Como informó *El Comercio*, Fujimori dio un mensaje a la nación justificando el Golpe en pro de poder continuar su gobierno "de la disciplina y el orden" y combatir "el caos y la corrupción" (Contreras y Cueto 1999: 297). Sustituyó el sistema de dos cámaras por uno unicameral; reemplazó a los representantes de los ministerios y de los poderes Judicial y Legislativo a su conveniencia; y reescribió la Constitución, ampliando las responsabilidades del presidente y liberalizando las del Estado en las políticas sociales. Con la oposición debilitada, las organizaciones populares bajo el continuo ataque de Sendero Luminoso, y la mayoría de la población empobrecida y enferma, las protestas contra el autogolpe de Fujimori fueron limitadas. Muchas personas incluso lo aplaudieron como una medida necesaria.

El gobierno de Fujimori se consolidó en septiembre de 1992, cuando se capturó al líder de Sendero Luminoso, Abimael Guzmán. A pesar del pesimismo que reinaba (Poole y Renique 1992: 166), este hecho debilitó rápidamente a Sendero, dando paso a un incremento en el número de arrestos de sus principales dirigentes, lo que llevó a una considerable disminución de los atentados terroristas. En 1994, la economía comenzó a recuperarse. Sin embargo, tal despegue económico no cambió la distribución del ingreso: el segmento de la población que vivía en la pobreza seguía manteniéndose en alrededor del 50% desde 1970. También vale la pena señalar que, en 1996, el PBI per cápita había aumentado hasta alcanzar recién los números de 1965 (Figueroa 1998). A pesar de estos escasos resultados económicos, del control cada vez más autoritario que siguió al autogolpe de Fujimori y, por consiguiente, de su creciente dominio sobre el Poder Judicial y el cada vez mayor control del servicio secreto sobre la población, Fujimori fue reelegido en 1995 con una mayoría de votos.

Mientras que el régimen de Fujimori desacreditaba de manera constante a las instituciones democráticas, debilitándolas, su retórica se enmarcaba en un discurso de integración social. Los efectos mínimos, y a menudo contradictorios, que las políticas correspondientes tuvieron sobre el bienestar de la población, fueron contrarrestados por éxitos en otros campos, como los importantes y necesarios proyectos de infraestructura en los asentamientos humanos y la legislación que favoreció a los pobres y marginados. En 1992, se dio nueva vida a un programa de emergencia para aliviar la pobreza. Sin embargo, si bien las necesidades básicas fueron provistas por el gobierno, no se concedieron derechos fundamentales como, por ejemplo, el derecho a la educación o a la atención sanitaria (Figueroa 1998: 146). Estas medidas "sociales", a través de las cuales Fujimori ganó apoyo entre los votantes pobres y mantuvo baja la oposición civil, fueron acompañadas por aún más retórica y programas dirigidos a la mujer.

Las mujeres ofrecían varias ventajas para sus intereses. En primer lugar, estaban bien organizadas, pero debilitadas políticamente como consecuencia de disputas internas, de un aumento en la infiltración terrorista y de la pobreza generalizada; situación que hizo a estos grupos especialmente maleables. En segundo lugar, las mujeres demostraron tener una gran capacidad de cuidado y estar dispuestas a asumir esa responsabilidad, proporcionando a Fujimori la oportunidad de ampliar las prácticas maternalistas al servicio de los intereses del Estado. Y en tercer lugar, como han argumentado varios académicos y políticos, se esperaba que las mujeres ayudaran a "limpiar" la política (Blondet 2002, Craske 1999: 200, Schmidt 2006, Vargas 2002: 238-261). La imagen tradicional de las mujeres como moralmente superiores a los hombres le sirvió a Fujimori para hacer ver a su gobierno —cada vez más corrupto y autoritario— como un régimen limpio y correcto. Así, reclutó a muchas mujeres de clase media con un buen nivel de educación y movilizó a las votantes utilizando un discurso maternalista y de desarrollo dirigido a las pobres "madres de la nación". En las páginas que siguen, analizaré cómo Fujimori explotó las diferentes percepciones que existían de las mujeres.

Discursos políticos y la división de la imagen de la mujer

El creciente interés por la "cuestión de la mujer" en los años noventa se vio en parte envuelto en el lenguaje moderno del empoderamiento femenino; sin embargo dicha retórica enmascaraba otra realidad: una en la que las mujeres eran tratadas a partir de ciertos estereotipos de femineidad a los que se ha llamado "marianismo", un término acuñado por Evelyn Stevens en 1973 (Fuller 1993: 70-71). Este concepto le da nombre a un culto alrededor de la feminidad que le "enseña a las mujeres que ellas son moralmente superiores y espiritualmente más fuertes que los hombres" (Stevens, citada en Navarro 2002: 257).[12] Tal idea fue muy debatida; se la consideró la otra cara del machismo. Ambos términos, según Stevens, sirven para explicar las relaciones de género en América Latina. El rol sagrado de la maternidad se enfatiza a través de una comparación de la mujer con la Virgen María, exaltando así su capacidad de cuidado, abnegación y sacrificio. En una línea similar, Elsa Chaney plantea que las mujeres en la política latinoamericana han sido usualmente tratadas como "supermadres", para promover la idea de que su participación política es solo una extensión de su rol doméstico y maternal (Chaney 1979, Craske 1999: 13). Cuando vemos los puntos de vista oficiales sobre la "cuestión de la mujer" en el Perú de los años noventa (e incluso antes), advertimos que estas imágenes de la mujer como santa madre y cuidadora están significativamente presentes.

Hubo, sin embargo, un fuerte sesgo de clase en tales imágenes. Mientras que a las profesionales de clase media se las veía como moralmente superiores a los políticos (implícitamente corruptos y antidemocráticos), y como mujeres modernas que alentaban la emancipación de sus pares, las pobres eran percibidas como madres que contribuían al desarrollo a través de su capacidad de resiliencia y cuidado. De hecho, las mujeres que luchaban por mejorar la posición

12. Navarro (2002) rechaza el concepto, pero ofrece un amplio panorama de la bibliografía sobre el marianismo desde los años setenta.

de sus familias a través de organizaciones populares, a menudo eran retratadas como madres que lidiaban contra la crisis económica o contra las políticas del hambre (Vargas 1995). El surgimiento de organizaciones de mujeres que buscaron mejorar sus medios de vida en forma colectiva, y la creciente atención puesta en estas entidades, trasladaron las necesidades prácticas de estas mujeres de la esfera privada a la pública. No obstante, sus actividades eran mucho más diversas que las tareas de cuidado que enfatizaba el discurso político populista; sus luchas por vivienda, participación y compensaciones económicas por divorcio pasaron desapercibidas para el público en general. Para los políticos, las organizaciones populares de mujeres fueron útiles en sus intentos de amortiguar los efectos del ajuste estructural y de ampliar sus redes de clientelismo. Al mismo tiempo, el Estado a menudo se apropió del discurso feminista con miras a congraciarse con el creciente número de mujeres profesionales y para cumplir con los acuerdos internacionales sobre los derechos de la mujer. En consecuencia, durante los años noventa, se hizo evidente una división de la feminidad, en la que el maternalismo y el empoderamiento encontraron sus sujetos respectivos.[13]

El énfasis en la función maternal de la mujer en la política social no era algo nuevo. Durante los últimos treinta años del siglo XX, los discursos maternalistas fueron utilizados para consolidar el poder, controlar masas potencialmente peligrosas y desviar las responsabilidades del Estado hacia el pueblo. Es sorprendente cómo un cuerpo entero de políticas sociales había asimilado tales discursos. Esta retórica se utilizó para enmarcar políticas de apoyo dirigidas a las mujeres pobres, aunque no siempre se centraron directamente en ellas, sino en otros grupos sociales, como niños, adolescentes, familias, o incluso comunidades enteras, a los que se asumía que ellas cuidaban. Las mujeres eran definidas, principalmente, a través de sus relaciones con terceros, no por sí mismas y por derecho propio. A

13. Sobre el maternalismo como estrategia política en el Estado de bienestar, véase Skocpol (1992) y Koven y Michel (1993).

principios de los años setenta, el general Velasco propuso enfatizar la responsabilidad reproductiva de las mujeres en la lucha nacional por la "transformación revolucionaria" de la sociedad. La década de 1980 mostró un discurso maternalista moderado dirigido a las organizaciones populares de mujeres para apoyar y controlar las actividades de la comunidad, y el presidente Fujimori desarrolló una propaganda maternalista prudente, pero de gran alcance, dirigida a las masas pobres, junto con un discurso de desarrollo económico y políticas de libre mercado.

Por ejemplo, en el Día de la Madre de 1991, Fujimori pronunció un vigoroso discurso en el que llamó a las madres peruanas "abnegadas" y celebró el silencio con el que cumplían sus tareas "en el más perfecto anonimato, son las heroínas de la gran tarea que significa la reconstrucción nacional" (*Ojo* 1991). Era el primer año de Fujimori en la presidencia, un momento en el cual, como consecuencia del "fujishock", había hambre y desesperación, especialmente entre los que ya eran pobres. Los comedores populares comenzaron a aparecer en todas partes, pero tampoco eran capaces de alimentar a tanta gente, ya que incluso estos espacios eran demasiado pobres. En cuanto las líderes de los comedores empezaron a protestar contra la "política del hambre", Fujimori les pidió paciencia y exaltó su abnegación. En los años siguientes, el presidente repitió sus elogios a las millones de madres por su trabajo en la provisión a los pobres, así como por su importancia en el proyecto de "reconstrucción" del país. En el Día de la Madre de 1996, volvió a agradecer a las mujeres por su contribución al "desarrollo de la patria" (*El Peruano* 1996). Como se mencionó anteriormente, tanto Belaunde como García habían desplegado una retórica similar y utilizado la ayuda alimentaria para apaciguar a las madres. Sin embargo, Fujimori no solo usó estos discursos, sino que también, como se verá en el capítulo 2, institucionalizó la ayuda alimentaria y el clientelismo asociado a ella. Especialmente después de 1993, desarrolló un maternalismo cada vez más sofisticado, inherente a los discursos de desarrollo y políticas dirigidos explícitamente a las organizaciones populares de mujeres.

El uso que hizo Fujimori de los discursos maternalistas debe ser visto a la luz de la relación entre las organizaciones populares de mujeres y las intenciones del gobierno en materia de desarrollo social y equidad de género. A raíz de la Conferencia Mundial sobre la Mujer celebrada en Pekín en 1995, Fujimori creó el Ministerio de Promoción de la Mujer y del Desarrollo Humano (Promudeh). Con la retórica de la igualdad de género y la "promoción de la mujer", por un lado, y del importante papel de las madres en el desarrollo, por el otro, el Promudeh se responsabilizó por todas las clases de programas sociales. Estos incluían programas para niños, personas desplazadas y pueblos indígenas, así como proyectos para la distribución de alimentos, la participación social, la alfabetización, el cuidado de los niños y adolescentes y, en última instancia, el desarrollo de la mujer. Al parecer, el alivio de la pobreza y la política social del "sector blando" fueron asociados a la población femenina del país. Las mujeres fueron percibidas primero como madres y cuidadoras de terceros, y solo después como ciudadanas por derecho propio.

En su material de promoción, el Promudeh se describe de la siguiente manera: "Un ministerio para la mujer. Para valorarla, para apoyarla, para promover su desarrollo y el de su familia. Para darle el lugar primordial que se merece en nuestra sociedad y en el desarrollo político y económico del país". Refiriéndose a la mujer, ese ministerio había sido creado "como reconocimiento a su invalorable aporte". El folleto de promoción también aseguraba que el Promudeh trabajaría para "un mundo con equidad". Este mundo estaba justificado principalmente por un discurso maternalista de desarrollo y por el papel que las mujeres desempeñaban y debían desempeñar como madres "naturales", cuidadoras de la familia y la comunidad. Ello concordaba con la lógica del Promudeh, que trabajaba no solo por la igualdad de género, sino también por el desarrollo básico y el alivio de la pobreza. Según este raciocinio, las mujeres eran vistas como una buena fuente de trabajo voluntario. Las imágenes del folleto se asemejan a las que las agencias de desarrollo internacional usan para alentar al mundo occidental a donar dinero: la primera página muestra a una pobre y encantadora muchacha indígena con el rostro sucio y la nariz goteando. Todo el folleto deja entrever el compromiso del gobierno con la reducción de la pobreza gracias al necesario apoyo de las madres peruanas, pero no su compromiso con el desarrollo de la mujer.

Sin embargo, en sus diez años de gobierno, Fujimori manipuló tanto al movimiento feminista como a las organizaciones internacionales con un discurso de empoderamiento. Al hacerlo, no solo confundió al movimiento de mujeres y a los políticos y burócratas que intentaban genuinamente mejorar la situación de la mujer, sino que además confundió la relación entre proceso de desarrollo y emancipación de la mujer. Este análisis plantea varias preguntas. Por ejemplo, ¿cómo interpretar una política contradictoria desde su inicio?, ¿cómo se comparan los objetivos de desarrollo, como el alivio de la pobreza y el control de la población, con las medidas para proteger los derechos de la mujer? Sin descartar la posibilidad de una verdadera ambigüedad en la retórica y programas de Fujimori, la siguiente discusión explorará la explotación intencional de las imágenes y percepciones que se tenía de la mujer para causas más instrumentales.

Emancipación, "honestidad" y lealtad femenina

La actitud de Fujimori con las mujeres y la "cuestión de la mujer" no fue solo una exaltación de las mujeres como madres de los pobres. Por el contrario, el presidente supo utilizar también a las mujeres instruidas de clase media como escudos políticos. En paralelo al discurso sobre la maternidad y el desarrollo, Fujimori invocó inteligentemente la participación de las mujeres para fomentar la confianza y credibilidad en las comunidades nacionales e internacionales más progresistas. Logró este objetivo paralelo utilizando dos imágenes aparentemente contradictorias: por un lado, la imagen tradicional de las mujeres como moralmente superiores, más honestas y leales que los hombres; por otro, la de las mujeres como tecnócratas eficientes en un país moderno y emancipado (Blondet 2002: 52-53). Mientras que las madres pobres eran elogiadas por sus actividades que podían "salvar" a la nación de la pobreza y el hambre, las mujeres con un buen nivel de educación eran evocadas como los rostros emancipadores y profesionales de un régimen cada vez más corrupto.

Como señala Cecilia Blondet (1998, 1999, 2002), para numerosas mujeres el interés de Fujimori en su trabajo fue una oportunidad para integrarse a un mundo que antes les estaba cerrado. Así, aunque conscientes de que estaban trabajando en un sistema corrupto, muchas aprovecharon la coyuntura. La comitiva profesional de Fujimori logró convocar a muchas más mujeres que otros gobiernos o partidos políticos, y empleó a mujeres instruidas, un sector que había crecido desde la década de 1980. A pesar de que la colaboración de las profesionales lindó con lo siniestro —como lo demuestran las declaraciones personales de lealtad a Fujimori de algunas fujimoristas—, la apertura del campo político a mujeres de diferentes convicciones políticas, alimentó el conjunto de medidas y reformas legislativas favorables a la mujer, como nunca antes se había hecho. Por supuesto, la mayor participación y representación política de las mujeres fue uno de sus efectos más visibles y de mayor impacto.

El incremento de la participación política de las mujeres fue fomentado por una ley de 1997 que estipulaba que todas las listas de partidos para las elecciones municipales y del Congreso debían incluir por lo menos un 25% de mujeres (Schmidt y Saunders, 2004 Yáñez 2003). Dicha norma, resultado del trabajo de dos mujeres fujimoristas, fue fuertemente apoyada por el propio Fujimori (Schmidt 2006: 167). En general, en la década de 1990, las congresistas se ocuparon de leyes concernientes a las organizaciones populares de mujeres, la planificación familiar y la violencia doméstica, que se tratarán en los siguientes capítulos. Además, en 1997, la infame disposición del Código Penal que estipulaba que un violador estaba exento de procesamiento si se casaba con su víctima, fue abolida tras una campaña encabezada por la congresista Beatriz Merino (Schmidt 2006, Boesten 2007). El nuevo ministerio para la mujer, el Promudeh, fue tal vez un depósito de programas sociales que tenía más la intención de comprar votos que de aliviar la pobreza, pero también apoyó la creciente búsqueda nacional e internacional de igualdad de género. En la década de 1990, la mayoría de los gobiernos latinoamericanos fundaron instituciones dedicadas a las mujeres (Álvarez 1997, Chant y Craske 2003: 28-29; Lind 2005; Macaulay 2006). Aparte del éxito inmediato de las cuotas de género impuestas a los partidos políticos, especialmente en las elecciones municipales de 1998 (Schmidt y Saunders 2004), muchas de las reformas dirigidas a las mujeres no llegaron a aplicarse, lo hicieron de manera deficiente o, como sucedió con las políticas poblacionales, de manera agresiva, violando los derechos de la mujer.

Como veremos en los siguientes capítulos, a menudo los recursos no eran asignados y el personal no estaba capacitado. Sin embargo, la creciente presencia de medidas sensibles al género dio al régimen cierta legitimidad frente a la comunidad internacional y a las ONG feministas nacionales que trabajan en los planes, propuestas y programas del gobierno desde los márgenes. Entre las feministas hubo un debate continuo sobre si debían apoyar las medidas emancipadoras y progresistas de Fujimori u oponerse a ellas por principio democrático. Varias optaron por rechazarlas debido a sus "compromisos con la democracia, los derechos humanos y la libertad civil" (Schmidt 2006: 162), y en 1998 algunas se retiraron de las instituciones gubernamentales para unirse a los movimientos de oposición cívica (Blondet 2002: 45).

Fujimori, sin embargo, aún no había terminado con su estrategia de género personalizada. Después de su re-reelección obviamente fraudulenta de 2000 y de su mengua de credibilidad por conflictos dentro del partido, instaló un comité directivo de cuatro mujeres que tuvo la tarea de crear la imagen de un gobierno coherente y confiable. Las cuatro eran fujimoristas acérrimas y no tuvieron miedo de defender o negar violaciones de derechos humanos. Según Gregory Schmidt, Fujimori solía encargar a sus "geishas" —periodistas y políticas leales a él— la defensa de su "trabajo sucio". Entre las fujimoristas, la lealtad al presidente era muy valorada, incluso más que el sentido de solidaridad de género, como lo demostró en 1998 la presidenta de la entonces Comisión de Mujeres del Congreso, Luz Salgado, en su defensa del programa de esterilización, incluso después de probarse que había sido extremadamente coercitivo (Schmidt 2006: 170).

Sigue quedando poco claro si estas cuatro políticas fueron puestas al frente en el 2000 para mostrar una cara inocente después del fraude, para simular la unidad de un partido que se estaba resquebrajando o para justificar lo injustificable. Lo que sí parece evidente es que debían transmitir la idea de que eran políticas más honradas, leales y democráticas que los hombres. Como dijo la presidenta del mencionado comité directivo, Martha Hildebrandt, después del lanzamiento del primer video que condujo a la caída y fuga de Fujimori y sus compinches: "Somos cuatro mujeres que estamos defendiendo el principio de lealtad; de lealtad a Fujimori" (citado en Schmidt 2006: 166).

Ciudadanía diferenciada en función del género y política social

La relación entre el Estado peruano y las mujeres muestra tensiones en dos áreas principales: la clase y el desarrollo marcados por la raza y la emancipación. En otras palabras, la tensión entre desarrollo y emancipación en la política social dirigida a las mujeres se nutre en parte de los conflictos entre los grupos socioeconómicos y sus diferentes necesidades. Las políticas de desarrollo se centran en gran medida en los pobres, quienes son, a su vez, mestizos e indígenas en su mayoría. Se considera que las necesidades de las mujeres en los llamados sectores populares, tanto urbanos como rurales, son prácticas y, por tanto, son tratadas como tales. Esta aproximación a las necesidades, basada en un enfoque clasista, se sustenta en una ideología de género que se fundamenta, al mismo tiempo, en las imágenes católicas y en los deberes de la maternidad y el sacrificio. Mientras que en la práctica los intereses más emancipadores o estratégicos de las mujeres de sectores populares fueron a menudo ignorados, los objetivos estratégicos —como el aumento de la participación política, la promulgación de leyes contra la violencia y la ampliación de los derechos de la mujer para controlar su fertilidad— se abordaron finalmente durante los años noventa. Pero gran parte de esta creciente inclusión que vino de la mano de una mejor legislación, se sustentó en una retórica maternalista que reforzaba los mismos estereotipos de maternidad y sacrificio. En gran medida, la relación entre el Estado y las mujeres, desde el régimen de Velasco hasta el final de la era de Fujimori, encaja en el enfoque de mujeres en el desarrollo (MED): un acercamiento a las mujeres que persigue una mayor inclusión, pero sin cuestionar las premisas en las que se basa la desigualdad. Y aunque la legislación se ocupaba cada vez más de la desigualdad, en la práctica no fue atendida.

Pero la dinámica discutida es aún más compleja. Por un lado, las divisiones de clase muestran un verdadero conflicto de intereses entre las organizaciones populares de mujeres y las feministas de clase media, y entre el desarrollo y la emancipación femenina. Mientras que la división entre necesidades prácticas y estratégicas es artificial y puede ser utilizada de manera negativa por políticos y responsables de formular políticas que no están interesados en cambiar el *statu quo* del género, el diferente punto de partida material de los grupos de mujeres sí es real y desigual. Por lo tanto, en particular fuera de Lima, las metas de desarrollo —como mejorar los medios de subsistencia o garantizar la seguridad social, sin hablar siquiera de la salud o de la educación— sí son una realidad. Tales metas están marcadas por el género, por los roles que se cree que la mujer debe cumplir y/o por la diferencia biológica real. Como sugieren los programas sociales que se analizan en los tres capítulos siguientes, la búsqueda de metas de desarrollo dirigidas a las mujeres, respaldadas por una retórica influida por el género (ya sea confirmando o rechazando los estereotipos), no deja mucho espacio para desafiar las desigualdades que sustentan las posiciones de las mujeres a las que se orientan en primer lugar. Dichas desigualdades están inmersas en las complejas desigualdades interseccionales de raza, clase y género, y son difíciles de tratar con retórica y discursos que (a) no abordan la complejidad de la desigualdad, y (b) no la atienden en la práctica. Examinando lo que ocurrió con la política social desde la base, los tres capítulos siguientes exploran estas tensiones entre la teoría y la práctica, los derechos y el acceso a servicios, la igualdad y la marginación, la emancipación femenina y el desarrollo, y el maternalismo y el empoderamiento.

3

Ayuda alimentaria, maternidad y trabajo de mujeres

En 2001, me reuní con la señora Amalia, presidenta de un comité del Programa del Vaso de Leche en un pueblo joven de Lima. Amalia me contó que la municipalidad local, responsable de distribuir la leche a los comités de su distrito, usaba los fondos asignados para comprar los productos más malos y baratos y así quedarse con el excedente. También mencionó que la municipalidad provocaba conflictos entre los comités locales —conformados enteramente por madres voluntarias—, pagando a algunas de sus líderes como si fueran empleadas, mientras exigía a otras dinero a cambio de las donaciones. Pero no fueron solo los coordinadores de la municipalidad encargados de la distribución a quienes Amalia acusó de mala práctica, sino que descubrió que el sistema de reparto selectivo y el clientelismo habían calado también en las propias organizaciones de mujeres. Algunas mujeres, contó Amalia, participaban en ellas, no por necesidad ni solidaridad de barrio, sino para enriquecerse. Y aunque el apoyo alimentario se institucionalizó durante los años noventa, el sentimiento de seguridad social de Amalia estaba completamente socavado. Enojada, insistió en que era "la ley de la selva, del león" la que reinaba en los programas sociales, e hizo énfasis en que el gobierno "ataca el aspecto más vulnerable: la pobreza".[1] A pesar de

1. Entrevista con la señora Amalia, San Juan de Luringancho, Lima, 2001.

sus quejas, Amalia mantuvo su trabajo como presidenta de un comité del Vaso de Leche y, como demostró una reunión en su honor a la que asistieron varios grupos de mujeres de su barrio, sus compañeras apreciaban su liderazgo, y ella estaba orgullosa de sus logros.

El Programa del Vaso de Leche se creó en 1984, bajo la tutela del gobierno municipal de Izquierda Unida de Lima, con el objetivo de proporcionar ocho onzas de leche al día, mezcladas con azúcar, harina de avena y quinua, a todos los preescolares (menores de seis años) necesitados. Se esperaba que las madres de los niños matriculados contribuyeran solventando los costos del combustible o las tarifas de los autobuses, y que se organizaran en turnos para preparar y distribuir la leche. El programa tuvo éxito y, en 1986, se extendió a las zonas rurales. Así, los comités de dicho programa vinieron a sumarse a las ya múltiples organizaciones de mujeres en barrios pobres, aunque sus vínculos políticos eran diferentes: mientras que los comités se relacionaban con la izquierda municipal, los comedores recibían donaciones de varias fuentes, entre ellas, el Estado. Las dificultades que Amalia encontró en su trabajo —la corrupción dentro y fuera de las organizaciones de mujeres, el oportunismo y uso indebido de los fondos, la manipulación y las luchas internas y externas—, así como las ganancias, la persistencia y el orgullo, no fueron exclusivos del distrito al que ella pertenecía, o de los comités del Vaso de Leche. Más bien, como sostengo en este capítulo, la corrupción y el clientelismo en el sistema nacional de distribución de alimentos, y la resistencia de las organizaciones de mujeres a las coacciones internas y externas, se institucionalizaron cada vez más en los años noventa.

Durante esa década, las políticas de ayuda alimentaria se vieron crecientemente inmersas en prácticas de clientelismo facilitadas por la débil posición política y social de las mujeres pobres después del "fujishock" y la progresiva violencia de Sendero Luminoso en la capital. A las organizaciones de mujeres no se les dejó demasiada opción para decidir si entablaban o no relaciones de clientelismo con el Estado; más bien, estas les fueron impuestas, aunque, como veremos más adelante, muchas desarrollaron estrategias para mantener algún grado de autonomía. Algunos sectores del gobierno esperaron que las mujeres asumieran las responsabilidades básicas de cuidado que la población necesitaba para sobrevivir a las periódicas crisis económicas, y estos esfuerzos fueron luego utilizados con fines políticos, como el apoyo electoral (Palomino 2004).

Como señala Amy Lind (2005) con respecto a procesos similares en Ecuador, el trabajo doméstico y comunitario de las mujeres fue, a menudo, fundamental para la reestructuración económica neoliberal y alineó de manera paradójica y maternalista los esfuerzos colectivos de las mujeres con los esfuerzos del Estado para modernizarse a expensas de los pobres. A las protestas activas de las peruanas contra las medidas de austeridad de principios de los años noventa, y sus demandas por mejorar la política de alimentos, se sumaron las medidas —a veces contradictorias— de emancipación femenina y desarrollo del gobierno. Las mujeres se vieron crecientemente presionadas para dedicarse a los numerosos programas sociales diseñados para aliviar la pobreza, aunque en realidad dichas medidas contribuían poco a reducirla. Como señala Nikki Craske, "[...] la predisposición de las mujeres para absorber los costos del ajuste permiten a los gobiernos cancelar servicios y al mismo tiempo minimizar la inquietud social" (2007: 132).

A pesar de esos motivos y prácticas ocultas en los programas alimentarios estatales, mujeres como Amalia tenían interés en participar en los grupos de mujeres y proporcionaron al Estado un ejército de trabajadoras voluntarias que contribuyeron a mitigar la pobreza. ¿Fueron entonces estas mujeres las madres "heroicas" y "abnegadas" a las que aludía Fujimori? ¿Cómo afectó a las mujeres involucradas en estas organizaciones el énfasis puesto en la maternidad? ¿Cómo percibieron y negociaron su lugar en las jerarquías implícitas (y a menudo explícitas) que existían en la relación entre beneficiarios y donantes? Para responder tales interrogantes, examino cómo las mujeres que participaron en las organizaciones apoyadas por el Estado lidiaron con las prácticas manipuladoras y la marginación social, y cómo negociaron el limitado espacio sociopolítico que les fue asignado. Además de un extenso trabajo de campo entre grupos de mujeres en Lima y Ayacucho, utilizo un libro de actas de la Federación Provincial de Clubes de Madres de Ayacucho (Fecma) – Huamanga.

Sorprendentemente, aunque la situación en Ayacucho era muy diferente a la de Lima, y como analizo a continuación, sus clubes de madres tenían un trasfondo distinto al de las organizaciones de la capital, los problemas relacionados con la ayuda alimentaria fueron muy similares.

Las organizaciones de mujeres de Lima tenían más experiencia en la distribución de alimentos, porque venían trabajando con instituciones que proporcionaban ayuda alimentaria desde finales de los años sesenta. Por otro lado, los clubes de madres en Ayacucho se organizaron alrededor de proyectos de pequeña escala y, más tarde, durante los años ochenta y principios de los noventa, se unieron para luchar por los derechos humanos. Los primeros comedores populares patrocinados por el Estado en Ayacucho fueron creados durante el gobierno de Alan García (1985-1990), que expandió activamente su dominio sobre las clases populares a través del Programa de Asistencia Directa (PAD). Los clubes de madres más independientes operaban en paralelo a los comedores financiados por el Estado. El Programa del Vaso de Leche se estableció en Ayacucho en 1986, dos años después de haberse creado el primer comité en Lima. Tanto en Ayacucho como en Lima, las organizaciones de mujeres establecieron desde el principio fuertes redes entre ellas, a través de organizaciones paraguas que aumentaron su poder de negociación colectiva con las diversas instituciones de las que recibían ayuda.

El libro de actas de la Fecma, fundada en 1988, abarca los años 1995-1999 (Fecma 1995-1999).[2] En 1991, esta organización provincial se unió a las federaciones de otras provincias de Ayacucho bajo el nombre de Federación Departamental de Clubes de Madres de Ayacucho (Fedecma), y para 1995 reunía ya a 11 federaciones provinciales, 1400 clubes de madres y 80.000 mujeres (Coral 1998: 359). La Fecma, a su vez, unió a todas las organizaciones de mujeres diseminadas a lo largo de la provincia —desde las que existían en comunidades pequeñas y remotas hasta las más visibles de la ciudad

---

2. En el 2001, el libro pasó a manos de su presidenta, Teodomira de la Cruz.

de Ayacucho—, llegando a representar a 140 clubes de madres y a 16.338 mujeres (Asamblea extraordinaria, 20 de enero de 1996, Fecma 1995-1999: 41).

El libro de actas de la Fecma contiene un registro de las reuniones con funcionarios locales y ejecutivos de los programas (como alcaldes, administradores, abogados de beneficencia o personal de las ONG), así como de las que se celebraban entre sus miembros. Sus miembros eran las organizaciones de toda la provincia, las cuales incluían a los comedores populares, los comités del Vaso de Leche y los clubes de madres, es decir, grupos de mujeres que no trabajaban necesariamente en torno a un solo programa de alimentación. Y ello no siempre fue bien visto.

Por ejemplo, según las actas de una reunión llevada a cabo en 1997, los centros de distribución municipales que administraba el Programa del Vaso de Leche trataron de apartar a la Federación, argumentando que ella manejaba clubes de madres y comedores populares que se beneficiaban de fondos del gobierno. En ese encuentro, los funcionarios municipales acusaron a las mujeres de combinar el programa municipal con esos programas gubernamentales bajo el mismo comité organizador, sugiriendo que con eso se aprovechaban para recibir una doble porción de alimentos. Por su parte, la Federación se defendió, replicando que las distintas organizaciones de mujeres pertenecían legítimamente a su organización paraguas, y asegurando que ni las mujeres ni la organización se aprovechaban de las donaciones: "El programa Vaso de Leche es una parte de la organización, porque las integrantes de los clubes de madres no se benefician en su totalidad, sino solamente los que tienen niños menores de seis años, madres gestantes, lactantes". Señalaba que los beneficiarios, y no los voluntarios que preparaban la comida y la leche, eran los que marcaban la diferencia entre estos programas (Reunión extraordinaria, Fecma 1995-1999: 287).

En Lima, en cambio, estos grupos no formaban parte de la misma Federación, porque el Programa del Vaso de Leche estaba asociado con el gobierno municipal de la Izquierda Unida, mientras que los grupos de mujeres federadas trataban de minimizar sus afiliaciones políticas. Una mirada más cercana, sin embargo, demuestra que tanto en Ayacucho como en Lima hubo colaboración y coincidencias, tanto como conflictos y competencia, entre estos grupos de diferentes patrocinadores. Por lo tanto, analizo estas organizaciones de mujeres y los programas de ayuda dirigidos a ellas como parte de un mismo fenómeno: como programas sociales —de resultados ambiguos— que apelaban a las funciones y responsabilidades de las madres, que surgieron del dudoso interés gubernamental por el alivio de la pobreza y de redes de clientelismo.

Ayuda alimentaria y clientelismo

La ayuda alimentaria y las organizaciones de mujeres se convirtieron en el centro de las políticas dirigidas a las barriadas que comenzaron a formarse en los años sesenta, y se volvieron una forma institucionalizada de clientelismo durante el gobierno de Fujimori. El apoyo a la construcción y organización de nuevos barrios de migrantes en los centros urbanos —en forma de alimentos, dinero, soporte técnico y material—, se extendió mucho más allá del Estado y fue respaldado también por organizaciones nacionales de caridad y religiosas, organizaciones como Usaid y el Programa Mundial de Alimentos y sus distribuidores locales, y ONG internacionales (Anderson 1998: 84). Estas prácticas alentaron a su vez a las mujeres, lo que sugiere que sus organizaciones pueden haber sido menos autónomas de lo que nos han hecho creer.[3] Sin embargo, la ayuda alimentaria era uno de los enfoques favoritos del Estado y fue —y en gran parte seguía

3. Según Cecilia Blondet, las organizaciones existen gracias a la disponibilidad de donaciones: solo cuando las hay, pueden crearse. En consecuencia, según esta autora, todas las organizaciones se constituyen desde arriba, en gran parte con la ayuda de organizaciones religiosas, y no son iniciativas de las mujeres. Véase Blondet (1986: 53) y Blondet y Montero Checa (1995: 56). Sin embargo, las mujeres que participaron en la creación de organizaciones en las décadas de 1960 y 1970 cuentan una historia diferente y, más bien, les gusta destacar la autonomía de estas entidades. Véase Denegri (2000).

siéndolo cuando se publicó este libro en 2010— la piedra angular del programa de alivio de la pobreza financiado internacionalmente. La centralidad de la ayuda alimentaria procedente de la cooperación internacional se vincula históricamente con la política agrícola y exterior de los Estados Unidos, en virtud de la cual en 1954 se iniciaron los programas de Alimentos para la Paz. El Perú ha recibido ayuda alimentaria desde los años cincuenta, pero en mayor cantidad desde la segunda mitad de la década del setenta, luego de que el gobierno militar izquierdista de Velasco (1968-1975), escéptico de las donaciones de alimentos de los Estados Unidos, intentara reformar esta ayuda en programas de intervención temporal en tiempos de crisis (Grupo Impulsor Nacional/Cesip 2000).

En líneas generales, las instituciones gubernamentales de ayuda alimentaria estaban ligadas a la Presidencia, ya sea a través de las organizaciones benéficas de la primera dama (general Manuel Odría, 1948-1956), de decretos presidenciales (Fernando Belaunde Terry, 1963-1968; 1980-1985) o de políticas partidarias (Alan García, APRA, 1985-1990) (Blondet y Montero 1995: 53, Collier 1978, Lenten 1993). En los años ochenta, con el aumento de la ayuda alimentaria internacional y el voto de los analfabetos, el programa de ayuda vigente fue reemplazado por un sistema de distribución de alimentos a largo plazo dirigido específicamente a las organizaciones de mujeres en los barrios urbano-marginales y, posteriormente, a las zonas rurales. Los gobiernos comenzaron a personalizar a las organizaciones de mujeres. Por ejemplo, la segunda administración de Belaunde fundó cocinas familiares que bautizó como "cocinas de Violeta" —en honor a la esposa del presidente—, para que trabajasen en paralelo a los comedores populares. Irene Jara, líder de una organización de mujeres en un pueblo joven de Lima, recordó las tensiones que esto había generado:

> En esa época todavía en ninguna parte existían clubs de madres. Nuestro fue uno de los primeros. Ya después ha habido montones porque Belaúnde habló diciendo: –Que se formen clubs de madres para enseñar a las mujeres que se ayuden a sí mismas. –¿Se acuerda, no?

> Y la mayoría rapidito hacían clubes pero solamente por el interés del Gobierno, porque el Gobierno daba víveres, daba ropa, daba medicinas. En cambio nosotros empezamos y seguimos solas, independientes. [Nuestro club] no es político, es solidario con todos. No traeremos acá gente política porque van a querer dominar. (Denegri 2000: 216)

Como afirma Irene, y como lo demuestra el auge de los clubes de madres, muchas mujeres respondieron al llamado del presidente para organizarse, porque el gobierno proporcionaba las necesidades básicas a quienes trabajaban bajo la vigilancia de su partido. Este uso político-partidario de la ayuda alimentaria estimuló las relaciones patrón-cliente, que pronto llegaron a dominar el carácter y funcionamiento de muchas de estas organizaciones (Blondet 1986; Degregori, Blondet y Lynch 1986). Entre 1985 y 1990, durante el primer gobierno de Alan García, se creó el Programa de Asistencia Directa (PAD), en el que se fusionaron los clubes de madres y los comedores populares. Aunque este programa prometió cubrir más que la alimentación, los fuertes vínculos partidarios limitaron, una vez más, la autonomía de las organizaciones de mujeres.[4]

A establecerse en los municipios, el Programa del Vaso de Leche, creado por el alcalde izquierdista de Lima Alfonso Barrantes (1983-1986), pretendía ser diferente de los programas que ofrecían los partidos. Las municipalidades recibieron un presupuesto para comprar leche condensada o leche en polvo donada de Europa o los Estados Unidos, y esta se entregaba a los comités locales —grupos de madres organizadas—, que preparaban y distribuían la leche entre la población.[5] A pesar del intento explícito de evitar la manipulación gubernamental o las amenazas de discontinuidad tras cada cambio de régimen, las malas prácticas parecen haber sido igual de frecuentes en el Vaso de Leche que en los programas sociales del gobierno,

---

4. “Autónomo” no significa completamente independiente; más bien, las organizaciones son percibidas como autónomas si mantienen alianzas con una variedad de donantes, sin comprometerse con un solo grupo político y/o religioso.

5. Sobre el alcance real del programa, véase Ruggeri Laderchi (2001).

tal como alegaba Amalia. Por supuesto, los municipios locales eran subvencionados por el Ministerio de Hacienda, lo que significaba que sus funcionarios dependían del Estado. Esto causó problemas en las organizaciones de mujeres que recibían, preparaban y distribuían la leche, similares a los que enfrentaban los comedores y clubes de madres.[6]

Una política de maternidad y resistencia

Como se analizó en el capítulo 1, los años ochenta y noventa fueron periodos no solo de crisis económica, sino también de violencia política. Las políticas de ayuda alimentaria y la identidad maternal que se enfatizó a través de ellas se convirtieron en un factor importante para que las mujeres se resistieran a la violencia, mientras que su vínculo con el Estado las convirtió en blanco de Sendero Luminoso.

En Ayacucho, centro de las actividades de Sendero durante la década de 1980, la violencia desempeñó un papel central en la identidad de las organizaciones de mujeres. En 2001, Vilma Ortega, presidenta de la Fedecma, destacó que, durante los años de violencia política, las organizaciones de mujeres trabajaron principalmente en secreto. Recordaba que ella y otras mujeres llevaban los libros de actas escondidos debajo de sus polleras por toda la provincia para poder organizar el mayor número posible de mujeres.[7] Desafortunadamente, aunque Vilma me aseguró que debían estar en algún lugar cercano, los libros de las federaciones provinciales y departamentales que las mujeres llevaron durante esos años de violencia armada se habían perdido o, muy probablemente, seguían escondidos. Después de haberlos buscado durante dos días en el caos de un archivo recientemente mudado, me quedó claro que no podría recuperarlos.

---

6. La organización publicó una historia detallada del movimiento, que enumera todos los eventos, marchas, leyes y otra información relevante (García Naranjo Morales 2001).
7. Entrevista con Vilma Ortega, Ayacucho, agosto de 2001.

Un libro de actas que las mujeres sí pusieron a mi disposición cubre los años 1995-1999, cuando Sendero Luminoso ya se encontraba gravemente debilitado, se había iniciado la pacificación y el apoyo del gobierno y las ONG empezaba a llegar a Ayacucho. El comienzo del libro muestra a unas mujeres que parecen sentir que una nueva era ha comenzado. Diferentes clubes de madres informaron sobre su situación a la Fedecma: uno de ellos señalaba que "hay firmas de comandos"; otro explicaba que "trabajaron muy bien con los soldados". Sin embargo, no se vuelven a hacer referencias a "soldados" o "comandos" en las siguientes 400 páginas. Es probable que la Federación decidiera omitir esas menciones a propósito, luego de haber confirmado una buena relación de trabajo con ellos. Por otro lado, tanto las rondas campesinas como el Ejército seguían presentes en los años 2001 a 2003 (cuando hice el trabajo de campo para este libro), y la tensión entre los grupos de derechos humanos y los grupos armados era notable. Así, parece imposible que entre 1995 y 1999 las organizaciones no hayan tenido contacto con el Ejército ni con las rondas. Después de todo, las rondas estaban conformadas por miembros de las mismas comunidades y familias a las que pertenecían las mujeres, e incluso, en muchos casos, las propias mujeres participaban activamente en ellas (Degregori et ál. 1996, Fumerton 2002, Starn 1999)[8]. Aunque en conversaciones personales las mujeres, a menudo, criticaron tanto a las Fuerzas Armadas como a las rondas campesinas, ambas eran también sus aliadas en la búsqueda de seguridad (Coral 1998: 360-362).

Es posible, entonces, que la omisión de referencias a los grupos armados en el libro de actas fuera intencional, a fin de proteger su autonomía política y su seguridad personal. Y es que estos libros también sirven como testimonios escritos de decisiones políticas: en este caso, del deseo de evitar una identificación con o una crítica abierta a las diferentes facciones políticas.

---

8. Encuentro con el Club de Madres de Ccaturumi, La Mar, Ayacucho, enero de 2003. Véase también CVR 2003, vol. 8, 2.1, p. 54, en: <http://www.cverdad.org.pe>.

Como este episodio demuestra, los clubes de madres eran muy conscientes de las consecuencias políticas de sus actos, una lección que habían aprendido durante su activismo en los años ochenta. Cuando Sendero Luminoso declaró la "guerra popular" al Estado en 1980, los clubes de madres de Ayacucho se transformaron rápidamente en agentes de protección y supervivencia diaria para un creciente número de personas. Tanto en Ayacucho como en Huancavelica, dichas organizaciones coordinaron escondites para las personas en riesgo, dejando a los ancianos en las comunidades y llevándose a los más pequeños a recorrer la región para mantener las redes de parentesco. Organizaron búsquedas de aquellos que desaparecían e intercambiaron información sobre los muertos, desaparecidos y detenidos, así como sobre derechos y procedimientos legales.[9] Las mujeres de Ayacucho realizaban estas tareas confiando en su papel de madres "apolíticas". Tal imagen de "inocencia" les proporcionaba cierto grado de protección contra las acusaciones de pertenecer a uno u otro bando en el conflicto armado. Por supuesto, el uso del papel maternal como escudo en las luchas políticas, basado en la idea de que las madres no pueden ser asesinadas, estaba extendido en América Latina y también en otros lugares (Eckstein y Garretón Merino 2001; Jaquette y Wolchik 1998; Jelin, Zammit y Thomson 1990; Kaplan 1982; Radcliffe y Westwood 1993). Como veremos en el capítulo 4, además de emplear la maternidad como una forma de protegerse de la violencia política, las mujeres también enfatizaron este papel en su hogar para mantener a raya a los esposos celosos y a menudo violentos.

Pero la maternidad y la alimentación de las familias no fueron las únicas causas del activismo de las mujeres. Muchas participaron por

---

9. Entrevista con Francesca, Yauli, Huancavelica, febrero de 2001; entrevista con Teodora Ayme, Ayacucho, enero de 2003; entrevista con Vilma Ortega, Ayacucho, agosto de 2001; véase también Coral (1998). El informe de la Comisión de la Verdad y la Reconciliación es una rica fuente de información sobre las organizaciones de mujeres y la violencia política: véase CVR 2003, vol. 8, 3.2.2, "Las organizaciones populares de mujeres", en: <http://www.cverdad.org.pe>.

la ira y frustración de haber perdido a familiares o amigos. Maurita, por ejemplo, nacida en la década de 1950 y activa en clubes de madres durante el conflicto armado interno, recordó que

> [...] cuando han matado a mi hermana, sí he ido tres meses, pero como permiso nomás me han dado, regresé, me han hecho juramentar mi hermano, mis primos, para nunca así dirigente. [...] "Sí", digo, "no voy a estar, yo no voy a meter" [...] La realidad juramentando, no sé ni [de dónde] nacía esa dirigenta, calladita yo escapaba, mi hermano me preguntaba: "Dónde estás yendo", "Al mercado estoy yendo, un ratito", pero yo no iba al mercado sino que yo iba donde la señora Teodora.[10]

Maurita, junto con sus sobrinos, había presenciado el asesinato de su hermana y de un hermano cuando cuatro soldados entraron en su casa para buscar a sospechosos de terrorismo. En lugar de intimidarse, fue a visitar a la señora Teodora Ayme, iniciadora de la resistencia de los clubes de madres. Participar en esa organización fue su manera de rechazar la violencia.

A diferencia de la Asociación Nacional de Familiares de Secuestrados, Detenidos y Desaparecidos del Perú (Anfasep), una organización principalmente femenina establecida en Ayacucho en 1983 (Tamayo 2003), los clubes de madres ayacuchanos no se dedicaron abiertamente a hacer justicia. Más bien, apoyaron de manera clandestina las luchas por los derechos humanos y ampliaron sus redes de información a lo largo del departamento. Debido a la confianza que despertaban estos grupos, basada en su imagen de madres que trabajaban para la supervivencia de sus familias, los programas gubernamentales de alivio de la pobreza estuvieron cada vez más disponibles para ellos. Cuando el Vaso de Leche llegó a Ayacucho en 1986, se fundaron más comités de mujeres. Durante el año 1987, las mujeres comenzaron a hablar de crear una organización paraguas que uniera a los diferentes clubes de madres, comedores populares y comités del Vaso de Leche de la provincia de Ayacucho. Esto no era

---

10. Entrevista con Maurita, Ayacucho, diciembre de 2002.

una tarea fácil, pues un mayor grado organizativo corría el riesgo de provocar una seria oposición, tanto por parte de Sendero Luminoso como de los funcionarios del gobierno. Pero Teodora Ayme no se sintió intimidada:

> [...] ellos [los curas] me dijeron, "hija, eso es político, no te metas", [yo dije] "no es político, no puede ser político, no podemos caer en ese juego político, nosotras estamos haciendo nuestro derecho, nuestro derecho para todas. Mira ahora estamos en esta matanza, están muriendo de hambre, están muriendo y quién reclama por esas personas que han muerto, quién" [...] esto [era] mi palabra, hasta las autoridades ya han perdido sus credibilidades, su autoridad han perdido ya, ya no salían de sus oficinas con la matanza, entonces las mujeres así nos hemos organizado.[11]

Teodora, al decir que las mujeres no caían en el juego político, negaba que las organizaciones de mujeres fueran políticas. El hecho de que la gente muriera de hambre era razón suficiente para que las mujeres reclamaran su derecho a la comida. Pero Teodora no solo se refiere al hambre, sino que menciona explícitamente la violencia como el motivo que llevó a las mujeres a organizarse. Teodora insinúa que si no son las mujeres las que se preocupan por los muertos, nadie lo hará. Así, si nadie más defendía los derechos del pueblo, ellas lo harían. Al igual que Maurita, que respondió que no dejaría de participar en el club de madres porque era inocente y solo quería defender sus derechos y los de otras víctimas, Teodora afirma que la autoridad moral femenina es su escudo y su legitimidad.[12] Así, si bien las actividades de las organizaciones de mujeres eran en realidad políticas —reivindicar los derechos del pueblo y resistirse a la violencia—, las dirigentes utilizaron un discurso que apelaba a los deberes no-políticos del ámbito doméstico.

---

11. Entrevista con Teodora Ayme, Ayacucho, enero de 2003.
12. Entrevista con Maurita, Ayacucho, diciembre de 2002.

Cualesquiera que sean las interpretaciones que las mujeres hacían de sus actividades en los clubes de madres durante la época de la violencia armada, sus objetivos —velar por los muertos y por los vivos—, afirmados por mujeres como Maurita y Teodora, les dio la legitimidad necesaria para actuar como lo hicieron. Sin embargo, a pesar de las afirmaciones de inocencia política, la organización paraguas resultante, la Fecma, creada en 1988, se convirtió inmediatamente en un blanco de la violencia. Según Teodora, Carlota Morales, su primera presidenta electa, desapareció al primer mes de su existencia. Hoy, ni Teodora ni Maurita dicen saber qué pasó con ella, ni si fue el Ejército o Sendero Luminoso el responsable de su desaparición. De acuerdo con la activista y escritora ayacuchana Isabel Coral (1998: 359), Morales fue intimidada, asaltada y amenazada de muerte por Sendero, pero no llega a mencionar su desaparición. A pesar de las amenazas, los clubes de madres desafiaron a Sendero Luminoso en una marcha pública por la paz en 1988, en la que participaron por lo menos 2500 mujeres (Flacso 1993: 115). Ese día apartaron a miembros de Sendero Luminoso que trataron de hacerse con los micrófonos. Las mujeres también experimentaron —y evitaron— varios intentos de Sendero Luminoso de infiltrarse y comandar la Federación. Isabel Coral recuerda que en esa marcha "nunca había visto tanta fuerza, decisión y furia como cuando esas mujeres líderes subieron al estrado y gritaron y golpearon a los intrusos hasta que los hicieron retroceder" (1998: 360).

Luego de desaparecer Carlota Morales y, a pesar de la fuerte oposición de su marido, Teodora se hizo cargo de la Federación. Maurita la apoyó y me contó sus experiencias, ayudándome a hacerme una idea de lo que vivieron en esos años aterradores:

> [...] algunas ya no querían, porque ahí nos podemos morir, vamos a aguantar, ¿acaso nosotros somos pagados?, ¿qué cosa estamos arriesgando nuestra vida? [Y] se han ido. Y así ya, pues, hemos juramentado, yo también quería salir, "mejor voy a retirarme también, ya no voy a ir ya, mejor voy"..., diciendo, y la señora Teodora, siempre me hacía llamar... "vamos a hacer reunión", decía, voy a ir. "Si ustedes ya han

juramentado, cómo van a dejar eso. Es por cobardía van a dejar", decía [Teodora]. "Por cobardía van a dejar ustedes, ah", decía, "vamos a morir defendiendo nuestras luchas", decía la señora, yo también... los dos nomás ya con la señora Teodora nomás ya algunos ya tenía miedo por aquí por allá, muertos hasta que... ya no querían ellos participar, pero siempre estábamos en la mañana en la puerta del Consejo con la señora Teodora, yo... estábamos sentadas, los familiares llegaban llorando, "estas cosas me han pasado a mi esposo", "me han matado", diciendo venía, "pero vamos, pues, un rato, hay que acompañar a la señora", decía yo, era más valiente, "vamos, señora, siquiera a ver cómo vamos a estar nosotros como dirigentes, hay que ver siquiera, hay que ayudar", pues, decíamos, siquiera cualquier cosa decía la señora Teodora.

Así, para organizar Federación Provincial de Huamanga ya hemos ido de bajada. Tenían miedo [la] gente, señorita, no querían ir. Otras dirigentas no querían, "pueden pasarnos cualquier cosa", decían, pero como valiente yo iba, "yo voy a ir", les decía. Una vez justamente cuando estaba regresando de Occros, acá arriba en Infiernillo habían hecho parar carro, habían terroristas cantidad, casi he saltado por atrás del carro también, "¡cuádrense, carajo!", decían por acá armados. "Dios mío, ahora sí, ahora sí me van a encontrar con ese libro de actas"... tenía miedo.[13]

Una vez más, vemos cómo Teodora y Maurita interpretan sus actividades como girando en torno de la ayuda a otros. Se sentían moralmente obligadas a proteger a los indefensos, sobre todo cuando todos los demás tenían miedo. Estas dos mujeres —y otras con ellas— encontraron el valor para hacerlo. Maurita recuerda cómo una vez esperaron frente a la oficina del alcalde para apoyar a las mujeres que se acercaban durante el día a pedir información sobre sus parientes. La búsqueda de familiares no estaba exenta de peligro: a las mujeres se les gritaba, se les negaba información y se las echaba. A veces los soldados exigían favores sexuales a cambio de la información, a veces las mujeres eran violadas (CVR 2003, vol. 8, 2.1.3.1: 61). Esta situación hizo más urgente la necesidad de organizarse y apoyarse

---

13. Ibíd.

mutuamente. Como explica Maurita, su organización subrayó la importancia de movilizar a las mujeres en otras provincias y persistió en crear federaciones en todas las provincias del departamento de Ayacucho. Sus esfuerzos se concretaron y, en 1991, se formó una federación departamental que unió a las federaciones provinciales.

Como muestra la lectura del libro de la Fecma, el periodo que abarca de 1995 a 1999 se distinguió por la consolidación del apoyo social prestado por el Estado, así como por la creciente presencia de ONG. Luego del secreto que se vieron forzadas a mantener durante los violentos años de 1980 a 1995, el libro de actas ahora funciona como un testimonio oficial del trabajo de las mujeres, corroborado por el uso del español (aun si el idioma de la mayoría es el quechua), y por la formalización del libro empleando las huellas dactilares de quienes participan y la certificación de un notario. Formalizarse le valió a la Federación ser reconocida como una organización social de base, de acuerdo con la ley n.° 25307, con el derecho de hacer reclamos al Estado.

En Lima, las organizaciones populares de mujeres también crearon comités de coordinación a escala de zonas y distritos para fortalecer su postura de negociación, defenderse de las maniobras del gobierno y pactar mejor con los distintos donantes. A fines de los años ochenta, se fundó además una organización coordinadora que pretendió cubrir todo el país, la Comisión Nacional de Comedores Populares (CNC). Sin embargo, la fragmentación que existía entre los grupos de mujeres impidió que esta red asumiera una sólida postura de negociación (Blondet y Montero 1995: 61). Un nuevo intento se llevó a cabo cuando la economía se derrumbó entre 1988 y 1991, esta vez centrándose solo en las organizaciones que existían en la capital. En 1991 se creó la Federación de Centrales de Comedores Populares Autogestionarios de Lima y Callao (Feccpalc), que contó con el apoyo de ONG internacionales y organizaciones feministas del país. La Feccpalc llegó a coordinar a 1600 comedores populares, 64 comisiones basadas en zonas o comités distritales, y reunió a 37.000 mujeres.

En los años noventa, el núcleo de la violenta campaña de Sendero Luminoso se había desplazado de Ayacucho a los barrios pobres de Lima. Muchos pensaban que esos barrios, bien organizados, se resistirían a la infiltración de senderistas, sobre todo porque algunas alternativas progresistas —como ciertos sectores de la Iglesia católica, las ONG y, en particular, Izquierda Unida— estaban bien representadas en dichos lugares, y la participación y asociación popular eran altas (Burt 1998: 268). No obstante, cuando en 1991 la batalla por Lima llegó a su apogeo, quedó claro que los pueblos jóvenes estaban también infiltrados. Al comienzo, Sendero Luminoso pasó por alto la importancia de las organizaciones de mujeres, debido a su énfasis supuestamente apolítico en la supervivencia diaria (Coral 1998: 367). Pero eventualmente, las mujeres convirtieron su resistencia a la política del hambre, ejemplificada por las "marchas contra el hambre" a fines de los años ochenta, en manifestaciones "contra el hambre y el terror", "para la vida y la paz", con consignas como "hambre o terror no nos detendrán en la lucha contra la violencia" (Aguirre 1991, *La República* 1991).

Una vez más, las mujeres emplearon discursivamente su posición de madres necesitadas para luchar por la paz, en un momento en que las organizaciones políticas parecían incapaces de ejercer cualquier forma de resistencia contra Sendero Luminoso (*La República* 1991). La pobreza, el hambre y la violencia estaban relacionados de una compleja manera retórica que legitimaba tanto la resistencia de las mujeres contra la violencia política, como su lucha por la supervivencia de sus familias y su activismo político como mujeres pobres. Los movimientos populares de mujeres fueron unos de los pocos movimientos de resistencia abierta que quedaron en pie y, tal vez, consituyeron la resistencia más visible que ofreció Lima a Sendero Luminoso (Barrig 1998, Blondet 1996). En muchos aspectos, un ejemplo de este activismo fue el de María Elena Moyano, una líder de base que se convirtió en teniente alcalde del distrito popular de Villa El Salvador. Aunque Moyano había comenzado su carrera política fundando organizaciones de mujeres, no se centró solo en ellas, y fue también activa en la política partidaria municipal de la Izquierda y muy querida en los foros feministas de la clase media. Su resistencia contra Sendero Luminoso fue abierta y fuerte, pero de corta vida.

A fines de 1991, Sendero Luminoso se dio cuenta de que desestimar la importancia de las organizaciones de mujeres había sido un error que cometió en Ayacucho, y empezó a atacar ferozmente a los grupos de mujeres en Lima (Coral 1998: 367). Cada vez más, Sendero se infiltró en sus organizaciones, que pronto se vieron obligadas a proporcionar comida gratuita a los senderistas. Cuando estas se negaban, sus líderes eran calumniadas y denunciadas públicamente como putas ("colchones") del gobierno. Recibir ayuda alimentaria se convirtió en un peligro en sí mismo (CVR 2003, vol. 3, 3.2.2; Burt 1998). Sendero Luminoso quería que las organizaciones de mujeres actuaran como madres y cuidadoras en nombre de la lucha armada, y las que no lo hacían, eran acusadas de ayudar al imperialismo. Las líderes de las organizaciones populares de mujeres que se resistieron —muchas lo hicieron valientemente —, fueron amenazadas o asesinadas.[14] En 1991 y hasta principios de 1992, al menos 40 líderes vecinales fueron asesinados en Lima, de entre los cuales diez dirigían organizaciones locales de base de mujeres (Barrig 1998: 118). En el resto del país murieron otras 35 mujeres líderes (CVR 2003, vol. 2, 3.2.2.1.6). El violento y público asesinato de María Elena Moyano en 1992 se convirtió en el símbolo del coraje de las mujeres de sectores populares y de todas las líderes que pagaron con su vida su resistencia contra Sendero Luminoso, o estuvieron muy cerca de hacerlo (Barrig 1998; Moyano y Miloslavich Túpac 1993).

Pero si bien el liderazgo de Moyano había funcionado como una inspiración para la resistencia urbana, especialmente entre las activistas, su muerte desintegró el movimiento popular contra el asalto de Sendero Luminoso en la capital (Burt 1998: 292). Luego de este asesinato, muchas organizaciones de mujeres se descalabraron debido al clima de violencia extrema y el miedo y la desconfianza que provocaban las infiltraciones de Sendero Luminoso. Otras se dedicaron a aliviar la creciente pobreza, pero alejadas de cualquier manifes-

14. También hubo, como se ha sugerido, muchas mujeres activas en Sendero Luminoso. Véase Kirk (1993) y el interesante, aunque desacertado, libro de Andreas (1985).

tación pública. Solo después de 1995, cuando se inició el proceso de pacificación del país y el pico de la crisis económica pasó, las organizaciones comenzaron lentamente a recuperarse.

Institucionalización de la ayuda alimentaria

Fue contra el telón de fondo de la violencia y la crisis económica que las organizaciones de mujeres hicieron campaña por institucionalizar la ayuda alimentaria a los pobres. La Federación de Centrales de Comedores Populares Autogestionarios de Lima y Callao (Feccpalc) exigió el reconocimiento oficial de todas las organizaciones de mujeres como organizaciones sociales de base. Ello alejaría el estigma de ser solo cocinas comunitarias y les daría un estatus legal, permitiéndoles participar en otras actividades, como talleres, y hablar en nombre de sus comunidades. La Feccpalc también esperaba que como organizaciones sociales de base tuvieran un mayor poder para controlar la distribución de alimentos. La segunda demanda de la Federación fue exigir el compromiso del Estado de complementar las canastas básicas de alimentos.[15]

En 1991, el gobierno promulgó la mencionada Ley n.° 25307, que proporcionó un marco legal a las organizaciones populares de mujeres y que, al mismo tiempo, le sirvió al régimen para movilizar el trabajo de estas agrupaciones, apaciguar el movimiento de protesta femenina y aliviar los peores efectos del "fujishock". Como se señaló en el capítulo 1, Fujimori utilizó una retórica maternalista para alinear a las organizaciones de mujeres y explotó las fiestas del Día de la Madre para alabar el trabajo que hacían. Llamó a las mujeres "heroínas" y "abnegadas", aplaudiendo el "silencio" con el que desempeñaban sus tareas (*Ojo* 1991). Pero las mujeres no se habían mantenido calladas; habían protestado fuerte y visiblemente contra el terror y el hambre. Como fuere, el gobierno se dio cuenta de que la energía

15. Entrevista con Felicita Gallegos, presidenta de la Femoccpaalc, Lima, marzo de 2001; véase también Femoccpaalc (s/f).

de las mujeres podía ser incorporada y canalizada hacia el alivio de la pobreza, y a mediados de 1990 creó el Programa de Emergencia Social, en el que el trabajo femenino, junto con el de las ONG y los grupos eclesiales, fue central.

En 1992, el gobierno fundó a su vez el Programa Nacional de Asistencia Alimentaria (Pronaa), que fusionó lo que quedaba de las olvidadas instituciones que los anteriores regímenes habían creado desde los años setenta. El objetivo del Pronaa era mejorar los niveles de nutrición entre los grupos más necesitados. El programa se enfocó en los niños menores de seis años, las madres embarazadas y lactantes, los ancianos y las víctimas de "situaciones temporales de emergencia" (Portocarrero et ál. 1998). En principio, la Ley n.° 25307 apoyaba las actividades del Pronaa en el ámbito legal y protegía la autonomía de las organizaciones de mujeres. Además, los comedores populares recibirían utensilios de cocina, soporte en el "desarrollo integral de la mujer" (lo que sea que esto quiera decir), asistencia técnica, campañas de alfabetización en zonas rurales y, en Lima, apoyo financiero (Grupo Impulsor Nacional/Cesip 2000). La autonomía, sin embargo, no estaba garantizada en absoluto, mientras que la asistencia técnica o educativa apenas se suministraba, y el "desarrollo integral de las mujeres" era poco más que un eslogan. La comida se entregaba de manera desigual, con condiciones adjuntas y no como lo estipulaba la ley. Mientras que la norma establecía que el gobierno debía cubrir el 65% del presupuesto de todos los comedores populares, la mayoría luchaba por complementar por su cuenta las impredecibles contribuciones del gobierno.

Pero esta falta de aplicación, o brecha entre el discurso y la práctica, no implica que tal instrumento legislativo haya sido completamente inútil. Quizás más que nada, la Ley n.° 25307 sirvió a las organizaciones de mujeres como un medio para poder ejercer presión sobre las autoridades locales. Por ejemplo, según el libro de actas de la Federación Provincial de Clubes de Madres de Ayacucho (Fecma), las mujeres usaron el conocimiento de sus derechos institucionales para luchar contra el engaño y las políticas de "divide y vencerás". La Federación se refería sistemáticamente a la Ley n.° 25307, y las actas están salpicadas de frases recurrentes como "[...] ya que la organización de clubes de madres cuenta con registros públicos inclusive hay una ley que nos califica como organizaciones populares" (Reunión extraordinaria, 15 de julio de 1997, Fecma 1995-1999: 287). A pesar de la falta de implementación, el reconocimiento legal fue importante para las organizaciones porque les permitió defenderse de la manipulación de los funcionarios y exigir la aplicación justa y adecuada de los programas.

En otra ocasión, en agosto de 1997, la presidenta de la Fecma se refirió explícitamente a la ley para subrayar sus derechos: "[...] la presidenta] manifiesta que el Programa del Vaso de Leche es un derecho, por ley. En *El Peruano* indica cómo debe estar conformado el comité de administración" (Asamblea general de Clubes de Madres de Huamanga, 2 de agosto de 1997, Fecma 1995-1999: 289). Las organizaciones de mujeres tenían el derecho, a menudo olvidado, de formar parte de la administración de los programas de ayuda. En una nota similar, la Fecma subrayó la naturaleza participativa de la ayuda alimentaria e insistió en ver las cuentas municipales. También exigió tener una voz en los comités administrativos que supervisaban la distribución de alimentos, como lo estipulaba la ley (2 de diciembre de 1991, Ley n.° 25307).[16]

Sin embargo, la familiaridad con la ley no era suficiente. El libro de actas revela que, a pesar del conocimiento de las mujeres sobre la legislación, ellas tenían poco poder para asegurarse de que otros respetaran las leyes. La justicia peruana muestra una brecha considerable entre la ley y su aplicación, por lo que los peruanos, especialmente aquellos situados en los niveles inferiores de la jerarquía social, tienen poco acceso a la justicia (Méndez, O'Donnell y Pinheiro 1999, Poole 2004). Organizaciones como la Fecma tendían a estar en una posición más fuerte porque inspiraban respeto por su papel representativo, sus actividades, tamaño y alianzas. Estas organizaciones fueron particularmente importantes. Por ejemplo, el 28 de junio de

---

16. Disponible en: <http://www.leyes.congreso.gob.pe>.

1996, Mario Cavalcanti Gamboa, decano del Colegio de Abogados de Ayacucho en los años ochenta, asistió a una reunión de la Fecma. Las mujeres le explicaron sus problemas en términos generales: "las políticas son malas", "somos maltratadas"; "falta unidad"; "la Federación no tiene suficiente experiencia y no conoce las leyes" (una afirmación, por cierto, engañosa, dadas las muchas referencias a la ley que hay en el libro de actas). Aun así, Cavalcanti estuvo preparado para convertirse en el "consejero de los Clubes de Madres de Ayacucho" (Reunión extraordinaria de la Fecma-Huamanga, Fecma 1995-1999: 134).[17] Al igual que muchas otras organizaciones civiles de base en el Perú, la Federación buscó alianzas a largo plazo con profesionales que pudieran defender sus derechos o aconsejarla cuando fuera necesario.

Las reiteradas menciones a los derechos no cumplidos y a las luchas con las autoridades locales en el libro de actas, indican que no fue solo la ayuda alimentaria y las organizaciones de mujeres lo que se institucionalizó, sino también el clientelismo. El gasto estatal en programas sociales aumentaba significativamente antes de las elecciones, y se destinaba en especial a los pueblos jóvenes más densamente poblados de Lima (Grupo Impulsor Nacional/Cesip 2000; Portocarrero et ál. 1998; Schady 1999). Los productos alimenticios llegaban con mandiles y sombreros de cocina naranjas, el color del partido de Fujimori, y con el logotipo del Pronaa en ellos. Estos artículos eran acompañados por latas de pintura naranja para que las cocinas pudieran ser pintadas y se escribiera "Pronaa" en su parte delantera. Un cuadro grande del "héroe de la nación", Alberto Fujimori, debía también colgarse en la fachada del local.

La lealtad al gobierno se vio reforzada por la amenaza —hecha efectiva, cuando era necesario— de retirar la ayuda alimentaria (Grupo Impulsor Nacional/Cesip 2000). Se le pagó a algunas líderes para que se encargaran de los centros de distribución locales, lo que creó

17. En su condición de decano del Colegio de Abogados, Cavalcanti fue uno de los que defendió y apoyó a las familias de desaparecidos durante la década de 1980. Tuvo que dejar Ayacucho e irse a Lima luego de recibir amenazas de muerte, pero volvió en los años noventa (véase Tamayo 2003: 101-102).

una red de lealtad vertical. Aunque debería considerarse positivo que al menos algunas mujeres fueran remuneradas por su trabajo, en este caso, lo que se exigió a cambio fue la lealtad política de su distrito o barrio. Estas líderes se convirtieron en peones del sistema de Fujimori porque necesitaban proteger su salario, a menudo a expensas de su independencia. El gobierno "animaba" a los empleados de los centros de distribución a llevar la mayor cantidad de gente posible a sus mítines, y los empleados, a su vez, presionaban a las líderes de los comedores populares locales o clubes de madres para que llevasen a sus miembros, bajo la amenaza de detener el suministro de alimentos. Tales amenazas llegaron al ámbito del hogar. Por ejemplo, Luz, una de mis informantes en Lima, me contó que dejó la organización en la que había participado durante años, luego de que sus líderes amenazaran con cortar el abastecimiento de alimentos a su familia si no asistía a un mitin.[18] Según muchos informantes, tales demandas políticas siempre habían existido. Sin embargo, como lo sugiere la inmensa estructura del Pronaa y lo confirma la mayoría de quienes participaban en organizaciones de mujeres, durante el gobierno de Fujimori el clientelismo se volvió muy evidente, y la Ley n.° 25307 sirvió para justificarlo (Palomino 2004).[19]

---

18. Entrevista con Luz, Lima, julio de 2001.

19. Entre los años 2000 y 2003, cuando entrevisté a las mujeres sobre estas prácticas, el clientelismo electoral era algo bien conocido. Durante las elecciones de 2000, cuando se llevaba a cabo la movilización de apoyo para un partido u otro, los periodistas seguían a los autobuses que salían de los barrios pobres y le preguntaban a los participantes a quién estaban apoyando. Mucha gente no lo sabía. Aunque el gobierno de Fujimori ya no sigue en pie, este sistema no ha sido totalmente desmantelado; los posteriores ministros responsables han intentado reformar el Pronaa, pero al parecer sus esfuerzos se han visto obstruidos por fuerzas mayores. Véase, por ejemplo, el trabajo de Pedro Francke en *La República* (2003).

Poder y prejuicio

El sistema jerárquico creado por el régimen de Fujimori, en el cual los representantes pagados de las instituciones estatales y de los programas sociales tenían el poder de distribución bajo el ojo vigilante del gobierno, alimentó prácticas manipuladoras y a menudo corruptas. Los mecanismos de defensa de las organizaciones de mujeres (federaciones, alianzas con ONG, con profesionales y feministas, y la imagen "apolítica" del cuidado) no impidieron que las desigualdades continuaran reproduciéndose a diario. Muchos miembros de los clubes de madres rurales que participaban en programas de ayuda alimentaria eran analfabetos y solo hablaban quechua, no el idioma del poder y la burocracia, el español. La posición de clase de las mujeres (pobres y sin educación), su etnicidad (quechuahablantes) y sus roles de género (madres cuidadoras), fueron explotados en beneficio de los burócratas locales. Según la presidenta de la Fedecma, Vilma Ortega, en algunas comunidades rurales los coordinadores de los centros de distribución entregaban menos alimentos que los asignados formalmente, y, aun así, las mujeres debían firmar recibos por las cantidades prometidas.[20] La Federación comparó la cantidad de bienes recibidos por todos los clubes de madres en el departamento con el presupuesto asignado a los diferentes distritos. Este tipo de engaño fue también motivo para que la Federación iniciara una campaña para recibir cursos de alfabetización. Por ejemplo, el 16 de diciembre de 1998, la presidenta de la Fecma, Teodomira de la Cruz, informó sobre los cursos de alfabetización ofrecidos por una ONG limeña. Había visitado los proyectos en el campo y opinaba que "[...] se benefician las madres iletradas de los diferentes distritales para no ser engañadas por autoridades viéndole su condición de analfabeta" (Asamblea extraordinaria, 16 de diciembre de 1998, Fecma 1995-1999: 359). Así, aunque como lo estipulaba la Ley n.° 25307 y los nuevos programas sociales del Ministerio de la Mujer y Desarrollo Social, oficialmente era tarea del Estado "promover el desarrollo [de

20. Entrevista con Vilma Ortega, Ayacucho, agosto de 2001.

la mujer] y el de su familia" (Presidencia de la República, Promudeh, s/f), al final la Fecma tuvo que defender a sus miembros contra sus maniobras y la corrupción. Además, no fue el Estado quien proporcionó talleres de alfabetización, sino las ONG.[21]

El temor al engaño cometido por un genérico "autoridades" aparece constantemente en el libro de actas de la Fecma, subrayando los sentimientos de vulnerabilidad y la falta de poder de sus miembros ante los funcionarios municipales o gubernamentales. Por ejemplo, en el acta del 7 de agosto de 1997 figura la siguiente frase: "Además pide que el señor administrador no divida a los clubes de madres y no participe en los problemas internos organizativos" (Asamblea general de Clubes de Madres de Huamanga, 2 de agosto de 1997, Fecma 1995-1999: 287). En otra ocasión, la presidenta de la Fecma visitó un club de madres miembro de la organización en una comunidad rural (cuyo nombre no figura en el acta), donde se enteró de que "[...] el alcalde es un corrupto que no rinde cuenta y la federación tiene la obligación de apoyar a las bases y proteger de alguna manera" (Asamblea extraordinaria, 16 de febrero de 1996, Fecma 1995-1999: 35).

El libro de actas, en suma, confirma la idea generalizada de que los programas sociales del gobierno a menudo servían a intereses que iban más allá de alimentar a las familias pobres. Todo parece indicar que las autoridades locales utilizaban su poder para enriquecerse o asegurar la lealtad política de las organizaciones de mujeres en sus regiones. El libro hace referencia a varios casos de estrategias de "divide y vencerás" por parte de los funcionarios, como difundir rumores, favorecer a algunas organizaciones por sobre otras, o interferir en las estructuras organizacionales. En un caso registrado en el acta del 17 de septiembre de 1996, "El club de madres de Los Ángeles de Capillapata se manifiesta en el sentido que el señor alcalde obligó cambiar la junta directiva"; aparentemente, esto se debía a que el alcalde no se llevaba bien con sus dirigentes (Reunión extraordinaria de San Juan

21. Otra ONG ofreció cursos de alfabetización en 1996. Véase Asamblea extraordinaria, 20 de enero de 1996, Fecma 1995-1999: 51.

Bautista, 17 de septiembre de 1996, Fecma 1995-1999: 163). Como lo demuestran estos ejemplos, la Fecma exhibió casos de dudosa gestión pública y proporcionó una plataforma para discutir los ejemplos particulares de corrupción o manipulación con los que se topó.

La Fecma fue importante porque ayudó a mediar en disputas con las autoridades y supervisó la política de las instituciones estatales, probablemente mejor que las organizaciones individuales de mujeres. Sin embargo, las instituciones estatales tenían el poder de distribución y, por lo tanto, la última palabra. Por ejemplo, en enero de 1996 se produjo un "malentendido" entre un club de madres y un comedor popular recién creado en el barrio de Neri García Zarate, en Ayacucho. La presidenta del club de madres, Filomena, se quejó ante la Fecma de que "las instituciones no muestran respeto". Estas "instituciones" la habían echado y habían confiscado el comedor que manejaba. La institución en cuestión parece ser el Instituto Nacional de Bienestar Familiar (Inabif), un programa que se encontraba bajo la supervisión del Ministerio de la Mujer. Tras esta acusación, la Fecma denunció al Inabif por negligencia. El tribunal, sin embargo, no hizo nada. En respuesta, el club de madres afectado se quejó a la institución de la que recibía ayuda alimentaria, el Pronaa. Al final, según el libro de actas, se devolvió el comedor al club de madres, mientras que el Inabif instaló otro en la misma calle. De esta manera, el barrio tenía dos comedores en el mismo lugar, apoyados por dos agencias gubernamentales diferentes, lo que generó una mayor competencia entre los grupos de mujeres (Asamblea extraordinaria, 16 de enero de 1996, Fecma 1995-1999: 34).

Cualesquiera que hayan sido las intenciones de los administradores de las oficinas locales del Inabif o el Pronaa, sus acciones fueron desafiadas por la persistencia de las mujeres en la búsqueda de una solución: Teodora Ayme, la respetada presidenta de la Federación Departamental de Clubes de Madres de Ayacucho, la Fedecma, instó a todas las mujeres a hacer frente a las agencias estatales intrusivas y manipuladoras (Asamblea extraordinaria de Neri García Zarate, 1996, Fecma 1995-1999: 56). El libro de actas no vuelve a mencionar a estos dos comedores.

El Estado no siempre fue la causa de los conflictos entre las mujeres, pero de todos modos solía ser culpado por ellos. Por ejemplo, el 9 de agosto de 1997 se organizó una reunión con un club de madres en uno de los asentamientos humanos de la ciudad de Ayacucho. Sus dirigentes fueron acusadas de obligar a cada nuevo miembro a pagar una cuota de tres soles. Cuando algunas se negaron a hacerlo, otras se unieron a ellas, alegando que "las antiguas siempre las marginaban". Luchas internas como estas difícilmente pueden ser atribuidas a *outsiders*. Sin embargo, en la página siguiente del libro de actas, la secretaria escribió que "para esta división tiene la culpa el señor administrador" (Asamblea general, 9 de agosto de 1997, Fecma 1995-1999: 296). Responsabilizar de un problema relativamente cotidiano al administrador puede haber sido una forma de tratar las disputas internas y, al mismo tiempo, de fortalecer la solidaridad.

Como explicó la señora Amalia, la presidenta de un comité del Vaso de Leche en Lima a la que nos referimos al comienzo de este capítulo, la gestión del programa municipal de distribución de leche también causó muchos problemas. En el libro de actas de la Fecma, encontramos una diatriba contra un administrador del programa, en la que se lo acusa de ser "otro igual que el anterior". Se afirmaba que "[...] maltrata a las mamás, faltando respeto y agrediendo moralmente; no los deja ni hablar; nos pidió cellos a todas y no saben con qué finalidad; nos deben productos de dos meses; teníamos que pagar; cuando reclamos nos dicen lisura" (Asamblea extraordinaria, 1998, Fecma 1995-1999: 353). Estas denuncias son serias: una vez más, los administradores enfatizaban la posición socioeconómica de las mujeres pobres valiéndose de insultos, cuando estas llegan a reclamar sus derechos legítimos a la leche. Además, la leche a menudo no llegaba, lo que hacía toda la operación aún más humillante y, obviamente, una pérdida de tiempo.

Por supuesto, las mujeres mismas no fueron ajenas a un poco de manipulación: una manera de resolver el problema de las porciones insuficientes, fue registrar más beneficiarios de los que realmente existían. Las primeras reuniones cubiertas en el libro de actas incluyen un inventario de organizaciones, donaciones, posesiones y acuerdos para el próximo periodo. Estos listados muestran que los representantes de los programas de ayuda visitaban los clubes de madres a ver cuántos beneficiarios reales había en cada distrito para determinar las porciones correctas, "porque hay socias fantasmas, y no hay niños sino mayores de edad y también hay señoras que dicen estar en estado" (Asamblea extraordinaria, 20 de enero de 1996, Fecma 1995-1999: 44). Las mujeres bien pueden haber reclamado más de lo que les correspondía, pero también es posible que los representantes de los programas de ayuda las acusaran erróneamente de mentir. Probablemente ocurrieron las dos cosas, reforzando así la desconfianza mutua, los prejuicios y la negligencia.

Asistencialismo

El libro de actas de la Fecma y las entrevistas muestran que las organizaciones de mujeres se defendían de las manipulaciones y engaños. Sin embargo, no revelan las alianzas políticas que podrían haber estado veladas por fachadas de autonomía. Sabemos que muchos comedores populares, clubes de madres y comités de Vaso del Leche eran corruptos o peones del régimen de Fujimori. "Corrupción" puede significar varias cosas; en este caso, se refiere al uso indebido de los productos alimenticios para otros fines que no fueran la alimentación de los pobres. Algunas mujeres los vendían, o le asignaban más de lo que debían a sus propias familias. Luego de la caída del régimen de Fujimori en 2000, los medios de comunicación destacaron la corrupción y el clientelismo en los comedores populares patrocinados por el Estado, cambiando radicalmente la imagen que se tenía de las mujeres organizadas: de valientes militantes, a principios de los años noventa, a manipuladoras y egoístas. Sin embargo, como a menudo es el caso, la mayoría de las organizaciones deben ser evaluadas más moderadamente, ya que el binario corrupción/honestidad no es inequívoco.

En 2004, Rocío Palomino concluyó que uno de los problemas al respecto es que a los grupos de mujeres se los ha juzgado como si se esperase que fueran las mujeres quienes redujeran la pobreza, cuando ellas, al fin y al cabo, creaban comedores populares para alimentar a sus familias. Así, muchos de estos grupos habrían respondido a la oportunidad de recibir ayuda alimentaria, no para aliviar la pobreza del país, sino la propia; no proporcionaban ayuda alimentaria a los más pobres, pero ese nunca habría sido su objetivo. Según Palomino, los comedores y comités del Vaso de Leche han sido juzgados, entonces, bajo premisas equivocadas. Esto sugiere que los objetivos de quienes ofrecían la ayuda alimentaria y de los grupos de mujeres diferían significativamente (Palomino 2004: 142).

A pesar del válido comentario de Palomino sobre la disyunción entre las expectativas a escala macro y la práctica a escala local, hay que reconocer que también hubo numerosas organizaciones de mujeres que negociaron activamente grados de autonomía financiera y política para llevar a cabo otras actividades que alimentar a sus propias familias. No obstante, no todas las organizaciones lograron hacerlo y, tanto en zonas rurales como urbanas, hubo divisiones importantes entre las organizaciones de mujeres más autónomas y las más dependientes —y, como se suponía, más proclives al clientelismo—. Las organizaciones más autónomas fueron las que crearon federaciones y siguieron activamente sus propias agendas políticas, y son las que estudiamos aquí. Sin embargo, estos grupos tampoco escaparon a las divisiones internas y acusaciones. La crítica más común fue que los programas de ayuda alimentaria eran "asistencialistas", es decir, que prestaban asistencia a las personas sin transformar las estructuras que creaban la necesidad de esa ayuda. Aunque hay una verdad obvia en ello, el asistencialismo es también una etiqueta negativa que insinúa que las organizaciones de mujeres dependían de la ayuda alimentaria.

La idea de la dependencia pesaba mucho sobre algunas mujeres que recibían alimentos, con la preocupación de que, al hacerlo, se las estigmatizase como ociosas. Por ejemplo, Teodomira de la Cruz, entonces presidenta de la Fecma, se defendió antes incluso de que se le preguntase: "que somos ociosas es una tontería, no vives de dos vasos de leche".[22] Como ella sugiere, no fueron las mujeres quienes inventaron este discurso acusatorio, sino que esta supuesta pereza les era constantemente recordada por personas en posiciones de autoridad. También Sendero Luminoso enfatizó el carácter asistencialista de las organizaciones de mujeres, acusándolas de depender de la ayuda alimentaria y de una falta de pensamiento crítico: "sin voluntad de lucha [como una masa] que no piensa más allá del plato de comida diaria que le 'regalarán'" (citado en Barrig 1998: 118, también en Burt 1998). La expresidenta de la organización de Mujeres Organizadas en Comedores Populares de Lima y Callao, Relinda Sosa Pérez, escribió en 1998 que solía decirse que los comedores solo pedían ayuda sin hacer propuestas para mejorar su situación. Sosa Pérez replicó que muchas mujeres tenían ideas, pero que el Estado prefería las medidas de emergencia, en lugar de colaborar con ellas para ampliar sus actividades productivas (citado en Arnillas, Federico "Afrontando el desafío del manaña", II Conferencia Nacional sobre Desarrollo Social, Lima. 1998). Sin embargo, la opinión de que las organizaciones de mujeres eran dependientes y ociosas continuó fuertemente arraigada.

En el libro de actas, y especialmente cuando las autoridades acudían a las reuniones, se hacen constantes referencias a no querer ser "asistencialistas". Por ejemplo, el 28 de enero de 1996 hubo un encuentro en el distrito de Chiara con representantes de diferentes organizaciones: las presidentas de las federaciones departamentales, provinciales y distritales; las presidentas de los clubes de madres locales, y algunas socias. El alcalde, el teniente alcalde y el médico de Chiara también estuvieron presentes. Con dicha reunión se buscaba restablecer un comité distrital que representase a los 13 clubes de madres que operaban en Chiara en las respectivas federaciones. El acta contiene varias promesas, tanto de las autoridades como de las organizaciones de mujeres, afirmando su compromiso mutuo de alimentar a los más pobres. Sin embargo, las organizaciones de mujeres también enfatizan en este documento "[...] que marchan unidas sin

22. Asamblea general de Clubes de Madres de Huamanga, 2 de agosto de 1997, Fecma 1995-1999: 287.

egoísmo [...] y no solo esperan el asistencialismo, también trabajan unidas y ganemos juntas pero con nuestro trabajo" (Asamblea ordinaria del distrito de Chiara, 28 de enero de 1996, Fecma 1995-1999: 64). De hecho, subrayar que se estaba en contra del asistencialismo era un argumento muy usado cuando las autoridades estaban presentes o cuando se necesitaba realizar algún trabajo.

En el núcleo de tales acusaciones se encuentra la idea de que las actividades de las mujeres no son valoradas como productivas. Aunque estas trabajaban arduamente para organizar distribuciones, volver nutritiva la ayuda alimentaria, encontrar suplementos, y además cocinaban, limpiaban y cuidaban sus hogares, sus actividades no eran vistas como un "trabajo". En la división de género del trabajo, las tareas domésticas, incluso las que llevan a cabo las trabajadoras del hogar a cambio de un ingreso, no son consideradas suficientemente productivas. Mientras que la ayuda alimentaria que las mujeres preparaban y distribuían era percibida como una contribución positiva a las precarias condiciones de vida de muchos, operaba por lo bajo un lenguaje paternalista que animaba a las mujeres a comportarse de ciertas maneras. Los programas de "alimentos por trabajo" ejemplifican dicha actitud.

Desde comienzos de la década de 1960, hombres y mujeres participaban en proyectos de "alimentos por trabajo" organizados por los diferentes gobiernos y varias ONG (Griffin 1979). Dada la costumbre indígena de realizar colectivamente obras comunitarias, estos proyectos fueron relativamente fáciles de promover y organizar. Los proyectos de alimentos por trabajo abarcaban desde la ayuda alimentaria sin fines de lucro a cambio de apoyo en la construcción de infraestructura comunitaria, hasta la que se obtenía del gobierno a cambio de mano de obra para proyectos regionales, o el trabajo estacional en haciendas, donde en lugar de sueldos, se pagaba con comida. Maurita cuenta que ella solía trabajar en una hacienda durante los años setenta bajo tales condiciones.[23] Según Roelie Lenten (1993: 73), en los años ochenta, en cooperación con el gobierno peruano, Caritas y Ofasa ofrecieron alimentos y ayuda a cambio de programas

---

23. Entrevista, Ayacucho, diciembre de 2002.

de trabajo. Dichos programas también han sido empleados con fines evangelizadores. Desde 1981, además, en el Programa Nacional de Manejo de Cuencas Hidrográficas y Conservación de Suelos (Pronamachcs) se ha instaurado un sistema de mejora de las prácticas agrícolas a través del trabajo comunitario, a cambio de materiales de producción y alimentos.

Sin embargo, los estudios muestran los ambiguos beneficios de estos programas, así como los múltiples intereses vinculados a ellos (Clay, Pillai y Benson 1998; Griffin 1979). En el caso de las organizaciones populares de mujeres y de la ayuda alimentaria patrocinada por el Estado, los programas de alimentos por trabajo excedían los límites legales de las asignaciones de alimentos a los comedores y clubes de madres. No obstante, como sugiere el libro de actas, a pesar de que las organizaciones de mujeres debían recibir ayuda alimentaria por ley, ese suministro, a menudo, les fue ofrecido a cambio de trabajo. Tal mecanismo fue legitimado por un lenguaje despectivo que resaltaba la pereza y dependencia de las mujeres.

El libro de actas de la Fecma arroja luz sobre los mecanismos a través de los cuales las mujeres fueron arrastradas a tales proyectos. De acuerdo con la Ley n.° 25307, las organizaciones de mujeres de las zonas rurales recibirían apoyo para crear huertos y pequeñas granjas de animales, algo que las mujeres venían haciendo durante años por su cuenta. Como estipulaba la legislación, los programas gubernamentales dirigidos a estas organizaciones debían también apoyarlas en su propio trabajo comunitario. Sin embargo, como pago por los alimentos asignados, las mujeres fueron a menudo empleadas en proyectos de reforestación dirigidos por el Estado (Reunión extraordinaria, 27 de febrero de 1996, Fecma 1995-1999: 90). Si bien la mayor parte de la ayuda alimentaria consistía en sobras de productos agrícolas importados o en productos procesados, los proyectos de alimentos por trabajo estaban destinados a "fomentar la producción local".[24] De este modo, se persuadió a las mujeres de que participaran

24. Una intención que se menciona en la ley 25307. Sin embargo, la ayuda alimentaria del extranjero aumentó.

en ellos, con el argumento de que no solo sus familias obtendrían alimentos, sino que también mejoraría la producción local.

Aparte de convencerlas con dicha explicación, también se les inculcó un sentimiento de culpa por la ayuda que recibían del Estado. Por ejemplo, en una reunión de 1996 en la que un ingeniero de Pronamachcs conversó con la Fecma sobre varios proyectos de alimentos por trabajo que podrían aumentar el suministro mensual de alimentos para las mujeres, se registró la siguiente frase: "se debe cambiar la mentalidad de trabajar para recibir" (Asamblea ordinaria de San Juan Bautista, s/f., Fecma 1995-1999: 97). Esta frase deja entrever que se pensaba que las mujeres no trabajaban lo suficiente. En otra reunión, el argumento fue "deben trabajar y no esperar alimentos" (Reunión extraordinaria de Tambillos, 19 de abril de 1996, Fecma 1995-1999: 114). Como tales acusaciones fueron anotadas en el libro de actas por la secretaria de la Federación sin refutarlas, podrían ser interpretadas como "autoacusaciones". Sin embargo, se debe mencionar que dichas observaciones, frecuentemente, se hacían en presencia de las autoridades responsables, lo que nos lleva a pensar que, tal vez, las mujeres no creían en su propia dependencia y ociosidad, pero sentían la necesidad de justificar la ayuda alimentaria que recibían en presencia de las autoridades para no perder el apoyo.

Las mujeres podían dejar de recibir la ayuda alimentaria si no cumplían con las exigencias que se les imponía. Después de una reunión con el teniente alcalde del Consejo Provincial de Huamanga, Ayacucho, el libro de actas dice: "No debemos mirar solo al apoyo sino debemos trabajar porque solamente cuando nos quita, que debemos hacer" (Reunión extraordinaria, 27 de enero de 1996, Fecma 1995-1999: 92). Cuando conocí a varias campesinas de Ccaturumi, Suca y Quyupampa (unas comunidades en la provincia de La Mar, Ayacucho), hablamos extensamente sobre el programa de alimentos por trabajo en el que estaban involucradas. Una de las cosas que me dijeron fue que, como necesitaban comida extra para sus hijos, no tenían más remedio que trabajar de acuerdo con las demandas del Pronaa y del Pronamachcs. Sus tierras habían sido en gran parte destruidas durante el conflicto armado interno, y todavía no podían volver a su medio de vida "normal" y mantener a sus familias sin apoyo. Sin embargo, los cultivos que el Pronamachcs pretendía desarrollar en la zona, implicaban reducir el número de cabras en ciertas áreas, a pesar de que estos animales proveen leche. Para estas mujeres, cultivar plantas que tardan años en crecer, a cambio de leche en polvo, en lugar de ordeñar a sus cabras, parecía un mal negocio (reunión en Ccaturumi, Suca y Quyupampa, La Mar, Ayacucho, enero de 2003).

Tales ejemplos no implican que todos los proyectos de trabajo por alimentos estuvieran mal concebidos o se basaran en la explotación. Demuestran, sin embargo, que las relaciones de poder entre las autoridades y las mujeres eran complejas y desiguales, y a veces se encontraban agravadas por insultos. En lugar de interpretar los esfuerzos voluntarios de las mujeres organizadas por cuidar de sus comunidades como una actividad económica que aseguraba el sustento de muchos, quienes sostuvieron la política de clientelismo de alimentos en el Perú, impusieron un discurso de dependencia, ociosidad y favoritismo. Como muestra el libro de actas, el uso de un lenguaje ofensivo como medio de persuasión y manipulación no era infrecuente y funcionaba bien, pues convencía a las mujeres de que debían hacer un trabajo "real" a cambio de la comida donada.

Por otro lado, la crítica que hacían las antiguas participantes de organizaciones de mujeres se valía de un lenguaje muy similar al que desacreditaba el trabajo voluntario de las mujeres. Por ejemplo, en Lima, las mujeres que se habían retirado de los comedores populares o de los comités del Vaso de Leche repetían el mismo discurso de asistencialismo, pereza y dependencia. Nelly, que había participado activamente en organizaciones populares de mujeres desde finales de los años setenta, y que hoy trabaja y vive en el distrito limeño de Chorrillos, afirmaba que el ideal de solidaridad había desaparecido de esas organizaciones y que la gente se había vuelto pasiva y ociosa debido a la oferta constante de alimentos: se le había enseñado a ser dependiente. Según ella, tanto las mujeres como los hombres se dedicaban a esperar al Pronaa, en lugar de desarrollar sus propios proyectos. Nelly también pensaba que solo los "verdaderos pobres" debían beneficiarse de los programas, y que esta ayuda no debía brindarse a los barrios limeños, cuyos habitantes bien podían trabajar con un poco de esfuerzo. Ella misma había iniciado un negocio familiar de dulces con relativo éxito.[25]

Hay cierta lógica en el argumento de Nelly. Los estudios discutidos arriba muestran que los barrios sobrepoblados de Lima, que no precisamente eran los más necesitados, recibían mucha más ayuda alimentaria que las comunidades rurales más pobres, que eran políticamente menos relevantes. Pero las acusaciones de Nelly no se basan en una evaluación económica de los programas gubernamentales de alivio de la pobreza. Más bien, ella se refería a la corrupción de sus antiguas colegas empleando ese lenguaje despectivo de la dependencia y ociosidad frecuentemente asociado a quienes recibían ayuda alimentaria. Incluso si algunas organizaciones de mujeres sí eran corruptas, no necesariamente eran "perezosas" o "dependientes".[26] Pero al mismo tiempo, las mujeres también se acusan mutuamente de enriquecerse a través del suministro de alimentos. Una vez más, estos reproches pueden ser válidos en algunos casos, pero también son producto de la misma política de "divide y vencerás" desplegada por los funcionarios, dado que utilizan una terminología igual para minimizar la agencia de las mujeres involucradas. Asimismo, dicho discurso deja entrever un matiz de jerarquía moral que distancia a las mujeres que alimentan a sus familias con donaciones de alimentos, de las que son capaces de prescindir de ellas. Al final, todas las mujeres con las que hablé preferían ganarse ellas mismas el sustento, sin embargo, no todas podían hacerlo.[27] Así, las acusaciones de ociosidad

---

25. Entrevista con Nelly, Chorrillos, Lima, julio de 2001.

26. La corrupción de las organizaciones de mujeres ha sido ampliamente discutida en la prensa peruana, especialmente debido a las alianzas que algunas (no autónomas) sostuvieron con el régimen de Fujimori. Véase, por ejemplo, Francke (2003).

27. Después de todo, la Ley n.° 25307 de 1991 prometió apoyo técnico a las mujeres para que establecieran talleres de producción en las zonas urbanas y huertos en las zonas rurales. La mayoría de las mujeres afirmó que hubiera preferido este tipo de apoyo, en lugar de la ayuda alimentaria.

y dependencia no solo socavan la solidaridad, sino que producen y ponen de relieve nuevas jerarquías morales entre las propias mujeres pobres.

La ayuda alimentaria, el alivio de la pobreza y el empoderamiento de la mujer

La preocupación por el asistencialismo tampoco era infundada. En el Perú, el sistema de alivio de la pobreza mediante ayuda alimentaria, supuestamente temporal y solo dirigido a los más pobres, se había convertido en una industria irresponsable. En 1995, al menos 76.334 organizaciones populares de mujeres proporcionaban alimentos al 25% de la población, contribuyendo casi en cinco millones de dólares a la economía en horas de trabajo voluntario en el proceso de distribución de bienes y dinero en efectivo (Cueva Beteta y Falconi 2000). Cuando quedó claro que el régimen de Fujimori había creado una burocracia monstruosa que asignaba millones de dólares a la donación de alimentos, los economistas empezaron a investigar el impacto económico de la ayuda alimentaria en los niveles reales de pobreza. En 1996, justo después de la incorporación de programas de bienestar social al entonces nuevo Ministerio de la Mujer, el Parlamento creó una comisión de académicos y profesionales independientes para evaluar esta ayuda y convertir al Pronaa en una agencia estatal eficiente. Y aunque el presidente la reemplazó luego de medio año de trabajo, dicha comisión logró publicar sus resultados en 2000.

El estudio demuestra que la mayor parte del presupuesto asignado a la donación de alimentos se destinó a las áreas más densamente pobladas, que no eran necesariamente las más necesitadas. Los distritos de Lima, que eran políticamente importantes pero no estaban dentro del grupo objetivo (según las mediciones de pobreza), recibieron la mayoría de las donaciones, mientras que las zonas rurales con altos índices de pobreza extrema tuvieron mucho menos apoyo material (Portocarrero et ál. 1998). Y como demuestra el libro de actas de la Fecma, el acceso a las porciones asignadas de alimentos en las zonas rurales, a menudo se veía obstaculizado por la corrupción y brutalidad de los administradores de las oficinas locales de distribución.

Sin embargo, la Ley n.° 25307 estipulaba que la ayuda alimentaria era más que un alivio temporal de la pobreza en tiempos de crisis, y contemplaba también favorecer el desarrollo de las comunidades, la disminución de la pobreza en general y el empoderamiento de las mujeres. De todos modos, la cuestión sigue siendo, por supuesto, si es que dicha ayuda contribuyó realmente a reducir la pobreza. Los estudios sobre la ayuda alimentaria internacional indican que los intereses de los donantes —más allá del apoyo humanitario— influyen en gran medida en su eficacia, y que los persistentes problemas de focalización, supervisión y evaluación de las transferencias de alimentos no permiten calibrarlas de manera positiva desde la década de 1950 (Barret 1998, 2001, 2002; Clay, Pillai y Benson 1998; Uvin 1992). Lo mismo puede decirse de los intereses nacionales en esta ayuda, pues las estadísticas revelan que la pobreza no se había reducido desde que ella se introdujo.

En 1970, el 50% de la población nacional vivía en la pobreza, cifra que disminuyó ligeramente hasta 1980. Después de 1985, la pobreza volvió a crecer, alcanzando el 54% de los habitantes en 1991. En 1997, la pobreza seguía siendo del 51% y la malnutrición del 24%, a pesar de que la ayuda alimentaria había aumentado constantemente desde mediados de los años ochenta (Flacso 1993: 18, Ruggeri Laderchi 2001). Los datos de 2000 muestran que el 54% de los peruanos vivía en la pobreza, de los cuales el 27% se encontraba en condiciones de extrema pobreza (Johannsen 2006). Por otro lado, no hay ninguna ventaja que provenga de dirigir la ayuda a las mujeres y a los "más pobres" (Clay, Pillai y Benson 1998), lo cual quizás no es sorprendente si se considera el grado de clientelismo y corrupción mencionado. El fracaso de esta focalización hacia las mujeres y los más pobres podría ejemplificarse en la alta prevalencia de anemia entre madres embarazadas y lactantes (50% y 78%, respectivamente; Sánchez-Griñán 2002). Así, aunque la investigación sugiere que la ayuda alimentaria tiene un efecto positivo en los hogares individuales (Ruggeri Lardechi 2001), estas cifras nacionales de pobreza confirman, a largo plazo, su ineficiencia como una estrategia de reducción de la pobreza.

La comisión del Congreso que investigó las transferencias de alimentos y la posible modernización del Pronaa llegó a la misma conclusión (Portocarrero et ál. 1998). Según el informe, el Pronaa estaba gravemente limitado por su carácter político, lo que se había traducido en una falta de capacidad y comunicación entre sus funcionarios ejecutivos y los políticos. El documento habla de tensiones internas entre tecnócratas y políticos en los escalones institucionales más altos, entre aquellos que, respectivamente, querían transformar el Pronaa en una institución eficiente y despolitizada, y aquellos que se aferraban a los intereses políticos que implicaban los programas de socorro del gobierno (Velazco 1998). Teniendo en cuenta el interés político que el gobierno fujimorista tenía en la ayuda alimentaria, no es de extrañar que para el año 2000 la distribución de alimentos representara el 40% del presupuesto asignado a los programas de alivio de la pobreza (Grupo Impulsor Nacional/Cesip 2000).

Sin embargo, la Ley n.° 25307 acordaba más que una ayuda alimentaria, lo que plantea la cuestión de si este sistema contribuyó al empoderamiento de las mujeres. De una indirecta y perversa manera, sí lo hizo. Un efecto secundario del énfasis en la ayuda alimentaria fue que las organizaciones populares de mujeres se extendieron tanto en las zonas urbanas como en las rurales. Como lo muestra el análisis anterior, no hay duda de que las mujeres pobres se empoderaron, alzaron su voz y cobraron notoriedad a través de su participación en estas organizaciones (Barrig 1986, 1988, 1994, 1998; Blondet 1986, 1991; Blondet y Montero Checa 1995). A finales de la década de 1970 y a lo largo de los años ochenta, más y más mujeres se dejaron escuchar en la política local, las mujeres pobres se involucraron en la política feminista, y las representantes de los comedores populares y comités del Vaso de Leche, en Lima, y de los clubes de madres, en Ayacucho, se hicieron de una voz en la formulación de políticas (Anderson 1998: 87). Y aunque durante los años noventa muchas organizaciones de mujeres que recibieron ayuda del Pronaa se convirtieron en peonas del régimen de Fujimori, muchas otras también se opusieron. Las federaciones no aliadas de grupos de mujeres en Lima y Ayacucho se involucraron en una lucha continua por reivindicar los derechos sociales otorgados a través de los programas gubernamentales y la nueva legislación, incluso cuando este era un trabajo difícil y no siempre se tenía éxito. Conforme se iba haciendo evidente que la ayuda alimentaria estaba siendo utilizada políticamente y que no existía una verdadera voluntad del gobierno de reducir la pobreza o de empoderar a la mujer, las mujeres se volvieron más conscientes y se involucraron más en la política. En el capítulo 6 discutiré cómo dicho activismo afectó las carreras de algunas de las líderes aquí mencionadas.

Conclusión

La historia reciente de la ayuda alimentaria en el Perú muestra que, en lugar de usarla para reducir la pobreza, el Estado la empleó como un medio para asegurar el apoyo político y amortiguar la crisis económica. El gobierno fujimorista, en particular, amplió e institucionalizó el clientelismo de una manera perversa: cuando las organizaciones de mujeres estaban más debilitadas debido a la violencia política y la grave crisis económica, Fujimori les exigió un papel emblemático, obligándolas a mostrar lealtad a su régimen a cambio de la tan necesaria ayuda alimentaria. La distribución de alimentos se organizó en torno a un sistema corrupto y de clientelismo que comenzaba en el punto más alto —el presidente—, y que era reproducido por los burócratas locales y por quienes participaban en los grupos de mujeres. No solo se institucionalizó la ayuda alimentaria —y, por lo tanto, el alivio "temporal" de la pobreza—, sino también estas malas prácticas. Muchos funcionarios o administradores municipales se dejaron coaccionar por el gobierno para proteger sus puestos de trabajo, y crearon un sistema de clientelismo propio que protegía las relaciones de poder locales o reforzaba otras nuevas. Las jerarquías basadas en el género, la raza y la clase se desplegaron y aplicaron, como vimos, en casos de engaño basados en el lenguaje.

Los discursos maternalistas dirigidos a mujeres pobres fueron explotados para enfatizar aún más la responsabilidad de las mujeres como cuidadoras no remuneradas de su comunidad. Aunque los presidentes habían utilizado tales discursos y prácticas desde la dictadura de Odría (1948-1956), el "fujishock" de 1990 exacerbó la necesidad del gobierno por el apoyo popular, el alivio de la pobreza y el trabajo de las mujeres. Con el deterioro de la economía y el aumento de la ayuda alimentaria del extranjero, las organizaciones populares de mujeres se convirtieron en las redes de distribución que utilizaron los gobiernos para preparar y repartir los alimentos donados. La institucionalización del clientelismo, evidente por las fachadas naranjas de numerosas cocinas comunitarias, no ayudó a que las mujeres buscaran un reconocimiento; el clientelismo se tradujo en asistencialismo sobre el terreno y erosionó aún más sus reivindicaciones en torno a convertirse en entes productivos. La asociación del trabajo de las mujeres en el ámbito del alivio de la pobreza, con la maternidad y el sacrificio, hizo imposible que su labor fuera reconocida como una tarea productiva. Sin embargo, las organizaciones de mujeres también utilizaron estratégicamente la maternidad como un escudo protector y como un medio para legitimar las protestas contra las políticas económicas. Así, la retórica maternalista fue empleada de maneras ambiguas, tanto desde arriba como desde abajo.

El caso de las organizaciones de Ayacucho, federadas a escalas departamental, provincial y distrital, revela que las mujeres usaron una variedad de estrategias para proteger su autonomía y administrar la distribución de alimentos. En primer lugar, al organizarse en una escala cada vez mayor, crearon un sistema de múltiples niveles que llegaba a comunidades remotas y lograron formar un frente unido. Los niveles organizativos más altos daban a las mujeres más posibilidades de prevenir el engaño y la corrupción a escala local, porque juntas tenían más conocimientos y capacidades a su disposición. En segundo lugar, las mujeres conocían la legislación y se referían constantemente a ella cuando sentían que sus derechos eran vulnerados. Aunque tenían poco poder para hacer cumplir la ley, conocerla y defenderla debió haber contribuido al respeto que inspiraban en su comunidad, lo que las ayudó a proteger su autonomía y a gestionar la distribución de alimentos. En tercer lugar, cuando la Federación no tenía otra alternativa, siempre podía recurrir a las alianzas que había establecido con las ONG locales, abogados y otros profesionales.

Una cuarta estrategia, aunque negativa, puede haber sido imitar los discursos de los beneficiarios sobre la dependencia y ociosidad que generaba el carácter asistencialista de la ayuda alimentaria. Utilizada para proteger la asignación continua de alimentos, puede haber sido una medida necesaria. Sin embargo, cuando las mujeres emplearon entre ellas argumentos tan negativos sobre el hecho de aceptar esta ayuda, se creó una jerarquía moral en la que quienes recibían alimentos eran vistas como menos valiosas que quienes no lo hacían.

El Estado limitó el poder de las mujeres al caracterizarlas como madres pobres, y no como ciudadanas de pleno derecho de la nación peruana (Craske 1998: 106-107). También se apropió de la capacidad de distribución de las mujeres organizadas, sin aplicar reformas sociales que hicieran más equitativo el reparto de recursos, conocimientos y poder. Mientras que los gobiernos subsiguientes las trataron como clientes de un Estado benevolente, las organizaciones (y federaciones) desarrollaron un discurso según el cual el "alimento" era un derecho que les correspondía y una obligación del Estado. El derecho a la ayuda alimentaria, establecido por la Ley n.° 25307 promulgada en 1991, significó más que el derecho a una comida diaria: para muchas organizaciones populares de mujeres implicó conseguir un lugar en el sistema redistributivo nacional, no solo mediante bienes, sino también a través de la participación social y política. Incluso si lo que estipulaba esta norma fue a menudo ignorado por el Estado (por ejemplo, participar en la administración de los programas de ayuda o el apoyo a la educación y las actividades productivas), las mujeres tuvieron con ella el poder de hacer reclamos legítimos que no estuvieran necesariamente marcados por su rol de madre. De este modo, aunque el sistema haya sido de clientelismo o incluso asistencialista, y haya promovido ampliamente el uso de estereotipos de género arraigados en la diferencia de clase, sí amplió la ciudadanía social de las mujeres pobres.

4

Políticas poblacionales, pobreza y cuerpos de mujeres

> Esas mujeres son ignorantes. Las compramos no más, estaban de acuerdo [con la esterilización] sí les damos su platita para sus cosas básicas.
>
> Director de cabecera del Hospital Provincial de La Mar, 2003.

En enero de 2003, me acerqué al médico de turno del hospital de San Miguel, en la provincia de La Mar, departamento de Ayacucho, para preguntarle qué había sucedido en ese centro de salud durante las denunciadas campañas de esterilización de mediados de los años noventa. Su respuesta fue que, efectivamente, él y el resto del personal habían esterilizado a muchas mujeres, pero que lo habían hecho porque "era una situación autoritaria, no pudimos oponer, salimos a buscar mujeres para esterilizar".[1] La violencia física no había sido necesaria, según me explicó, porque las mujeres daban fácilmente su consentimiento a cambio de dinero o comida. Sin embargo, también señaló que no siempre sabían a qué consentían, ya que estas campesinas quechuahablantes eran unas "ignorantes". El médico y su equipo no habían hecho ningún esfuerzo por sacarlas a ellas y a sus familias de esta "ignorancia", proporcionándoles información y cuidados adecuados, sino que simplemente habían hecho "su trabajo". Como

1. Entrevista, identidad oculta, La Mar, enero 2003.

esto sugiere, la agresiva política poblacional impuesta desde arriba fue asumida con relativa facilidad a escala local, debido a que muchos médicos y enfermeras actuaron basándose en sus prejuicios y aceptaron una medida neomaltusiana que se dirigía a las mujeres pobres y, sobre todo, a las indígenas.[2]

En este capítulo se analizan las formas en que la política demográfica de los años noventa estuvo atravesada por prejuicios sobre el carácter reproductivo de los peruanos y, en especial, de las mujeres pobres indígenas o mestizas. Sostengo que dicha política se centró de manera excesiva en ellas y que se basó en el supuesto de que, sin cierto grado de presión, no solo engendrarían "demasiados" niños, sino que, al hacerlo, reproducirían la pobreza en la que vivían. Así, en esta era neoliberal, el cuerpo de las mujeres pobres fue manejado como una herramienta política para reducir la pobreza. El gobierno estableció metas para disminuir sustancialmente el crecimiento demográfico, y prometió proporcionarles a todas las mujeres métodos anticonceptivos y cuidados apropiados de salud reproductiva. Para 1997, era evidente que un sistema de cuotas había empujado al personal médico a esterilizar a las mujeres (y a algunos hombres) en circunstancias inadecuadas y a menudo coercitivas. Aunque el gobierno no estipuló el uso de la fuerza, las circunstancias creadas resultaron en engaños, presión excesiva y, a veces, fuerza física para cumplir con las cuotas. Las organizaciones de derechos humanos investigaron lo ocurrido, recopilaron evidencia y denunciaron tales prácticas (Cladem 1998, 1999; Comisión Especial sobre Actividades Anticonceptivas Voluntarias 2002; Defensoría del Pueblo s/f). Recientemente, los investigadores han comenzado a explorar estos abusos desde la perspectiva más amplia que supone la reforma del sector salud a escala global y las políticas locales (Ewig 2006a, 2006b; Rousseau 2007).

2. El término "neomaltusiano/a" hace referencia a la aplicación contemporánea de las ideas decimonónicas de Thomas Malthus, para las cuales es central el concepto de que el crecimiento de la población es insostenible y obstaculiza el desarrollo.

En el presente capítulo intento ampliar esta perspectiva aún más, al examinar hasta qué punto dicha política poblacional estuvo relacionada con el racismo y el sexismo, de larga data y ampliamente extendidos, en contra de las mujeres indígenas pobres. Es decir, evalúo la política coercitiva de los años noventa a través del contexto que la hizo posible. Como veremos a continuación, el Perú había sido muy conservador en materia de tecnología anticonceptiva, por lo que la política demográfica de Fujimori parecía representar una ruptura progresista, e incluso feminista, con el pasado. Sin embargo, el presidente secuestró el discurso del feminismo (Ewig 2006a) para aplicar a través de él una política racista y sexista, acercándose peligrosamente al pensamiento eugenésico de principios del siglo XX (Boesten y Drinot 2004). Aunque esta política rompió con un pasado conservador, planteo que su aplicación no significó una ruptura con las normas culturales existentes, ya que se basó en el desprecio generalizado hacia las mujeres pobres e indígenas.

Para explorar cómo el comportamiento del personal de salud local pudo ser tan abusivo, reviso algunos documentos de autoevaluación ("autodiagnósticos") producidos por mujeres en las zonas rurales de la provincia de Huancavelica. Dichos documentos se elaboraron con la ayuda de la ONG feminista Manuela Ramos y contienen información sobre salud reproductiva. Al hacerlo, resalto no solo cómo se reproducen los prejuicios y la falta de respeto a escala local, sino también lo difícil que es para los peruanos pobres manejar su fertilidad cuando los servicios de salud son limitados, jerárquicos y están tan plagados de supuestos racistas. Un análisis tan amplio y a largo plazo demuestra que, aunque las campañas de esterilización fueron el resultado de una política temporal y agresiva que se revirtió rápidamente, ellas fueron posibles debido a que las mujeres pobres se sometieron continuamente a medidas humillantes de salud reproductiva, producto de las desigualdades interseccionales que existen tanto a escala global como local.

Cuerpo de mujer y políticas demográficas

En el ámbito mundial, si descartamos los discursos y prácticas eugenésicos de la primera mitad del siglo XX, el miedo al crecimiento de la población, en especial de los grupos pobres y no blancos, data de los años sesenta. Como plantean Jane Jaquette y Kathleen Staudt (1988), en los Estados Unidos se estuvo al borde de la histeria luego de que estudios "científicos" arrojaran predicciones sobre las posibles consecuencias económicas y ambientales del crecimiento descontrolado de la población en los países más pobres. Uno de los libros más influyentes de la época fue *The Population Bomb*, de Paul Erhlich, publicado en 1968, en el cual se vinculaba el crecimiento de la población en el Tercer Mundo al "subdesarrollo" económico.[3] Influida por tales ideas, Usaid comenzó a supeditar la asistencia a la implementación de políticas restrictivas de población (Connelly 2008). Jaquette y Staudt, que analizan el libro de Erhlich y la actitud de Usaid y del Congreso de los Estados Unidos con las políticas demográficas del Tercer Mundo, concluyen que el temor al crecimiento poblacional se basaba en una preocupación racista y sexista sobre los posibles cambios en el equilibrio de poder mundial o la pérdida del mismo (1988).[4] La creencia de que la pobreza era causada por la sobrepoblación (en lugar de considerarla un síntoma de la pobreza, por ejemplo), y de que el control poblacional era un requisito para el desarrollo, condujo a desarrollar prácticas agresivas y a menudo coercitivas en lugares como Indonesia, Bangladesh y Kenia (Aripurnami 1997; Connelly 2008; Hartmann 1995; Jaquette y Staudt 1988; Kabeer 1992, 1998; Maternowska 2006).

Los estadounidenses, encargados de formular políticas demográficas, estuvieron a la vanguardia de quienes promovían la planificación

---

3. Ehrlich todavía defiende sus argumentos iniciales; hoy se presenta como un ecologista y argumenta que la sobrepoblación en los Estados Unidos causará un desastre. En consecuencia, se opone a la migración, especialmente de los países más pobres (Stein 1997: 593-599).

4. Una crítica temprana a estas políticas figura en Mamdani (1972).

familiar en el mundo en desarrollo. Usaid fue uno de los principales inversores en la exportación de anticonceptivos, clínicas de planificación familiar y proyectos comunitarios. Aunque dichas políticas se basaban en miedos y presunciones erróneas sobre el desarrollo mundial, los encargados de formularlas en los Estados Unidos nunca respaldaron públicamente las prácticas coercitivas. Sin embargo, como nos recuerda Helen Epstein, tampoco hicieron mucho "para detener o por lo menos distanciarse de los programas más abusivos" (2008: 57).

La Conferencia Internacional de las Naciones Unidas sobre la Población y el Desarrollo (CIPD), celebrada en 1994 en El Cairo, trajo ciertos cambios: bajo la presión de las organizaciones feministas, el eje del debate se desplazó de las cuestiones demográficas a los derechos a la salud y a la reproducción y, en particular, los derechos de la mujer. Aunque este fue un cambio importante después de casi treinta años de políticas poblacionales agresivas, verticales y en gran parte fracasadas, Betsy Hartmann (1995) concluyó casi inmediatamente que el nuevo consenso posterior al Cairo tenía muchas lagunas. Según observadores y activistas, los acuerdos dejaron un espacio suficiente para la ambigüedad en materia de reducción de costos internacionales y neoliberalismo; oposición religiosa a los derechos de la mujer y control de la natalidad; y el "[...] pensamiento malthusiano arraigado en las instituciones de desarrollo, agencias de donantes y departamentos gubernamentales". Y esta ambigüedad eclipsó a los programas poblacionales en todo el mundo (Hartmann 1995, Nair y Kirbat 2004: 30, Petchesky 2000). Quizás más importante es que el cambio en el discurso tuvo lugar cuando el sector salud sufrió modificaciones sustanciales en sus sistemas de financiación y suministro. Esta reestructuración neoliberal dirigida por el Banco Mundial contaba con que las ONG participaran proporcionando redes de seguridad social y realizando ciertas tareas apartadas del Estado (Petchesky 2000). Especialmente en salud reproductiva, muchas cuestiones que no tenían un carácter técnico, incluidas las campañas de información y empoderamiento, se volvieron responsabilidad de algunas ONG feministas y grupos voluntarios de mujeres (Ewig 2006b). Las reformas en el sector salud peruano deben ser vistas en este contexto.

Sin embargo, hasta la década de 1990, el Perú había ido en contra de las tendencias mundiales en cuestiones demográficas y se había resistido a la interferencia internacional en materia de población. Dicha oposición provino de dos campos contrapuestos: por un lado, del poderoso movimiento católico conservador que se resistía a cualquier forma de tecnología anticonceptiva moderna; por otro, de la fuerte resistencia contra el "imperialismo" estadounidense de la izquierda peruana, lo que incluía oponerse a importar anticonceptivos a un precio bajo. Tal rechazo ignoraba el hecho de que en el Perú, debido a una mejor atención de la salud y a las elevadas tasas de fecundidad, la población se había triplicado entre 1950 y 1994 y que la urbanización se había acelerado (Flacso 1993: 22). La pobreza no disminuía y el desempleo urbano se mantenía alto. Aun así, la disponibilidad de anticonceptivos modernos y el aumento del nivel de educación femenino, especialmente entre las clases medias urbanas, contribuyeron a reducir la tasa de fecundidad de 6,9 hijos por mujer en 1950, a 6,0 en 1970 y a 3,6 en 1990 (Flacso 1993: 26). Sin embargo, el número deseado de hijos por mujer era siempre menor de lo que mostraba la tasa real de fecundidad (Aramburú 2002a, Flacso 1993: 84). En las áreas urbanas, esta tasa se acercó a la tasa de fecundidad deseada, mientras que en el ámbito nacional se mantuvo por encima de ella durante mucho tiempo debido a la alta tasa de fecundidad rural. En 1992, la tasa de natalidad urbana era de 2,7, mientras que la rural se situaba en 5,9; en 2004, esta última también disminuyó, a 3,6 hijos por mujer.

Tales cifras sugieren que tener menos hijos era una preocupación constante entre las mujeres rurales. Al mismo tiempo, muestran lo que muchos científicos sociales saben desde hace algún tiempo: que las mujeres tienen menos hijos si mejoran su posición social, así como su nivel de vida, y si tanto los hombres como ellas tienen acceso a una respetuosa atención por parte del personal de salud reproductiva (Aramburú 2002b, Hartmann 1995). La continua oposición política y religiosa contra la tecnología anticonceptiva exacerbó la brecha geográfica y de clase entre quienes tenían y no tenían acceso a servicios de salud reproductiva. Como resultado, se estima que en

1994, del total de embarazos anuales, el 40% eran deseados; el 30%, indeseados, y el otro 30% terminaba en abortos.[5] El aborto ilegal fue ese año la segunda causa más importante de mortalidad femenina en el Perú. Por otro lado, según la Encuesta Demográfica y de Salud Familiar (Endes) del 2000, ese año la mortalidad infantil era de 33 por cada 1000 nacimientos, y la materna, de 185 por cada 100.000; mientras que el aborto, hoy todavía penalizado, había aumentado al 35% de todos los embarazos (citado en Aramburú 2002a: 53, también en Ferrando 2001). Así, aunque parece claro que la mayoría de las mujeres deseaba tener menos hijos, las condiciones para hacerlo eran inadecuadas, especialmente entre las poblaciones pobres y rurales.

Antes de que el Estado interviniera en la década de 1990, las organizaciones feministas promovían activamente los derechos de la mujer y la salud reproductiva en los pueblos jóvenes de Lima (Movimiento Manuela Ramos 1984: 16). Sin embargo, no existían las condiciones institucionales necesarias: no había igualdad en el acceso a la educación, a los servicios de salud y anticonceptivos, ni a los recursos económicos que hacen falta para obtener tales servicios. Además, las campañas del feminismo peruano por mejorar el derecho a los anticonceptivos (incluido el aborto), se veían continuamente debilitadas, no solo por los sectores conservadores sino también por los supuestos aliados del movimiento: la izquierda política (*Marka* 1979, Portugal 1987). En el Perú, como consecuencia de la ilegalidad del aborto y de la concentración del servicio médico en los centros urbanos de clase media, muchos abortos no son llevados a cabo por profesionales o son autoinducidos, lo que lleva a complicaciones y a altas tasas de mortalidad materna, especialmente entre los pobres (Centro de la Mujer Peruana Flora Tristán 2000, *Marka* 1979). Es claro que las mujeres con bajos ingresos y que no tienen acceso a servicios de salud adecuados son las que más problemas tienen con los embarazos no deseados.

---

5. Con una tasa de fecundidad promedio de 3,5 (cit. en el Centro de la Mujer Peruana Flora Tristán 2000: 35).

En 1985, el gobierno de Alan García promulgó la Ley Nacional de Población, que garantizaba el derecho de los individuos a decidir libremente cuántos hijos querían tener (Bonfiglio 1999). De nuevo, sin embargo, la oposición de la Iglesia fue fuerte. Fue entonces cuando surgieron los primeros rumores de esterilizaciones forzadas: la Iglesia acusó al gobierno y a algunas agencias internacionales de estar llevando a cabo dicha práctica. En aquel momento, la esterilización no era política del gobierno y nunca se ha probado si se realizó ilegalmente (¡Viva! 1985). No obstante, es cierto que durante el periodo comprendido entre finales de la década de 1960 y los años noventa, Estados Unidos apoyó activamente programas agresivos de esterilización en América y Asia. Aun así, no hay suficiente evidencia para comprobar si esto también ocurrió en el Perú durante la presidencia de García. A pesar de que la revista feminista ¡Viva! recogió la denuncia de la Iglesia, no se hizo ningún seguimiento (1985). Desafortunadamente, tales acusaciones se convirtieron en un poderoso argumento entre los sectores conservadores para oponerse y obstruir la disponibilidad de métodos anticonceptivos. Como consecuencia, este primer programa de población no mejoró la situación de la mayoría de las personas pobres, especialmente las de zonas rurales (Aramburú 2002b, Arroyo 2002, Bonfiglio 1999).

Unos años después, el presidente Fujimori tomó más en serio y deliberadamente la cuestión de la política demográfica y desafió abiertamente la hegemonía de la Iglesia en materia reproductiva. Cuando llegó al poder en 1990, su gobierno diseñó el Programa Nacional de Población y amplió la ley de 1985. Los objetivos de este nuevo programa eran reducir el crecimiento de la población a un máximo de 2% anual para 1995, disminuir la fertilidad de 3,6 a 2,5 hijos por mujer en el año 2000, y mejorar la salud materno-infantil. El programa enfatizó la libertad de elección, los derechos reproductivos de las personas y la equidad de género (Cladem 1998). Por lo tanto, el gobierno de Fujimori no solo promovió la planificación familiar por razones de desarrollo, sino que explícita y reiteradamente enfatizó la necesidad de una igualdad de acceso a los métodos anticonceptivos para las mujeres de todas las clases sociales.

Ese fue el mensaje que el presidente desplegó en la Cuarta Conferencia Mundial de la ONU sobre la Mujer en Pekín en 1995, en el que combinó la retórica sobre la emancipación de la mujer y el "derecho a elegir", con metas de desarrollo en beneficio de los pobres. Los artículos de prensa de 1995 muestran el doble rasero de Fujimori con respecto a esa conferencia: su discurso emancipador contemplaba una política agresiva dirigida a las mujeres pobres e indígenas. Fujimori declaró a *El Comercio* que había asistido a dicho evento para apoyar el "importante trabajo del movimiento de mujeres" y para destacar su "[...] dedicación a la mejora de la posición del 50% de la población que ha estado excluida por mucho tiempo" (*El Comercio* 1995). En Pekín, remarcó insistentemente que las mujeres tenían derecho a controlar su fecundidad y que sería él quien garantizaría ese derecho a las "de todas las clases" (Fujimori 1995). Esta retórica contrastó fuertemente con su política. Como señala Christina Ewig (2006a), Fujimori secuestró con habilidad el discurso feminista progresista, promovido en los acuerdos de El Cairo y Pekín, para implementar políticas poblacionales agresivas dirigidas a mujeres pobres e indígenas.

En 1995, la esterilización voluntaria se incorporó a la legislación como un método anticonceptivo autorizado. Ello provocó un acalorado debate entre el gobierno y la Iglesia, en el que los medios apoyaron la medida (Bonfiglio 1999). La Iglesia volvió a intentar imponer sus condiciones impidiendo que el Estado implementara la educación sexual liberal en las escuelas, al oponerse a la difusión del material educativo que el Ministerio de Salud había publicado en 1996. Inicialmente, las guías de educación sexual que ese ministerio publicó incluían la homosexualidad como una preferencia sexual, y proporcionaban información sobre el aborto y la esterilización voluntaria como métodos anticonceptivos. Sin embargo, cediendo a la presión de sectores conservadores, el gobierno editó las guías y eliminó algunas de las referencias más progresistas para promover "valores familiares".

Pero la "guerra de las guías" continuó. Monseñor Cipriani, obispo de Ayacucho y una de las autoridades eclesiásticas más conservadoras e influyentes del Perú, miembro del Opus Dei, desarrolló su propio material educativo, destacando la paternidad responsable y la planificación familiar basada en la abstinencia. Según la escritora feminista Mariella Sala (1996), este material conservador fue distribuido a los estudiantes, mientras que las guías del ministerio solo estuvieron disponibles para los profesores. La Iglesia sabía muy bien cómo influir en la opinión pública contra el gobierno. Fujimori, por su parte, tuvo que tener en cuenta estos desacuerdos y lo hizo utilizando un discurso feminista progresivo y global. En *La República*, el ministro de Salud declaró que no había desacuerdos con la Iglesia, porque el gobierno simplemente "[...] cedía a las demandas de la población para su fecundidad según sus derechos" (*La República* 1995). Mientras tanto, Fujimori acusó a la Iglesia de impedir que las mujeres ejercieran sus derechos al decir, en su discurso ante la Conferencia Mundial sobre la Mujer en Pekín:

> Estoy convencido de que en América Latina y en otras partes del mundo ha llegado el momento de abandonar de una vez por todas los esquemas mentales anticuados que obstaculizan el pleno desarrollo de la mujer y, por tanto, de la humanidad. Esto no significa que estemos creando alianzas para atacar a ninguna institución en particular, sino que debemos promover un debate en los más altos estándares éticos y humanos.[6]

De este modo, Fujimori desplegó discursos internacionales sobre los derechos de la mujer y apeló a las demandas de igualdad para justificar un programa de control de la natalidad dirigido a las mujeres pobres, tanto rurales como urbanas. Su propuesta de disminuir el crecimiento demográfico reformando el sector salud para convertirlo en un sistema que beneficiaría explícitamente a las mujeres y los pobres, fue bienvenida por el Banco Mundial, que acordó financiar campañas educativas sobre planificación familiar (Bonfiglio 1999: 134). Usaid también apoyó el nuevo programa de población y se comprometió

6. No encontré una versión original (en castellano) de ese discurso, solo la traducción publicada por la ONU en: <http://www.un.org/esa/gopher-data/conf/fwcw/conf/gov/950915131946.txt>. La traducción es nuestra.

con donar una suma anual de aproximadamente catorce millones de dólares, además de varias toneladas de alimentos. La ONG feminista Manuela Ramos fue movilizada para aplicar un programa innovador y participativo dirigido a empoderar e informar a las mujeres pobres. El gobierno estableció rápidamente campañas de información y se proporcionaron, sin ningún costo, servicios de planificación familiar, incluida la esterilización. Sin embargo, no se lograron mejoras en la calidad del servicio rural de atención de salud, como higiene y disponibilidad de suministros médicos o incluso de camas. Así pues, si bien las propuestas sobre salud reproductiva fueron apoyadas por los sectores progresistas y el mundo de la cooperación internacional, no se llevaron a cabo las reformas necesarias en el sector salud para poder aplicarlas.

En cambio, el gobierno improvisó servicios de salud itinerantes para las zonas rurales, y los médicos locales recibieron órdenes de esterilizar a las mujeres de acuerdo con un sistema de cuotas y de "[...] asegurar que todas [...] aceptaran un método anticonceptivo después del parto" (Aramburú 2002b). Como descubrió la abogada feminista de derechos humanos Giulia Tamayo (Cladem 1998, 1999), el personal de salud local debía determinar la cifra de "mujeres en edad fértil" en su región y esterilizar a cierto número, según las cuotas establecidas. Los médicos que cumplían con esto recibían a cambio bienes o dinero. Los alimentos donados se utilizaron como un soborno para que las mujeres aceptaran. Según un periódico que resaltó los intereses de la política internacional de los Estados Unidos, la oferta de "esterilizaciones gratuitas para los pobres" se hizo pública en el mismo momento en que el ministro de Salud recibió casi 20 mil toneladas de alimentos de Usaid en el puerto del Callao (*Expreso* 1995). Tales prácticas de "alimentos por esterilización", respaldadas por los Estados Unidos, no habrían estado fuera de lugar en la política de desarrollo internacional de los años sesenta y setenta. Y aunque varios comités de investigación difieren sobre en qué grado el gobierno fujimorista forzó la esterilización de mujeres, todos coinciden en que sí ocurrió (Cladem 1998, 1999; Comisión Especial sobre Actividades de Anticoncepción Quirúrgica Voluntaria 2002; Defensoría del Pueblo, s/f).

Los motivos de Fujimori para estas medidas extremas eran económicos: tenían poco que ver con la igualdad de acceso a los servicios o con el bienestar de las mujeres. Carlos Aramburú, quien fue en 1996 por poco tiempo presidente del Consejo Nacional de Población, observó que era claro el interés personal de Fujimori por disminuir el crecimiento de la población a través del método más rentable posible. Aramburú recuerda que en 1996 el primer ministro declaró a la prensa que "[...]el gobierno no puede reducir la pobreza de manera eficiente si las familias pobres continúan teniendo siete hijos en promedio" (Aramburú 2002b). Dicha declaración deja entrever la noción maltusiana —que ha dominado el pensamiento sobre la población en todo el mundo— de que la reproducción sin control contribuye a la pobreza y el subdesarrollo.

A mediados de 1996, en respuesta a los informes de las parroquias rurales, la Iglesia acusó a Fujimori de usar la fuerza en su programa de esterilización. Por supuesto, las imputaciones fueron rechazadas con el argumento ya preparado de que la Iglesia era una fuerza conservadora que no defendía la libertad de la mujer de usar anticonceptivos modernos. De hecho, los movimientos feministas y de derechos humanos habían apoyado inicialmente los planes del presidente. Sin embargo, a fines de 1996, las organizaciones feministas, los movimientos de derechos humanos y la Defensoría del Pueblo se dieron cuenta de que algo andaba mal con el programa de Fujimori. A fines de 1997, la prensa publicó los primeros testimonios de mujeres víctimas de esterilización forzada, y los defensores de derechos humanos comenzaron a investigar el tema. Debido a que el programa fue financiado en gran parte por Usaid, algunos activistas la acusaron de haber estado involucrada. En enero de 1998, el Congreso de los Estados Unidos envió a un investigador de derechos humanos para averiguar las prácticas del programa poblacional en el Perú. Después de llegar a la conclusión de que Usaid no estaba directamente involucrada, debido a que su personal no sabía nada de las cuotas, Usaid presionó al gobierno peruano para que cancelase dicho sistema y detuviese el programa "voluntario" de esterilización. La financiación internacional se cortó y el gobierno se vio obligado a reformarlo drásticamente (Aramburú 2002b; Bonfiglio 1999). En marzo de 1998, anunció cambios en su programa poblacional, una investigación sobre la negligencia y un castigo apropiado para los "culpables".

En suma, la política poblacional aplicada por el régimen fujimorista utilizó el cuerpo de las mujeres pobres como una herramienta política para reducir la pobreza. Se pensaba que la reproducción biológica era una preocupación predominantemente femenina, y que la reproducción de la pobreza estaba fuertemente ligada al embarazo entre las más pobres y aquellas percibidas como racialmente inferiores. Sumándose al tono racista de los debates nacionales e internacionales sobre la población en los países en desarrollo, este sesgo sugiere una visión determinista de quiénes y qué son las mujeres pobres y, en particular, de cómo se mantiene y reproduce la pobreza. Esas opiniones legitimaron en gran medida el uso de las cuotas y la coacción para lograr los objetivos del programa demográfico. Como veremos en la siguiente sección, el prejuicio sobre la diferencia racial y la falta de respeto por las mujeres pobres ayudaron aún más al gobierno peruano a aplicar un programa poblacional altamente cuestionable.

Percepciones y prácticas de salud reproductiva: ReproSalud en Huancavelica

ReproSalud fue un programa de salud reproductiva diseñado por Usaid y llevado a cabo en el Perú por la ONG feminista Movimiento Manuela Ramos. Su núcleo era la colaboración entre promotoras profesionales, capacitadas y pagadas por Manuela Ramos, y grupos de mujeres, como comedores populares, clubes de madres y comités del Vaso de Leche. Utilizando técnicas innovadoras, las promotoras y participantes realizaban un autodiagnóstico de los problemas de salud reproductiva de la comunidad. Mediante el uso de un enfoque de investigación-acción participativa, se buscaba que la información sobre las mujeres se formara recíprocamente y, por lo tanto, fuera más cercana a la realidad local, proporcionando al mismo tiempo una oportunidad de aprendizaje para todos los involucrados. Esta estrategia potencialmente transformadora tuvo como objetivo empoderar a las mujeres para que pudieran hacer reclamos al sistema de atención de salud.

Además de ser una experiencia de aprendizaje para las participantes y de proporcionar valiosa información a los proveedores de salud, los autodiagnósticos son una gran fuente para averiguar las percepciones y prácticas de la salud reproductiva entre las comunidades andinas. Ellos muestran que en esos lugares, las creencias "tradicionales" o locales se mezclan con las creencias "modernas" o biomédicas en la atención de la salud y la reproducción. Dichas experiencias contradictorias complejizan los vínculos entre hombres y mujeres y entre el personal de salud y sus pacientes. La relación entre las mujeres y el personal médico, a su vez, se basa en malentendidos socioculturales y en el racismo y el sexismo contra las mujeres indígenas rurales y los migrantes periurbanos. Los autodiagnósticos que se hicieron en la provincia andina de Huancavelica ayudan a entender estas relaciones y cómo fue posible que el personal médico utilizase métodos agresivos en los programas de planificación familiar.

Huancavelica es una provincia del Perú, parte del departamento del mismo nombre, situada a más de tres mil metros de altura entre las montañas frías y áridas de los Andes. Es una de las regiones más pobres y menos atendidas del país. La gente vive sobre todo de ganado, lana y algunos productos agrícolas, como papa, maíz y quinua, un cereal utilizado como alimento básico. Las comunidades campesinas y la capital provincial y departamental —la ciudad de Huancavelica— están conectadas principalmente por caminos sin pavimentar. Las carreteras que unen a la ciudad de Huancavelica con los demás departamentos del país están en mal estado, y a menudo son intransitables debido a las inundaciones. El transporte público y los autos privados solo están disponibles para un pequeño grupo de comerciantes, autoridades y trabajadores de ONG; los campesinos suelen ir a pie a los mercados locales para vender sus productos. La historia de Huancavelica es, además, violenta: solía ser una zona de extracción de mercurio, lo que le cobraba un alto precio a su gente en función de la explotación laboral (Contreras 1982). Asimismo, el departamento de Huancavelica, que limita por el este con el de Ayacucho, fue uno de los principales escenarios del conflicto armado interno entre 1980 y 2000. A pesar de su aislamiento geopolítico y socioeconómico, en 1990 se fundó una universidad en la ciudad de Huancavelica, que abrió nuevas perspectivas.

Un grupo de jóvenes nacidas y criadas en la región dirigió la rama huancavelicana de ReproSalud de Manuela Ramos. Estudiaron en la universidad local y siguieron los cursos que ofrecía esa organización feminista en Lima. Sin embargo, estas promotoras no eran ni doctoras ni enfermeras, y no tenían el poder de instruir al personal médico local. Ellas proveían capacitaciones a mujeres con la esperanza de "empoderarlas", compartiendo información sobre liderazgo, participación civil, derechos de la mujer y problemas de salud reproductiva. En enero de 2001, me llevaron con ellas en sus viajes al campo. El siguiente análisis se basa en esa experiencia.

Las promotoras de Huancavelica visitaban comunidades rurales equipadas con lapiceros, papel y, necesariamente, ropa de abrigo y sacos de dormir. A pedido, tenían un auto de doble tracción y un conductor a su disposición; el transporte regular no estaba disponible. Los caminos eran malos, y eso era cuando había caminos. Estas mujeres salían de la ciudad temprano en la madrugada —a las tres, cuatro o cinco de la mañana— para poder comenzar los talleres a las ocho o nueve, dependiendo de la comunidad que visitaban. Muchas veces se quedaban ahí el fin de semana, y dormían en el piso de las casas de las participantes o, cuando estaban disponibles y vacías, en las camas de la posta de salud. Quienes participaban de los cursos provenían de comunidades vecinas. La geografía del área implicaba que muchas de ellas debían caminar de tres a cuatro horas por las alturas, llevando a sus hijos más pequeños a sus espaldas, para llegar al lugar donde se dictaban los cursos. Sin embargo, varias mujeres indicaron que conseguir el permiso de sus esposos para dejar a la familia por un día o dos era un obstáculo más grande que el trayecto en sí. Las participantes eran miembros de organizaciones de mujeres, como clubes de madres o comedores populares, que habían sido captadas por las promotoras de Manuela Ramos.

Los autodiagnósticos contenían una forma especial de hacer "historias de vida", mediante la cual las participantes narraban la vida "típica" de una mujer nacida en su pueblo. A través de la discusión, cada una contribuía con la historia colectiva. De este modo, se contaban diferentes posibilidades en el transcurso de una vida en una pequeña comunidad. Se hacían preguntas y se especulaba: "El marido estaba triste porque era una niña, o tal vez no estaba tan triste"; "Después de menstruar, ¿qué será de esta chica?"; "Este hombre podría golpearla". Así, juntas especulaban también sobre su propia vida y sus experiencias. Las mujeres hablaban de sus creencias y tradiciones culturales, y de cómo experimentaban las relaciones sociales. Debe mencionarse que como las historias de vida tenían el propósito de contribuir a una discusión sobre la salud reproductiva, tendían a ser más sobre la sexualidad que, por ejemplo, sobre el trabajo.

Después de redactar las historias de vida, las mujeres discutían las distintas perspectivas y problemas que habían surgido durante la sesión. Las promotoras trataban temas particulares planteando preguntas y apuntando las respuestas en papelógrafos fijados en la pared. Se hacían preguntas relacionadas directamente con las propias interpretaciones de la salud reproductiva de las mujeres, tales como: ¿por qué daña el parto?; ¿quién te ayuda a dar a luz?; ¿qué haces cuando sientes dolor?; ¿por qué una menstrúa?; ¿es un problema hacerse mayor?; ¿cómo se puede evitar tener muchos hijos? Pero también se discutían otras cuestiones, como el funcionamiento del centro de salud y el papel de la nutrición para un buen estado físico. Además, se planteaban temas relacionados con el lugar que las mujeres ocupaban en su comunidad, a través de preguntas engañosamente simples como: ¿qué es una mujer feliz?

Los autodiagnósticos que aquí se analizan fueron realizados por miembros de clubes de madres de cuatro comunidades de Huancavelica.[7] Estos pueblos están a horas de distancia entre sí, pero aunque

7. Los autodiagnósticos también han sido estudiados por Carmen Yon Leau (2000) como parte del intento del Movimiento Manuela Ramos por aprender de las preferencias reproductivas de las mujeres. Varias de mis observaciones

los lugares, las fechas y las circunstancias personales difieren, las experiencias relacionadas con la salud reproductiva de las mujeres en Huancavelica rural, tienen mucho en común. Por lo tanto, presento los cuatro autodiagnósticos en una sola narrativa para mostrar una imagen general de cómo las mujeres de la región interpretaban su realidad.[8] Aunque obviamente no tengo la intención de transmitir "la realidad" de las mujeres aquí, creo que es útil extrapolar ciertas creencias y prácticas que influyen en la vida reproductiva de las que viven en el campo. Dado que las peruanas en general muestran tener el deseo de controlar su fecundidad, pero no parecen capaces de hacerlo, es útil preguntarles cuáles consideran que son los obstáculos para lograrlo. Si bien los gobiernos han actuado como si las mujeres pobres no quisieran o no pudieran manejar y reducir el número de hijos que tienen, el análisis aquí sugiere que hay otros impedimentos para que las mujeres ejerzan el derecho a controlar su cuerpo.

---

basadas en los autodiagnósticos de Huancavelica también las hace, obviamente, Yon Leau. Los cuatro autodiagnósticos de Huancavelica que utilizo aquí son fotocopias de los originales elaborados por la oficina local de Manuela Ramos: Autodiagnóstico Club de Madres "María Parado de Bellido", Matipaccana, Yauli, Huancavelica, noviembre de 1996; Club de Madres "Virgen del Rosario", Pallallas, Acoria, Huancavelica, 1998; Club de Madres "Sor Ana de los Ángeles", Churcampa, Huancavelica, 27 de abril al 1 de mayo de 1999; Club de Madres "Virgen de Fátima", centro poblado menor de San Juan de Ccarhuacc, zona Chopcca, Yauli, Huancavelica, 6 al 10 de julio de 1999.

8. Esta operación de los autodiagnósticos genera una serie de problemas que se derivan de la transposición de las ideas de las mujeres sobre sí mismas y el mundo en que viven. En primer lugar, dichas ideas fueron originalmente transmitidas en quechua, un idioma que tiene sus propias características y ritmo lingüístico. En segundo lugar, al traducir los informes, las promotoras pueden haber impuesto su propia cosmovisión u opiniones sobre el texto a través de la selección de palabras en español. Debido a las múltiples transposiciones, el español en los textos no siempre es gramaticalmente "correcto". Algunas "equivocaciones" en el lenguaje también son interesantes, como cuando en una frase la perspectiva cambia de "ellos" a "nosotros" o de "ella" a "yo", lo que revela algo sobre la intimidad de las historias de vida "inventadas".

Autodiagnósticos: crecimiento, matrimonio y parto

En los autodiagnósticos, las mujeres comienzan a narrar su vida desde que llegan al mundo. Hablan de la distinta evaluación que hacen los padres sobre tener una niña o un niño, y cuentan cómo en general los hombres prefieren tener hijos, y las mujeres, hijas. Ayudando a sus madres desde una edad temprana, las niñas no tienen muchas oportunidades de acudir a la escuela. Según estas mujeres —un dato confirmado por las estadísticas—, las niñas reciben menos educación que los niños, porque la educación de las mujeres es percibida como menos importante que la de los hombres. Sin embargo, las madres de hoy quisieran que sus hijas estudien. Desafortunadamente, a menudo son las propias niñas las que no quieren hacerlo. Algunas de las (muy) jóvenes madres presentes en las reuniones contaron cómo eran maltratadas en el colegio y cómo creían que no tenía sentido ir: "Es que aquí no nos enseñan bien, nos castigan, los profesores nos tiran con palos en la cabeza y con ese miedo preferimos salirnos". Esto puede sonar extremo. Sin embargo, el trabajo de la antropóloga Patricia Oliart confirma la ambigüedad que existe entre el respeto que se le tiene a las escuelas y a los profesores, y la humillación que experimentan los estudiantes.

Oliart estudió los métodos de enseñanza y la reproducción de las desigualdades en las escuelas primarias rurales del Perú. Concluye que los maestros reproducen las desigualdades sociales en la escuela, proyectando el autoritarismo a través de la humillación y sometiendo a sus alumnos a las mismas desigualdades y sufrimientos que ellos soportaron cuando estudiaban. Y aunque para algunos estudiantes la experiencia de la educación crea "la ilusión de ser alguien", también desarrolla un "fuerte sentimiento de fracaso" (Oliart 1999: 218-219). De hecho, en las historias de vida de estas huancavelicanas, la idea de la educación como una forma de progreso para sus hijas estaba tan presente como la certeza de que la mayoría sufriría un trato humillante en la escuela.

Para muchas niñas que asisten a la escuela primaria, el inicio de su ciclo menstrual hace que abandonen los estudios. Ello obedece a la idea de que, una vez que han menstruado, las niñas ya son mujeres y no necesitan educación. Pero también se debe a que muchas de ellas quieren evitar la vergüenza e incomodidad de estar en un espacio público donde no hay instalaciones higiénicas cuando están menstruando (Red Nacional de la Promoción de la Mujer 2002). El inicio de la menstruación es un acontecimiento aterrador que cambia la vida de estas niñas. Todos los autodiagnósticos indicaban que antes de la pubertad apenas hay comunicación entre madre e hija sobre los cambios que sufre el cuerpo femenino. Así, cuando las niñas llegan a los 13 o 14 años, la mayoría experimenta su primer sangrado sin estar prevenida; algunas piensan que se "están muriendo", otras que es "malo", que han hecho algo incorrecto y que la sangre es su castigo. Solo después de hablar con sus amigas o hermanas mayores, se dan cuenta de que menstruar es algo natural. Algunas mujeres decían que no confiaban en sus madres lo suficiente como para haberles contado lo que les pasaba. Una de ellas narró lo siguiente: "Le conté a mi hermana, ella me dijo seguro vas a morir, ahora cómo le vamos a decir a nuestra mamá, no hay que avisarle, de repente te va a pegar, me decía, yo seguía callada". Sin embargo, otras madres sí habían tranquilizado a sus hijas: "Nunca nos avisó nuestra mamá, nos asustamos la primera vez, después mi mamá me vio con sangre y me dijo que así nos viene todos los meses y es normal".

Las migrantes urbanas también confirmaron la falta de comunicación y las historias confusas que existían sobre su cuerpo. En las conversaciones que sostuve con migrantes andinas de primera generación, que ahora tienen alrededor de 30 años y viven en Lima, ellas recordaban no haber sabido nada sobre su cuerpo y sexualidad hasta que tuvieron hijos. Más bien, según dijeron, crecieron con mitos negativos que hicieron que ser mujer les causara miedo y vergüenza, como el de María Marimacha, la niña que sería cortada en trozos si se comportaba "como un niño" (Rivera 1993). Varias señalaron que no querían que sus hijas crecieran así, o como las hijas de "otras" (nunca las suyas), que se habían quedado embarazadas demasiado jóvenes. Para evitarlo, estas mujeres habían buscado activamente información sobre educación sexual, con el propósito de compartirla con sus hijas.[9] El acceso a la información en Lima es significativamente mayor que en la zona rural de Huancavelica, donde las mujeres adultas no se ponían de acuerdo sobre la naturaleza de la menstruación. Según algunas, era sangre fea y sucia; otras creían que era bueno que la sangre saliera porque así se limpiaba el cuerpo de "enfermedades"; muchas argumentaban que la sangre servía para concebir a los niños, que eran producto de la unión de la sangre del hombre y de la mujer.

En los autodiagnósticos, un tema recurrente fue la escasa o nula comunicación entre madre e hija. Cuando las chicas comienzan a tener relaciones sexuales, a los 13, 14 o 15 años, se culpa en gran medida a la familia: "Sus mamás no les explican, no les conversan, por eso llegan a embarazarse, como locas andan las chicas". Otras mujeres daban explicaciones más sociales al porqué las chicas se volvían sexualmente activas a una edad tan temprana: según ellas, las adolescentes pensaban que podían vivir mejor con un joven que en sus propios hogares, donde enfrentaban muchos "problemas", es decir, violencia. En el capítulo siguiente, Nelly, una joven de 20 años, confirma esta idea cuando explica que prefería vivir con su novio abusivo y tener hijos con él a quedarse en casa de sus padres, en donde se sentía aún menos segura. Además de la violencia en el hogar, estos "problemas" también resaltan las pocas alternativas que tienen las mujeres rurales para manejar su vida.

La idea de que es malo que las chicas queden embarazadas a una edad temprana es interesante en sí misma.[10] En las ciudades, el rechazo al embarazo precoz está vinculado a la búsqueda de la educación y el profesionalismo (Olthoff 2006). En las zonas rurales, como acabamos de ver, la idea de la educación también existe, pero es menos una opción que en las ciudades. Ahí se espera que los hijos ayuden en el hogar, concebido como una unidad de producción económica.

---

9. Conversaciones con mujeres organizadas en San Juan de Luringancho y Pamplona Alta, Lima, 2001.

10. Ward (1995) ofrece un paralelo interesante en su análisis del matiz moral en la condena del "embarazo adolescente", como se le llama a la maternidad temprana en el mundo desarrollado.

Manuela Ramos enseñaba a las mujeres que dar a luz antes de los 18 años no era bueno para su cuerpo. Al mismo tiempo, los autodiagnósticos indicaban que las mujeres reconocen que posponer las relaciones sexuales es una forma de limitar el número de hijos que darán a luz en su ciclo de vida. Así, a pesar de que las oportunidades educativas y profesionales suelen ser escasas en las áreas rurales, igual se anima a las niñas a posponer las relaciones sexuales a través de un discurso que enfatiza la incorrección de quedar embarazada a una edad temprana. La frase "como locas andan las chicas" es una condena moral a las adolescentes que tienen relaciones sexuales. Sin embargo, las madres que ahora se quejaban del comportamiento de sus hijas, también habían tenido su primer bebé antes de los 18 años.

En las historias de vida construidas en las reuniones de autodiagnóstico, la mayoría de las mujeres señaló que los primeros años de convivencia con un hombre eran agradables, pero que cuando nacían los primeros hijos, las parejas comenzaban a pelear. Indicaban que los esposos empezaban a culpar a sus mujeres por el comportamiento de los niños: "[Peleamos] cuando los hijos lloran, se ensucian, o si los niños se comportan mal". Se percibía que los chismes y las suegras también hacen mucho daño: "Otras suegras le odian a las nueras, a sus hijos le meten cuentos en la cabeza para hacerle pelear con la esposa". Según la antropóloga Penelope Harvey (1994: 73-78), en muchas comunidades andinas es común que la mujer deje a su familia para irse a vivir con la de su esposo o, al menos, cerca de ella. Ello significa que la mujer necesita encontrar un nuevo sitio como esposa y también como nuera: una mujer recién casada no solo se libra de su familia y de sus estructuras autoritarias, sino que debe ganarse la amistad y el respeto de las mujeres mayores de su nueva familia. Según Harvey, esta tarea se complica por la ausencia de una jerarquía mutuamente aceptable y por los lazos generalmente fuertes entre madre e hijo. Así, después del periodo inicial del matrimonio, en el que la mujer se siente segura porque ahora es responsable de su propia familia, el matrimonio se vuelve más conflictivo y, en algunos casos, violento.

Como consecuencia del escaso grado de comunicación entre madre e hija sobre la sexualidad y el cuerpo, la mayoría de las mujeres sabe poco sobre la procreación y la maternidad. Para la mayor parte de ellas el primer bebé fue una sorpresa: "Mi mamá no sabía ni me dijo nada; por dónde nacerá, saldrá o no por la vagina, me preguntaba sola". Como resultado, las jóvenes tienen miedo durante su primer embarazo. En algunos casos, hay incluso poca solidaridad entre los miembros de la familia durante el embarazo y el parto, y algunas mujeres recuerdan que tuvieron que parir a sus bebés solas: "A mí no me atiende nadie, sola sufro esa hora del parto, me da ganas de orinar cada rato, viene mi suegra o vecinas, entran cuando ya he terminado de dar a luz, para que corte el cordón del bebé". Según el ya clásico trabajo de Susan Bourque y Kay Warren sobre la comunidad de Mayobamba, Ayacucho, las que dan a luz sin ayuda lo hacen por una decisión personal, y tanto los hombres como las mujeres las consideran particularmente valientes (Bourque y Warren 1981: 93). Sin embargo, en los autodiagnósticos la mayoría de las mujeres afirmaron haber sido ayudadas durante el parto por parientes (entre ellos, la suegra), o incluso por vecinas; raramente se mencionaron parteras. Aunque no siempre posible, según algunas mujeres, la presencia del marido en el momento del nacimiento es crucial. Esta observación también fue hecha por Bourque y Warren para el caso de la comunidad de Chiuchin, en el departamento de Lima. Pocas mujeres acuden al centro de salud para dar a luz, y solo lo consideran si se presenta una emergencia.

Entre tres y nueve días después del parto, las mujeres vuelven a trabajar, no porque se sientan bien, sino porque "el esposo se aburre con atendernos", o porque "me da vergüenza a mi suegra", lo que sugiere que las suegras esperan resistencia y valentía y, en especial, esposas para sus hijos. Trabajar durante y después del embarazo también puede ser visto como un ejercicio saludable para la madre (Bourque y Warren 1981: 90). Después del nacimiento del primer hijo, los niños empiezan a llegar uno tras otro. Debido a la rápida sucesión de embarazos, la salud de la madre se deteriora. Como lo mostraban los autodiagnósticos, el embarazo y el parto pueden ser difíciles para la madre y el bebé, ya que las madres generalmente continúan haciendo sus tareas diarias hasta justo antes del parto, y algunas dan a luz sin ayuda. Las mujeres usan hierbas y no medicamentos en caso de emergencia, por lo que son vulnerables a complicaciones durante los embarazos, que rara vez son atendidas.

Si nos fijamos en las estadísticas disponibles sobre el aborto y la mortalidad materna en el Perú, podríamos esperar lo peor para las mujeres de Huancavelica. Sin embargo, el aborto no se mencionó como un problema mayor en los autodiagnósticos. Por un lado, es posible que las mujeres no hayan hablado del tema; por otro, resulta muy probable que las promotoras no hayan estado autorizadas a informar sobre este asunto. Dado que el proyecto fue financiado por Usaid y el Estado peruano, Manuela Ramos tuvo que seguir ciertas pautas oficiales. El retroceso que sufrió la libertad reproductiva en Estados Unidos desde que George W. Bush asumió la presidencia en 2001, hizo que hablar del aborto fuera aún más difícil. No obstante, a pesar de la posible omisión de conversaciones sobre este tema, el único autodiagnóstico que sí lo mencionó sugiere que no es tan común como indican las estadísticas. Los autodiagnósticos en Huancavelica apuntaban a un alto porcentaje de embarazos no deseados, pero pocos abortos provocados.[11] Las historias sí muestran que existía un temor al aborto por causa natural, así como a las enfermedades y tratamientos relacionados con el embarazo y el parto. Algunas mujeres creían que podían contraer cáncer a causa de un aborto, que el niño muerto tenía que ser sacado del vientre en pequeños pedazos, o que

---

11. Bourque y Warren llegaron a conclusiones similares: en su estudio no hallaron evidencia del aborto como un modo de controlar el tamaño de la familia, aunque la mayoría de sus entrevistados/as conocía sus posibilidades y peligros (1981: 89). Sin embargo, hay rumores generalizados de que las mujeres andinas dejaban a los niños no deseados morir tan pronto como nacen. Tal caso es, por ejemplo, narrado en el testimonio de Irene Jara en Denegri (2000). La antropóloga Kimberly Theidon indica que la práctica de dejar morir a los bebés cuando nacen con problemas físicos, o como producto de una violación, está establecida desde hace mucho tiempo en varias comunidades andinas (2004: 126-127).

en esos casos la madre se enfermaría gravemente. En suma, es posible que estas mujeres no hayan practicado abortos inducidos, que no los hayan llamado así, o que Manuela Ramos se haya visto obligado a omitir cualquier referencia a ellos.

Género, sexualidad y violencia

El hecho de que las mujeres estén en desventaja con los hombres en lo que respecta a posición socioeconómica, la vulnerabilidad de su condición física y los significados culturales asociados a la decencia, el honor y la sexualidad, producen a menudo relaciones violentas que configuran su vida reproductiva y su sexualidad. Los autodiagnósticos en las comunidades de Huancavelica están salpicados de historias de maridos violentos y niños no deseados, concebidos contra la voluntad de las madres. La imagen que surge de estos documentos es la de una cierta resignación por parte de las mujeres: "Siendo casadas, siempre tenemos que pasar esa vida". Según una de ellas, su marido no era tan malo porque "solo tomando nos pega". La principal causa de ira y violencia masculinas, sin embargo, son los celos, aunque "ellos mismos se buscan otra mujer y comparan a su conciencia, el Diablo le hace ver cosas que no existen y pegan hijo y todo. Si los hijos tienen algún problema, la mamá es la culpable, se pagan con nosotras". Los hombres también humillan a las mujeres cuando están enfermas: las acusan de "hacer arte", de simular enfermedades para no tener que trabajar. Después de todo, una buena esposa nunca debe ser una "ociosa". En una discusión con las promotoras de Manuela Ramos sobre la violencia, una de las mujeres alegó: "Ustedes no se preocupan, a nosotras nos pegarán por haber hablado". De hecho, según las promotoras, uno de los grupos se negó a permitir el uso de una grabadora cuando hablaban de la violencia intrafamiliar. Es decir, el simple hecho de hablar podía provocar la ira de los hombres o, al menos, eso temían algunas mujeres.

Tener muchos hijos parece confirmar la virilidad del esposo y la lealtad de su mujer, pero ello no necesariamente es motivo de orgullo o de seguridad entre las mujeres. En una discusión sobre los esposos abusivos, Juana afirmó: "Los varones recibiendo consejos de los amigos, nos buscan líos, nos dicen cosas, y entre mujeres nos criticamos diciendo que tenemos hijos como cuyes. Por eso de vergüenza cuando estoy embarazada me fajo. Mi esposo al verme que estoy cubriéndome y me llama la atención me ha dicho: 'Por qué te tapas, acaso vas a tener hijo de otro hombre...'". Juana yuxtapone los puntos de vista de hombres y mujeres: por un lado, los hombres se alientan e incitan mutuamente a tener relaciones sexuales; por otro, las mujeres encuentran que sus embarazos consecutivos son vergonzosos. Si esta vergüenza es consecuencia o no de la humillación sexual resulta algo difícil de determinar, pero bien podría serlo, porque muchas mujeres reconocían la violencia con la que les eran impuestos los embarazos.

Por otro lado, las mujeres perciben la violencia sexual como un importante problema de salud, tanto para ellas como para sus hijos: "Contra su voluntad, señorita, cuando le obliga su esposo, por eso se embaraza... No embaraza bien, sino es aburrida con su barriga y su esposo ya también quiere que tenga su hijo. Ella ya también no quiere hijos". Los niños indeseados, concebidos por la fuerza, aparecieron como un problema recurrente en los autodiagnósticos y como algo que afecta seriamente la salud de la madre y el niño. Los autodiagnósticos también indican que las mujeres encuentran que tener muchos hijos seguidos hace que su cuerpo se deteriore, que cada parto sea más difícil y que se cargue más la economía doméstica. Teniendo en cuenta la violencia sexual de los esposos y la vergüenza y temor de las mujeres, los medios de los que disponen ellas para controlar su fertilidad son, en efecto, limitados. Juana se sintió avergonzada ante otras mujeres cuando volvió a quedar embarazada, por lo que intentó esconderlo. Sin embargo, su embarazo era prueba de la potencia sexual de su marido, a menos que alguien más la hubiera embarazado. Violencia, sexualidad y salud reproductiva chocan y se entrecruzan: el marido de Juana utilizaba su sexualidad para mostrar su poder (masculino) sobre las mujeres.[12]

---

12. La intersección de violencia, sexualidad, género y salud pública en las políticas de planificación familiar también ha sido estudiada por Heise (1997).

Mezclando mitos: creencias locales y biomédicas sobre la reproducción

En general, los autodiagnósticos que se realizaron en las comunidades de Huancavelica confirman las encuestas nacionales que indican que la mayoría de las mujeres no quiere tener muchos hijos.[13] La idea de que los campesinos desean descendencia para que los ayude a cuidar a los ancianos y a trabajar la tierra fue refutada por estas mujeres, quienes aseveraron que no podían criar a tantos niños y que su cuerpo sufría con cada nuevo parto (véase, por ejemplo, Guzmán et ál. 1996: 193). La pregunta es, entonces, doble. En primer lugar, ¿por qué las mujeres no encuentran maneras de reducir su fertilidad?; en segundo lugar, ¿por qué el personal estatal de atención de la salud no pudo entregar información y anticonceptivos, en lugar de comportarse de manera coercitiva? Los autodiagnósticos muestran que las diferencias —a veces incompatibles— entre las creencias biomédicas y las locales sobre el cuerpo, la reproducción y las relaciones de género, impidieron que la experiencia entre las mujeres y hombres y los proveedores de servicios de salud fuera fructífera y positiva.[14]

Para explorar los problemas que las mujeres tienen para controlar la natalidad, analizaré los temores que se desprendieron de los autodiagnósticos. En primer lugar, algunas mujeres temían la respuesta del marido a su deseo de planificar la familia. En segundo lugar, muchas se sentían inseguras sobre los métodos anticonceptivos mismos.

13. Según la Encuesta Demográfica y de Salud 1991-1992, la mayoría de las mujeres peruanas consideraba que dos hijos era el número ideal, mientras que la tasa de fecundidad rural era de 6,2 hijos por mujer (Flacso 1993: 84). En 1981, Bourque y Warren concluyeron que el número ideal de hijos —según hombres y mujeres en los Andes rurales— era de quizás dos o tres, pero no más (1981: 88). Hoy en día, las mujeres rurales siguen expresando el deseo de tener dos hijos, y la tasa oficial de fecundidad ha bajado a 3,6 hijos por mujer. Para estadísticas de fertilidad, véase: <http://www.inei.gob.pe>.

14. Un estudio realizado en Jamaica (Sobo 1993) llegó a conclusiones similares sobre la incompatibilidad entre las creencias biomédicas y las locales relacionadas con el cuerpo y la salud reproductiva.

Pero lo que es más importante —ya que refuerza los dos primeros sentimientos—, las mujeres desconfiaban de los trabajadores de salud, que no respetaban a la población rural, la supuesta beneficiaria del programa de planificación familiar.

El obstáculo "tradicional" para el uso de anticonceptivos es la resistencia de los maridos, apoyada en el estereotipo del hombre como un macho.[15] A veces las mujeres temían la respuesta de los esposos porque ellos podían asociar los anticonceptivos con una infidelidad. En los autodiagnósticos, una mujer contó lo siguiente: "Una vez hablé de esto con mi esposo y me dijo: '*Ccacha warmi* [mujer infiel], por qué no quieres tener mis hijos, ya te habrás perdido con algún hombre'". La conexión entre maternidad, decencia y reproducción es fuerte en las comunidades, donde las mujeres son vistas como las "guardianas" de los códigos morales. La interferencia de una "modernidad" desconocida —en este caso, los anticonceptivos— no es fácilmente aceptada por todos. Sin embargo, siempre según los autodiagnósticos, los hombres sí consienten el uso de hierbas tradicionales o de métodos naturales para prevenir o posponer el embarazo. La resistencia masculina a los anticonceptivos modernos puede en parte fundarse en el temor a la autonomía sexual femenina y la subversión de la virilidad masculina. Según este análisis, el embarazo sería tanto prueba de masculinidad como de lealtad femenina.[16]

Por otra parte, la oposición de los hombres a los anticonceptivos modernos también podría derivarse de un sentimiento de exclusión provocado por el énfasis puesto en las mujeres en los programas de salud reproductiva. En los autodiagnósticos de Huancavelica, una mujer indicó que su marido hubiera estado dispuesto a considerar

---

15. Fort (1989: 88-94) ya ha observado que el temor a la violencia, al abandono o a las acusaciones de infidelidad por parte de sus parejas si las mujeres planteaban la cuestión del control de la natalidad, fue un obstáculo importante para las mujeres que necesitaban legalmente el consentimiento de su pareja para usar anticonceptivos. Citado en Heise (1997: 420). Guzmán et ál. trazan conclusiones similares (1996: 430-431).

16. Véase también Maternowska sobre patrones similares en Haití (2006).

los anticonceptivos si se los hubieran explicado a ambos: "Mi esposo dice: 'Si me explicarían, sí nos podemos cuidarnos. No nos explican bien, solo explican a las mujeres'". Apuntar a las mujeres y el propio deseo de ellas de comprender y utilizar métodos anticonceptivos causó que los hombres sospecharan del comportamiento sexual de sus esposas, cuando ellos bien podrían haber querido ser involucrados en el proceso. Los proveedores de salud excluyeron a los hombres del proyecto de planificación familiar.

Desde 1996, las mujeres pueden solicitar métodos modernos anticonceptivos en los centros de salud sin necesitar el permiso del marido. Si bien este cambio aumentó su libertad y autonomía y fue muy bien recibido por fuerzas progresistas (como las feministas), también hizo que fuera más fácil para los proveedores de servicios de salud engañar a las mujeres rurales, dado que muchas son analfabetas. Al igual que en el caso de la distribución de alimentos, los agentes del Estado pudieron persuadirlas de firmar papeles que no podían leer, lo que tuvo consecuencias devastadoras.[17]

Hoy en día, la sugerencia de involucrar a los hombres en los asuntos reproductivos, que hicieron las mujeres en los autodiagnósticos, es puesta en práctica por los defensores internacionales de la salud reproductiva. Se piensa que al incentivar la participación de los hombres, "aumenta la probabilidad de que [...] se enteren, apoyen e involucren positivamente en las preocupaciones de salud reproductiva que tanto las mujeres como los hombres tienen" (Makhlouf Obermeyer 1999). Siguiendo este nuevo enfoque, los últimos programas aplicados por las ONG en los pueblos jóvenes de Lima confirman el efecto positivo de informar tanto a hombres como a mujeres. Los hombres se muestran más que dispuestos a asistir a los talleres sobre

17. A principios de 1996, luego de que el sistema de cuotas de esterilización de Fujimori fuera aplicado durante algunos meses, la ley fue modificada y se permitió a las mujeres pedir anticonceptivos o ser esterilizadas sin la firma de su pareja. La coincidencia temporal debe ser vista con sospecha: ¿el gobierno eliminó estratégicamente esta regla para poder llegar a las mujeres con más facilidad? También lo observa Zauzig (2000: 88).

planificación familiar cuando se los considera parte del proceso.[18] Sin embargo, durante el gobierno de Fujimori, los servicios de salud trataron la planificación familiar como una inquietud primordialmente femenina.

Los numerosos mitos y malentendidos sobre los anticonceptivos modernos que circulan en las comunidades andinas son el indicio de una falta de información. Esta desinformación creó miedo a los métodos mismos. En los autodiagnósticos de Huancavelica, la gente indicaba cuestiones como que la esterilización cambiaría el carácter de la mujer, que la haría pelear con su marido y que le "quemaría" el cuerpo: "se ponen flacas y nos secamos". Las píldoras e inyecciones tendrían el mismo efecto. Las mujeres creían firmemente que los métodos anticonceptivos modernos las enfermarían: cáncer, sangrados profusos, pérdida extrema de peso y mal carácter fueron los más mencionados. Pero no solo causarían sufrimiento a las mujeres. Circulaban asimismo historias sobre niños nacidos deformes debido al uso de métodos anticonceptivos. Las dudas también indican que las mujeres no creían que los anticonceptivos realmente funcionaban.

Estas historias fueron producto de un recelo general hacia lo desconocido, que surgió cuando la información incompleta que se brindaba a las mujeres (aunque no necesariamente errónea, porque muchos anticonceptivos tienen efectos secundarios y no son cien por ciento seguros) se mezcló con los miedos tradicionales que se proyectaban sobre lo nuevo. Por ejemplo, otras razones que se usaban para explicar el nacimiento de un niño deforme era que la mujer hubiera estado de pie bajo un arcoíris durante la menstruación, o mirando o llevando en brazos a un gato durante el embarazo. Los anticonceptivos modernos pasaron a formar parte de este conjunto de creencias y se les atribuyó también ser la causa de que nacieran niños deformes. Integrar la "modernidad" y la "tradición" al culpar a la mujer por dar

18. Según las promotoras de Manuela Ramos en Pamplona Alta, Lima, conversación personal, 2001. Un proyecto similar en Nicaragua también muestra resultados positivos y fue en gran parte una respuesta a las demandas de las mujeres en las comunidades pobres (Sternberg 2000: 89-99).

a luz a un bebé deforme podía convertirla en "traidora" de su comunidad. Esta culpa impuesta a las madres enfatiza la responsabilidad que se les adjudica tanto en la reproducción biológica como en el mantenimiento de la identidad cultural del colectivo.[19]

Por otro lado, algunas mujeres comentaron que habían escuchado hablar del ciclo menstrual y que trataban de emplearlo para controlar la natalidad. Dicho método necesita la participación de la pareja y, por tanto, puede reducir el sentimiento de exclusión entre los hombres. Sin embargo, varias dijeron que los hombres "abusaban" de este control y exigían relaciones sexuales. Se mencionaron otros problemas con el uso del ciclo menstrual como un método anticonceptivo. Por ejemplo, las mujeres decían que "no podemos controlarnos, porque no nos viene nuestra sangre", lo que sugiere que quedan de nuevo embarazadas antes de tener la oportunidad de empezar a cuidarse. Otro problema que impide confiar en el ciclo menstrual es la creencia de que la concepción ocurre cuando la sangre del padre se une a la de la madre. Según las promotoras de salud en Lima y Huancavelica, las mujeres pueden haber recordado al revés las explicaciones sobre el ritmo, y tenido relaciones sexuales en el medio del ciclo y no durante la menstruación, que sería el momento en el que, según tal creencia, "la barriga está abierta" a la fertilización. Siguiendo esta idea, la apertura del cuerpo femenino causaría el embarazo y el niño vivirá de la sangre materna los primeros meses, razón por la cual la menstruación se detiene.

Las promotoras de Manuela Ramos en Huancavelica me dijeron que el personal de salud explica este método a las mujeres sin tener en cuenta que puede causar confusión, y que además las instrucciones se imparten solo una vez y no se anotan ni discuten con el marido. Por lo tanto, las mujeres pueden confundirse o simplemente olvidarse de lo que han aprendido, considerando que el conocimiento biomédico refuta lo que han escuchado sobre su cuerpo desde la infancia. Así,

19. Sobre las mujeres como representantes de indigeneidad, véase, por ejemplo, De la Cadena (1991).

no solo las diferentes ideas sobre el cuerpo y la concepción dificultan el control de la natalidad, sino también la comunicación entre el proveedor de salud y la pareja.

De la mala comunicación a la esterilización

La falta de información y las consiguientes dudas sobre los anticonceptivos tuvieron que ver con la inadecuada comunicación entre el proveedor de atención médica y el usuario. Si vemos las historias, los testimonios y las investigaciones, descubriremos que el personal de salud a menudo maltrataba a las mujeres, suponiendo que las que eran pobres e indígenas eran demasiado ignorantes para preocuparse, demasiado estúpidas para entender y demasiado impotentes para protestar. En el afán de cumplir con las cuotas fijadas por el gobierno, el personal de salud local no informó por igual a las parejas sobre la planificación familiar y, más bien, impuso sin mucha explicación ciertos métodos a las mujeres. Por ejemplo, en los autodiagnósticos, las mujeres señalaron que se les daba píldoras anticonceptivas para el dolor de cabeza. Una mujer contó que en el centro de salud le habían colocado un dispositivo intrauterino mientras le hacían un chequeo, y que solo se enteró cuando fue a un hospital porque sentía dolor. La ausencia de comunicación constructiva sobre ciertas creencias, tanto de parte de las mujeres como del personal sanitario, generó sospechas y faltas de respeto entre mujeres y hombres, y una discriminación por parte de los trabajadores de salud. Esta situación contribuyó a lo que se convertiría en el escándalo de las esterilizaciones forzadas, basadas en el sistema de cuotas impuesto por el gobierno.

Un estudio realizado por el Comité de América Latina y el Caribe para la Defensa de los Derechos de la Mujer (Cladem) da cuenta de los resultados del sistema de cuotas. Según este informe, el personal de salud se valió de numerosos trucos a fin de cumplir con las cuotas fijadas. Las campañas de control de la natalidad ("ferias de salud", ver Vásquez del Águila 2006) prometieron consultas médicas con "especialistas de Lima" y tratamientos gratuitos de salud para toda la población; también comida y ropa gratuitas. Otra táctica, más que para convencer a las mujeres, para reunirlas, consistía en organizar distribuciones de alimentos a las organizaciones de mujeres y luego llevar a las mujeres al centro de salud o a las instalaciones itinerantes. Cuando protestaron, se las amenazó con encarcelarlas, multarlas o privar de servicios médicos a su familia. La fuerza física y el confinamiento fueron el último recurso utilizado. El gobierno incluso ordenó a los centros de salud de las zonas marginadas (rurales o urbanas) "[...] lograr que el 100% de las pacientes con atención institucional del parto o aborto, egresen iniciando algún método anticonceptivo seguro luego de haber tenido consejería individual" (Cladem 1999: 66), lo que en la práctica llevó a que algunas mujeres salieran esterilizadas sin saberlo.

Las consecuencias fueron graves. Aunque el impacto total del daño es difícil de evaluar, al menos 17 mujeres murieron y muchas quedaron lesionadas de por vida como resultado de esterilizaciones mal hechas (Defensoría del Pueblo s/f). Aparte de los métodos coercitivos, la calidad de la atención sanitaria fue deficiente. Las postas de salud en las zonas rurales a menudo carecían de equipos, y su personal tampoco contaba con los conocimientos necesarios para llevar a cabo las operaciones. Además, las postas no se limpiaban adecuadamente y las mujeres no recibían atención antes o después de la operación, lo que conducía a graves complicaciones médicas y daños físicos.

En consecuencia, la pregunta es qué llevó al personal de salud local a satisfacer las demandas del gobierno. En primer lugar, al igual que a las mujeres a las que se dirigió dicha política, el personal de salud fue tentado mediante un sistema de recompensa o castigo. La posta de salud u hospital que cumplía con las cuotas establecidas recibía como premio computadoras y otros equipos útiles. Los profesionales, por su cuenta, recibían bonificaciones cuando cumplían con las cuotas personales de cuatro a seis esterilizaciones al mes. No participar podría haber significado perder el trabajo o recibir un salario más bajo (Cladem 1999: 56-57). Como explicó un médico de San Miguel, "era una situación autoritaria, no pudimos oponer".[20]

---

20. Entrevista, identidad oculta, La Mar, enero de 2003.

Sin embargo, aunque el personal de salud actuó bajo presión, muy pocos intentaron mejorar la situación. Las mujeres de Huancavelica y Lima indicaron que los médicos y las enfermeras las humillaban constantemente, les ordenaban usar anticonceptivos, subrayando esta "necesidad" con acusaciones de que ellas, como indígenas, "producían" niños como cuyes. En 2001, las mujeres del distrito de Pamplona Alta, en Lima, elaboraron una extensa lista de los tratos humillantes que recibían del personal sanitario. Según ellas, cada vez que acudían a hospitales estatales, eran tratadas como irresponsables y estúpidas. Apoyadas por las promotoras de Manuela Ramos, exigieron que los médicos no las criticaran por el número de hijos que tenían y que se les permitiera dar a luz en su posición preferida y en circunstancias higiénicas. También insistieron en que médicos y enfermeras se abstuvieran de gritarles o "empujarlas y jalarlas" durante el tratamiento. Pidieron que se les explicara cómo funcionan los métodos anticonceptivos antes de que estos les fueran prescritos o aplicados.[21]

Y así como Manuela Ramos apoyó a las mujeres en Lima en sus demandas a los proveedores de atención médica, también les preguntó a las mujeres en Huancavelica por sus preocupaciones. Por consiguiente, en un taller en Pallallas, una comunidad rural huancavelicana, las mujeres hicieron una lista similar a la de Pamplona Alta, en la que mencionaron, por ejemplo, que querían que los médicos creyeran en ellas y no ser amenazadas.[22] El informe del Cladem citado arriba también incluye denuncias a comentarios denigrantes sobre el comportamiento sexual de las mujeres, su estupidez, su posición marginal y su débil estado legal (esto último como una amenaza que evitaría que se quejasen abiertamente). Las mujeres pobres, tanto urbanas como rurales, afirmaron sentirse discriminadas o, mejor dicho, maltratadas por el personal de salud.

---

21. Reuniones en la Casa de Bienestar, Pamplona Alta, Lima, bajo la supervisión de las representantes locales de Manuela Ramos, febrero de 2001.

22. Taller Manuela Ramos, Pallallas, Huancavelica, junio de 2001.

Así, la desigualdad opera en varios niveles que a menudo se entrecruzan, sirviendo a propósitos distintos. Por ejemplo, el médico de San Miguel citado al inicio de este capítulo se distinguía de sus pacientes por su educación. Él mismo era de Puno y se presentó orgullosamente como de ascendencia indígena y de habla aymara. También afirmó estar feliz de servir en una región quechuahablante, y dijo que le encantaba la cultura de la zona. Sin embargo, después de cuatro años en la provincia de La Mar, aún no hablaba quechua. Y aunque lamentaba su incapacidad para poder comunicarse con la gente, no parecía encontrarla esencial. Este hombre se presentó como alguien dedicado a la población indígena, pero se veía a sí mismo como un médico educado, nombrado por el Estado y viviendo entre una población pobre e "ignorante". Al final, como un médico instruido que poseía la "verdad" de la ciencia biomédica, no creía en la racionalidad de sus pacientes y opinaba que los indígenas no eran capaces de comprender los métodos de control de natalidad y la planificación familiar. Poderoso frente a la población, pero impotente frente a las autoridades superiores, este médico y su personal cumplieron con las demandas que el gobierno central les hizo.[23] Su testimonio muestra la aplicación paternalista y jerárquica de las prácticas médicas en una cultura en la que el conocimiento biomédico a menudo contradice al conocimiento local sobre el cuerpo y la salud reproductiva.

La etnicidad y el género son pilares palpables de la desigualdad que influyeron en el prejuicio y la falta de comunicación entre los proveedores de atención de salud y los usuarios. Para justificar el énfasis que ponían en la necesidad de métodos anticonceptivos, los trabajadores de salud tendían a ver a las mujeres indígenas como ignorantes y promiscuas. Sorprendentemente, entre muchas parejas de las comunidades andinas, las ideas sobre la promiscuidad eran pre-

---

23. Se debe hacer un paralelo con los profesores del estudio de Oliart (1999): tanto los profesores analizados por Oliart como estos doctores son autoritarios e incluso dominantes con los menos educados, y reproducen las circunstancias humillantes y el trato que recibieron cuando ellos (o sus padres) estaban en la posición de sus ahora estudiantes/pacientes.

cisamente las contrarias: la mujer era vista como promiscua cuando mostraba interés por el uso de anticonceptivos modernos. Estas actitudes contradictorias enfatizan la necesidad de una comprensión mutua y un constante cuestionamiento de los supuestos acerca de la salud reproductiva entre los usuarios y los trabajadores de la salud.[24] Como concluyó Bonnie Shepard, oficial del programa de la Fundación Ford y responsable del programa de salud sexual y reproductiva de la organización en la zona entre 1995 y 1999: "En el contexto tradicionalmente vertical del entorno biomédico, tanto los proveedores como los usuarios son prisioneros de suposiciones tácitas y funciones correspondientes en un sistema paternalista" (Shepard 2002).

La ambigüedad de la colaboración: el papel de la ONG Manuela Ramos

Gran parte de la información anterior fue recuperada del trabajo que hizo la ONG feminista Manuela Ramos, lo que sugiere que esta organización fue muy consciente de las prácticas coercitivas que se ejercían en la prestación de atención de salud a las mujeres pobres y rurales. El proyecto ReproSalud fue diseñado y encargado por Usaid a Manuela Ramos, y fue formalmente parte integrante del programa de población desarrollado por el gobierno fujimorista en 1995. La información recogida en los autodiagnósticos pretendía contribuir a mejorar los servicios nacionales de salud y la comunicación entre proveedor y cliente, lo que a largo plazo conduciría a una reducción "natural" de la tasa de fecundidad de acuerdo con el deseo de las mujeres (Movimiento Manuela Ramos 2001, Usaid s/f).

Desafortunadamente, el gobierno peruano encontró caminos más rápidos para disminuir la tasa de fertilidad y no tuvo la paciencia o el interés de tomar tal información en cuenta (Guzmán Chaganaquí

24. Catherine Maternowska saca conclusiones similares con respecto a un proyecto comunitario de salud reproductiva financiado por Usaid en Cité Soleil, Haití (2006).

2002: 197). Unicef pasó por una experiencia similar: tenía un proyecto en Cusco y Cajamarca sobre salud reproductiva con el que buscó fortalecer la capacidad del personal de salud y lograr la participación de la comunidad y un ajuste cultural de los servicios. Según Alfredo Guzmán Chaganaquí (2002), el Estado no aprovechó la importante experiencia que tal proyecto representaba y tampoco supo explotar el de Manuela Ramos aquí discutido, debido a la "[...] fragmentación existente de proyectos y programas que fue la constante durante la década de los noventa" (2002: 198). Y aunque este problema fue y sigue siendo un obstáculo en la adaptación de políticas a escala nacional, las prácticas del Estado examinadas aquí no indican que existiera una voluntad política para remediarlo. Por otra parte, por razones que explicaré a continuación, Manuela Ramos contribuyó poco a denunciar las prácticas coercitivas en el sistema de salud y no proporcionó apoyo legal a las mujeres afectadas. Su papel en el programa nacional de población puede conducir fácilmente a acusarlo de complicidad. Por lo tanto, justifica un examen más detallado.

En primer lugar, todas las organizaciones feministas del Perú, y de hecho la comunidad internacional, apoyaron los planes iniciales de Fujimori de mejorar el acceso a la atención de la salud reproductiva y los métodos anticonceptivos. La idea de legalizar la esterilización voluntaria fue bien recibida y abrió la posibilidad de un debate sobre la descriminalización o, incluso, la legalización del aborto. Por lo tanto, no estaba entre los intereses feministas protestar contra los objetivos quizás demasiado ambiciosos del programa. Esta ambigüedad —mejorar la legislación y abrir el debate sobre los derechos reproductivos, acompañados de una orientación muy ambiciosa y eventualmente agresiva hacia determinadas poblaciones— fue el motivo de la lenta y fragmentada respuesta del movimiento feminista a las revelaciones de esterilizaciones forzadas en 1996 (Barrig 2002). Por supuesto, como hemos visto, Fujimori también utilizó esta ambigüedad deliberadamente con miras a generar apoyo a su programa de población.

En el movimiento feminista, la posición de Manuela Ramos fue, por supuesto, aún más limitada. Al implementar ReproSalud, la organización formó parte del programa poblacional y recibió millones de Usaid. Y aunque las entrevistas e informes anuales demuestran que Manuela Ramos se opuso enérgicamente a cualquier proyecto de esterilización coercitiva, tampoco denunció públicamente el programa.[25] Los autodiagnósticos implicaron que la organización podía haber sido consciente de lo que estaba sucediendo, ya que las mujeres mencionaban la coerción y el engaño utilizados por el personal de salud. Sin embargo, como he indicado antes, el abuso que las mujeres sufrieron por parte del personal de salud no fue exclusivo de los años de la agresiva política poblacional de Fujimori, sino que estaba ya institucionalizado. En ese contexto, Manuela Ramos optó por apuntar a un "cambio desde adentro" y a largo plazo, una posición que tal vez comprometió el papel crítico que debería haber tenido una ONG feminista; sin embargo, tampoco se quiso poner en riesgo el programa. Como reconoció esta organización, su "doble papel de colaboradoras y críticas" la puso en una posición muy difícil (Galdós y Feringa 1998, citado en Petchesky 2000: 38).

Como observa Petchesky (2000: 38), la tensión entre colaboración y crítica que la ONG asumió con respecto al tema de las esterilizaciones forzadas también destaca el hecho de que, aunque Manuela Ramos proveía de importantes servicios de salud pública, "no tenía ni la *autoridad* ni la *responsabilidad* de una agencia gubernamental" (énfasis en el original). A pesar de los millones de Usaid, ReproSalud era uno de los varios proyectos comunitarios que no podían superar la fragmentación que existía entre los programas. Esta falta de autoridad y responsabilidad, sumada a la pérdida de su papel activista a través de su colaboración con un gobierno autoritario, hizo que ReproSalud fuera débil institucionalmente.

En la práctica, tal debilidad es particularmente evidente en la brecha que existe entre lo que un proyecto enseña y lo que puede ofrecer

25. Las fuertes críticas al gobierno de Fujimori se encuentran en un documento interno (Movimiento Manuela Ramos 1997). En una entrevista realizada en abril de 2000, la entonces directora de ReproSalud Manuela Ramos, Ella Carrasco, destacó la importancia de trabajar con el gobierno si se quería influir en las políticas.

materialmente. Mientras las ONG proporcionen solo información y no los recursos que puedan resolver los problemas cotidianos discutidos en los talleres y cursos, muchos participantes rechazarán la utilidad de tales esfuerzos. Como dijo una mujer en un taller sobre los derechos reproductivos en la comunidad de Pallallas, en Huancavelica: "Los trabajadores de los centros de salud tienen todos estos derechos [para darnos], pero aquí, el personal nunca se queda".[26] En efecto, los trabajadores de la posta de salud deben confirmar y respetar los derechos que las mujeres saben que tienen, pero también deben tener los medios —medicinas, tratamientos y habilidades de diagnóstico— para hacer efectivos estos derechos. Sin embargo, la posta de salud de Pallallas, que se supone debe tener por lo menos una enfermera, a menudo no cuenta con personal. Según las promotoras de Manuela Ramos, las enfermeras tienden a huir de estas zonas remotas. Ernestina, la enfermera que trabajaba allí cuando visité la comunidad en 2001, no tenía nada que hacer porque no tenía equipo ni medicinas, y aunque la posta era el único lugar de la comunidad que contaba con electricidad, ella solo la utilizaba para escuchar la radio. Tampoco había agua corriente. Muy pocas personas en la comunidad dijeron confiar en sus consejos, ya que pensaban que, de todos modos, se iría pronto. Ernestina había llegado allí hacía solo un par de semanas y no había hecho ningún intento de entablar una relación de confianza con los miembros de la comunidad. Y en este contexto, llegaban a las comunidades las promotoras de Manuela Ramos y les decían a las mujeres que utilizaran las postas de salud de manera más eficiente. ReproSalud, entonces, quedó constreñido por la falta de comunicación entre las promotoras y el personal de salud. Pero además, el programa se vio limitado porque el personal estatal de atención de salud, representado por Ernestina, falló en establecer una relación con la gente. La situación en Pallallas también confirma la falta de apoyo del Estado a la reforma del sector salud, al darle a Ernestina escasos medios para llevar a cabo su trabajo. De este modo,

---

26. Taller ReproSalud, Pallallas, Huancavelica, junio de 2001.

ReproSalud, un programa financiado por Usaid, llevado a cabo por una ONG nacional, y destinado a brindar apoyo en la reforma del sector salud, estuvo severamente restringido por estructuras inmutables y, por lo tanto, no pudo proporcionar los servicios que promovía.

Pero la observación de que las ONG no hayan podido suplir el vacío dejado por el Estado, no conduce necesariamente a inferir que ReproSalud fracasó en sus objetivos. Una cuestión crucial es si el programa ayudó a las mujeres rurales a manejar mejor su salud reproductiva. Sobre la base de los autodiagnósticos y el número de mujeres alcanzadas (2528 organizaciones de base de mujeres en el ámbito nacional), Manuela Ramos ha concluido que los primeros cinco años de ReproSalud fueron un éxito. La organización afirma que el proyecto dio lugar a un mayor uso de anticonceptivos, a un mejor conocimiento de la salud reproductiva, al cambio de ideas sobre la planificación familiar, a una mejor comunicación entre parejas sexuales y a un mejor conocimiento de los servicios de salud.[27]

En Pallallas pude observar alguna evidencia de este éxito. Conocí a las mujeres que participaban en los talleres que organizaba Manuela Ramos. Juntas, las diez participantes (líderes de clubes de madres y comedores populares) habían hecho una encuesta en sus comunidades que entregaron a las promotoras de Manuela Ramos, a quien yo acompañaba. Habían entrevistado a 493 mujeres y 161 hombres sobre salud reproductiva. De esta manera, habían reunido información sobre los métodos anticonceptivos que se utilizaban, la prevalencia de enfermedades relacionadas con la sexualidad, la violencia en la familia, y sobre cómo y dónde las mujeres daban a luz. Según una de ellas, Agustina, al principio le había sido difícil acopiar dicha información, porque se sentía avergonzada de hablar de esos temas. Sin embargo, afirmó que ya se había acostumbrado a hacerlo y que ahora que estaba capacitada —gracias a los talleres—, sus vecinos, tanto mujeres como hombres, la visitaban para hacerle preguntas sobre salud reproductiva. Y a pesar de que las postas de salud no

27. Véase: < http://www.manuela.org.pe/Repro_ext.pdf>.

funcionaban mejor, según muchas mujeres de Pallallas, el trabajo de Manuela Ramos generaba un conocimiento que había empoderado tanto a las mujeres como a los hombres para gestionar mejor su salud reproductiva y fecundidad.

Así, podría decirse que Manuela Ramos logró aún más de lo que ReproSalud aspiraba. En contraste con los objetivos más limitados de ReproSalud, Manuela Ramos quería mejorar las condiciones en las que vivían las mujeres rurales, capacitándolas en todos los aspectos de su vida. Ello implicó que la organización y sus miembros se enfrentaran activamente a autoridades locales, miembros de familias (incluidos los esposos) e instituciones reacios. Por ejemplo, cuando llegué a Pallallas con las promotoras, el alcalde de la comunidad quiso saber para qué habíamos venido. Las promotoras le explicaron que su trabajo consistía en mejorar el conocimiento de las mujeres sobre la salud (no dijeron salud *reproductiva*), y que esto contribuiría al bienestar de toda la comunidad, a lo cual él respondió que la comunidad preferiría los proyectos de infraestructura. Sin embargo, considerando cómo participaban las mujeres de diferentes localidades en los talleres, era evidente que ellas pensaban distinto. Era claro que las mujeres valoraban tales cursos, incluso si a veces asistían a ellos con intereses más instrumentales, como recibir comida o tener la oportunidad de hablar con sus vecinas. Así, Manuela Ramos tenía como objetivo contribuir a cambiar las relaciones de poder y mejorar la posición de las mujeres en la comunidad como una estrategia de desarrollo, a veces yendo en contra de las autoridades comunales masculinas. Al desafiar las nociones materiales y lineales de desarrollo a escala local y proporcionar un espacio para que las mujeres desarrollasen sus propias ideas, Manuela Ramos contribuyó, ciertamente, al empoderamiento de las mujeres en el área.

Conclusión

Podemos sacar varias conclusiones de este análisis sobre la aplicación de la agresiva política poblacional dirigida a las mujeres pobres, y en su mayoría indígenas, durante el gobierno de Fujimori: (i) el cuerpo de las mujeres fue utilizado como una herramienta para propósitos demográficos en un mundo posterior a la conferencia de El Cairo; (ii) el régimen de Fujimori empleó hábilmente un discurso progresista para manipular la opinión pública; (iii) la reforma neoliberal del sector salud, alentada internacionalmente, obstaculizó las mejoras necesarias para implementar un cuidado de salud integral en áreas desatendidas; y (iv) las desigualdades existentes basadas en el género, la raza y la clase facilitaron la complicidad del personal local de salud en el cumplimiento de esa política.

Debido a que las mujeres son las que dan a luz, son percibidas como las responsables del número y la "calidad" de hijos que tienen. A menudo, los hombres son pasados por alto en cuestiones de salud reproductiva y no siempre se los responsabiliza por tener muchos hijos.[28] Como vimos en este capítulo, los gobiernos y algunas organizaciones internacionales crearon políticas con miras a controlar la tasa de natalidad. A pesar de ser consideradas las responsables de la reproducción, las mujeres, paradójicamente, no siempre fueron percibidas como capaces de manejar su propia sexualidad y, por lo tanto, con frecuencia terminaron excluidas del control de su fertilidad. Como lo confirma el análisis de este capítulo, la relación entre los proveedores de atención médica y las mujeres indígenas de bajos ingresos es por definición desigual, y está marcada por el abuso de poder. Por otra parte, los hombres intentan a veces controlar el comportamiento sexual de las mujeres para mantener cierto poder dentro del matrimonio y de la familia. Sus preocupaciones acerca de que las mujeres utilicen anticonceptivos modernos se ven reforzadas por su exclusión del proceso de planificación familiar. Al final, tanto los hombres como los proveedores de salud perciben a las mujeres

28. Debe agregarse un hecho siniestro: según el informe del Cladem (1999), aparte de las mujeres del grupo en edad fértil, varios homosexuales hombres fueron objeto de esterilización. Si bien esta es una acusación fuerte que necesitaría un mayor análisis, hacerlo no está en el alcance de este capítulo. Como excepción a la regla, en las políticas poblacionales agresivas en la India, los hombres fueron el objetivo.

como las únicas responsables de la reproducción, mientras que al mismo tiempo frustran la posibilidad de que ellas manejen su propia fertilidad.

Para el momento en que el gobierno peruano desafió la oposición a las políticas poblacionales en los años noventa, el discurso internacional sobre la población se había desplazado de un enfoque demográfico a uno de los derechos de la mujer. Sin embargo, este cambio dejó espacio suficiente para la reestructuración neoliberal y los objetivos demográficos agresivos. Así, si bien el presidente Fujimori invocó un discurso feminista de los derechos de la mujer, la prioridad de su gobierno fue reducir el crecimiento de la población pobre. Hubo un claro énfasis en disminuir la tasa de fecundidad entre las mujeres rurales, pobres, indígenas, y las mujeres urbanas. La debilidad de la posición de este grupo frente a los agentes del Estado también facilitó las prácticas coercitivas. Las mujeres, percibidas como las reproductoras de la pobreza, sufrieron grandes humillaciones, daños físicos, e incluso la muerte, porque el gobierno pensaba que "no se puede reducir la pobreza de manera eficiente si las familias pobres continúan teniendo en promedio siete hijos" (Aramburú 2002b: 9). Y aunque nunca se expresó una posición abiertamente racista respecto de la designada población "problema", las áreas, los métodos y las metas del programa de población dejan poca duda sobre los prejuicios que ocultamente lo sustentaron. Por otro lado, el racismo arraigado en la sociedad peruana y sus instituciones aseguró en gran medida la colaboración efectiva del personal de salud, sin la necesidad de explicar o justificar demasiado la política. En consecuencia, se podría establecer un paralelismo entre las políticas demográficas de finales del siglo XX y las preocupaciones de principios del siglo XIX acerca de la evolución de la población peruana como principalmente indígena, "atrasada" y pobre (Boesten y Drinot 2004).

Paradójicamente, también queda claro que la mayoría de las mujeres seleccionadas estaban muy interesadas en reducir su número de embarazos. Ciertos obstáculos en su vida, sin embargo, les impedían utilizar con éxito métodos anticonceptivos. Las ideas biomédicas sobre el cuerpo a menudo chocaban con las ideas y prácticas locales de reproducción. El rol y la función de la sexualidad de las mujeres y del cuerpo reproductivo femenino en la cultura local, así como los prejuicios culturales de los proveedores de atención de salud, impidieron un ejercicio adecuado de los derechos reproductivos. La ausencia de una sólida noción de los derechos reproductivos, tanto entre los proveedores de salud como entre los usuarios, alentaba las relaciones verticales y paternalistas. Asimismo, la baja estima que se les tenía a las mujeres en sus propias localidades, y el desequilibrio de poder entre hombres y mujeres, impidieron el éxito del control de la natalidad. ReproSalud, el programa financiado por Usaid y llevado a cabo por Manuela Ramos para capacitar a las mujeres y proporcionarles información sobre su salud y derechos reproductivos, se vio severamente obstaculizado por la falta de una verdadera reforma del sector salud. Su intento de cambiar la situación de las mujeres pobres de zonas urbanas y rurales en materia de salud reproductiva y control de la fecundidad, fue insuficientemente respaldado. Sin embargo, el trabajo de Manuela Ramos con las organizaciones populares de mujeres contribuyó a crear y divulgar conocimiento, y parece haber ayudado también a mejorar la posición de las mujeres.

Por último, para evitar malas interpretaciones, quisiera cerrar este capítulo destacando la atención política que mereció el episodio de las esterilizaciones forzadas tras la caída del régimen de Fujimori. La campaña contra el programa fujimorista de población fue encabezada por una alianza peculiar: por una vez, la Iglesia y las feministas formaron parte del mismo (e incómodo) frente. Desafortunadamente, los abusos cometidos abrieron "la puerta a una fuerte reacción política contra la planificación familiar" (Rousseau 2007), respaldada por Usaid, pues los Estados Unidos volvieron a asumir una posición conservadora en asuntos demográficos. Dada la posibilidad de que tales abusos fueran utilizados como un argumento para oponerse a liberalizar la atención de salud reproductiva, las feministas se mostraron reacias a enfatizarlos. Quienes defienden el control de la natalidad prefieren destacar los aspectos positivos del programa de Fujimori —permitir la esterilización voluntaria y ampliar el acceso a los métodos anticonceptivos—, en lugar de resaltar los negativos. En este capítulo he enfatizado las consecuencias negativas con el fin de mostrar cómo las mejoras en la legislación pueden usarse contra las mujeres para las cuales se piensan, y cómo tales abusos se sustentan en una desigualdad institucionalizada. Políticamente, ello no significa que modificar las leyes o liberalizar el control de la natalidad no sean asuntos cruciales, sino que deben ser acompañados de una mejora sustancial en los servicios de salud y de un respeto a los derechos humanos.

5

Violencia, democracia y resistencia

Comencé este libro narrando las desgracias de Dori, una joven quechuahablante a la que conocí en la comisaría especial para mujeres en Ayacucho.[1] Dori había sido duramente golpeada por su pareja quien, según el oficial de policía, también abusaba sexualmente de ella y no contribuía a mantener a sus hijos. Aunque Dori probablemente entendía muy bien lo que estaba pasando, su español no era lo suficientemente bueno como para replicar, y el oficial se aprovechó de ello para dar su propia versión. Sin habérselo pedido, nos contó la historia de aquella mujer en español, a pesar de que yo había ido a la comisaría con una estudiante quechuahablante que podría haberme ayudado a traducir el quechua. Su oficina estaba llena de mujeres y de otros policías y, además, tenía las puertas abiertas, por lo que incluso quienes esperaban fuera —en donde estaba el abusivo novio de Dori—, podían escuchar todo lo que decía. Claramente, la posición frágil y humillante de Dori no tenía ninguna importancia para él. Como extranjera, seguramente yo le causaba mayor curiosidad.

1. En la comisaría de mujeres de Ayacucho, tuve varias entrevistas, algunas con la ayuda de una estudiante de antropología que hablaba quechua y español, Kelly Alanya. Todos los nombres de las mujeres cuyas historias personales se cuentan en este capítulo, han sido cambiados. Las entrevistas se llevaron a cabo entre los años 2001 y 2003.

Además del idioma como medio de discriminación, está también el estado de Dori como mujer indígena y analfabeta en un entorno urbano. Como vimos en los capítulos anteriores, ser una indígena inspira poco respeto en las personas más urbanas y alfabetizadas. Su estatus explica no solo el poder que el oficial tenía sobre ella, sino también por qué no podía simplemente largarse de la comisaría. No solo el policía creía que Dori era menos importante que otros, sino que probablemente ella misma lo pensaba. Había sido duramente golpeada, no tenía nada para alimentarse a sí misma ni a sus hijos, no tenía dónde ir, y su peligroso amante —Dori no podía reclamar un estatus matrimonial— estaba esperando afuera. El abuso que sufría en su casa continuaba en la comisaría. Ello nos lleva a considerar otro de los factores de las jerarquías desplegadas en ese lugar: el estatus del oficial de policía. El oficial era un hombre, hablaba español, sabía leer y se encontraba en una posición de autoridad. Como diría Marisol de la Cadena, pese a su origen indígena, estos factores lo "mestizaban"; su educación y su cargo lo situaban en "otra clase social" que la de Dori (2000). Sin sentirse obligado a mostrarle respeto, el oficial hizo especial énfasis en el hecho de que Dori misma había permitido no solo ser golpeada, sino violada y engañada; después de todo, enfatizó, ella había sido lo suficientemente estúpida como para haberse quedado con ese hombre que la embarazaba todo el tiempo sin ayudarla económicamente. El hecho de que ella no fuera su esposa hizo que su pedido de protección fuera aún más débil.

Pero la interacción entre Dori y el oficial no solo se vio afectada por la raza y la clase, sino también por el género. "La solidaridad masculina" hizo que el oficial viera a Dori, no como una víctima de violencia, sino como cómplice de su propia miseria. Como miembros de la comunidad, los policías participan en la construcción de la masculinidad, y a menudo se identifican con otros hombres. Eso ocurrió en este caso, donde el oficial se identificaba más con el agresor que con la víctima. La policía recibe rutinariamente acusaciones contra vecinos o incluso amigos. Y, según Delia Zamudio, quien maneja una casa de refugio para mujeres en Lima, a veces las propias esposas de policías acuden donde ella a denunciar a sus maridos por violencia en el hogar. Sin embargo, las denuncias contra policías o sus amigos y familiares nunca conducen a procesos judiciales, y los papeles suelen "perderse" milagrosamente.[2]

La comisaría de mujeres de Ayacucho forma parte del programa financiado por el Estado contra la violencia doméstica, o "violencia familiar", como se le llama en el Perú.[3] Como sugiere la historia de Dori, y como profundizaré en este capítulo, las políticas estatales contra la violencia doméstica se ven a menudo limitadas por el racismo y sexismo que existe tanto en la sociedad como en las instituciones estatales destinadas a combatirla. A pesar del importante salto que dio el Estado durante la década de 1990 al mejorar la legislación y diseñar programas para hacer frente a la violencia contra la mujer, varios problemas importantes persisten. Algunos de ellos están incrustados en las estructuras de la sociedad y son tan difíciles de cambiar como la violencia misma, pues están arraigados en la misma ideología de género. Otros problemas tienen que ver específicamente con la forma en que se creó y aplicó el programa. Seguidamente, discutiendo la evolución de la reforma legal y el diseño e implementación de políticas, por un lado, y la respuesta e interpretación de la violencia de las mujeres, por otro, examino los obstáculos que entorpecieron el intento de transformar las violentas y discriminativas estructuras sociales.

---

2. Conversación personal con Delia, San Juan de Luringancho, Lima, noviembre de 2001.

3. La primera ley contra la violencia doméstica, en 1993, no incluía una definición suficientemente clara de lo que era "doméstica" y qué tipo de relaciones encajaban en dicha definición. En la actualidad, el término "violencia intrafamiliar" se utiliza para incluir a los miembros de la familia extendida, inclusive las exparejas que ya no viven en el mismo hogar que la víctima. Empleo los términos violencia "doméstica" y "familiar" indistintamente, sin buscar hacer alguna declaración sobre el estado civil de las parejas. Sin embargo, este capítulo se centra principalmente, en la violencia íntima de los hombres contra las mujeres, y no se discute tanto la violencia contra los niños, los ancianos o los hombres, todos ellos contemplados en la definición de "violencia intrafamiliar".

Activismo feminista, democracia y reforma legal

Al igual que en los dos estudios de caso anteriores, la política social aquí discutida sirvió a intereses más amplios que simplemente respetar los derechos de la mujer o responder a demandas sociales; en este caso específico, se dirigió al derecho a una vida libre de violencia. La ayuda alimentaria y el apoyo a las organizaciones populares de mujeres se enmarcaron en el clientelismo y la reducción de la pobreza, subrayando la función de cuidado de las mujeres. Por su parte, la política poblacional que buscó ampliar el acceso a los métodos anticonceptivos y a los servicios de salud reproductiva, se basó en una noción neomaltusiana que vinculaba "población" con "desarrollo económico" y "pobreza", por lo que el papel reproductor de las mujeres pobres y/o indígenas se enfatizó de manera negativa. La política para combatir la violencia contra la mujer tuvo un trasfondo ideológico diferente, y no guardó relación con las estrategias para reducir la pobreza o el clientelismo, aunque sí sirvió a ciertos objetivos políticos, contribuyendo a cimentar la idea de que, a pesar de los claros y crecientes signos de autoritarismo y la continua violencia estatal, el Perú estaba democratizándose. Las reformas legales y las políticas que siguieron eran necesarias desde hacía tiempo y señalaron el inicio de un sistema que, en principio, no solo protegería a las mujeres de la violencia, sino que proporcionaría la base para animar el debate sobre la violencia y el autoritarismo en el hogar y más allá.

En América Latina, la lucha contra la violencia doméstica siempre ha estado fuertemente ligada a la lucha por la democracia, y se encuentra muy bien representada en la frase activista: "Democracia en el país y en el hogar" (Jaquette 1994, Jaquette y Wolchik 1998, Matear 1999). Con frecuencia, como observa Laura Weldon, la reforma legal en esta área va de la mano con una mejor colaboración entre los gobiernos democráticos, los movimientos de mujeres y las instituciones gubernamentales, es decir, con desarrollos más acordes con la democracia (2002: 5). En el Perú, sin embargo, se aplicó una política contra la violencia familiar en un momento en que el país quizás no estaba pasando por un proceso de democratización, pero sí de pacificación de pacificación.

A partir de los años ochenta, la violencia de género se hizo más visible, las mujeres se volvieron menos tolerantes, y el activismo feminista, más feroz. Varios estudios sugieren que el abuso masculino contra la mujer también aumentó en los años noventa, especialmente en aquellas áreas que habían sido particularmente afectadas por la violencia política (Ceprodep 1997; CVR 2002, 2003).[4] El conflicto armado interno empeoró aún más una situación ya de por sí terrible. De acuerdo con un conservador estimado de la Encuesta Demográfica y de Salud Familiar (Endes) realizada en 2000, el 41% de las peruanas habían sido golpeadas al menos una vez en la vida por su pareja (Guzmán Chaganaquí 2002: 217). Un importante estudio de Ana Güezmes, Nancy Palomino y Miguel Ramos muestra tasas más altas de prevalencia, desde el 51% de las mujeres en Lima hasta el 69% en Cusco (2002).[5] Según otro estudio realizado en 2005 en el departamento de Ayacucho, donde se efectuaron la mayor parte de las entrevistas para este capítulo, el 54,5% de las encuestadas había sufrido violencia doméstica y un 30,7% la había soportado de manera sistemática (desde cada tres meses hasta todos los días) (Programa Integral de Lucha Contra la Violencia Familiar y Sexual 2005). Dado que no hay datos confiables sobre los años anteriores al conflicto armado interno, tenemos que confiar en la evidencia local que sugiere que tales cifras eran más altas de lo normal debido al trauma de la guerra. Sin embargo, por muy elevadas que parezcan, no están tan lejos de los estimados de otros países: según estudios realizados en la década de 1990, alrededor del 25% o 30% de las mujeres en Canadá, Estados Unidos, Bélgica y Holanda eran en aquella época víctimas regulares de violencia doméstica (Ministerio de Justicia de los Países Bajos 2002, Weldon 2002: 211-217). En encuestas efectuadas en Nicaragua, Colombia y Costa Rica se reportó que, respectivamente, el 29%, 60% y 51% de las mujeres sufrían de este tipo de abuso (Heise

---

4. Ello coincide con los estudios que sugieren que la violencia doméstica aumenta en situaciones posteriores a conflictos (Kelly 2000, Pankhurst 2003, 2007).
5. El Movimiento Manuela Ramos (s/f) afirma que siete de cada diez mujeres sufren violencia doméstica, según un estudio realizado por Promudeh.

1997: 416, Sternberg 2000: 91). A pesar de la dificultad de estimar con exactitud los grados de violencia familiar, y el uso de diferentes técnicas de muestreo y cálculos estadísticos en las encuestas, se puede concluir que el Perú tiene un alto grado de violencia doméstica en comparación con otros países, pero que no es exclusivo del país.[6]

El vínculo entre violencia política y violencia contra la mujer se hizo explícito en el primer Encuentro Feminista Latinoamericano de 1981, celebrado en Bogotá. En dicho evento se declaró el 25 de noviembre —fecha en la que, en 1960, el régimen de Trujillo en República Dominicana asesinó a las hermanas Mirabal— el Día Internacional No Más Violencia Contra la Mujer.[7] Desde entonces, esa fecha ha servido como una oportunidad mundial para protestar contra la violencia hacia la mujer en las esferas política y doméstica, y pública y privada. Mientras que en el ámbito de las políticas no se percibe el vínculo que existe entre la violencia familiar y la violencia política, las investigadoras feministas, siguiendo a los activistas, han reconocido desde hace tiempo que la violencia política y doméstica están enlazadas en más de una manera (Boesten 2007, 2008; Herman 1992; Jacobs, Jacobson y Marchbank 2000; Meintjes, Pillay y Turshen 2001; Pankhurst 2003, 2007).

El Perú experimentó regímenes militares entre 1968 y 1980, autoritarios y represivos, pero que no generaron la violencia política generalizada que hubo, por ejemplo, en República Dominicana, Chile o Argentina (desapariciones, arrestos ilegales, muertes). No obstante, a principios de los años ochenta, la brutalidad de Sendero Luminoso y de la contrainsurgencia confirmó el componente de género

---

6. Tanto Heise como Weldon hacen una lista comparativa de los porcentajes reportados en distintos estudios de país sobre abuso contra la mujer. Sin embargo, las diferentes medidas, tamaños y características de las muestras hacen difícil hacer tales comparaciones. Un estudio publicado recientemente por la Organización Mundial de la Salud compara estudios de país, pero al parecer simplifica los problemas metodológicos con los que se encuentra. El Perú también ocupa un lugar destacado en esta comparación (OMS 2005).

7. Julia Álvarez escribió un relato influyente sobre este episodio (1994), pero también se hizo una película.

inherente a la violencia política en el Perú. En las zonas que el presidente Belaunde declaró en estado de emergencia en diciembre de 1982, dejándolas en manos de las Fuerzas Armadas, la violencia sexual contra la mujer se tornó particularmente alarmante. De manera recurrente se hicieron denuncias contra el Ejército, la Marina y la Policía, pero nunca hubo cargos ni juicios (Cisneros 1984, *El Observador* 1984, *Marka* 1984). Según un artículo publicado en 1990 en la revista feminista *Mujer y Sociedad*, las violaciones, embarazos, abortos y prostitución forzados fueron problemas tan graves en aquellas zonas, que las mujeres abogaban por levantar el estado de emergencia porque solo "legitimaba atrocidades contra su integridad" (Barrantes 1990). Las percepciones racistas de los soldados, mestizos, costeños y principalmente urbanos, fomentaron la violencia sexual contra las mujeres indígenas (Manrique 2002).[8] En 2003, la CVR confirmó que el cultivo en las Fuerzas Armadas de una masculinidad sexualizada y violenta alimentó la cultura de abuso contra la mujer, y aunque la CVR concluyó que la mayoría de las violaciones sistemáticas fueron perpetradas por agentes del Estado, Sendero Luminoso e incluso las rondas campesinas fueron también culpables de violación y abuso sexual (CVR 2003, vol. 7, 2, 2.1).

---

8. Aunque el uso de la violación como arma de guerra en los conflictos étnicos ha sido ampliamente estudiado en el caso de las guerras yugoslavas, la situación peruana es considerablemente diferente. La violencia sexual se basaba tanto en el sexismo como en el racismo; sin embargo, no llegó a ser una estrategia étnica. Después de todo, esta guerra no fue étnica sino racista, y generó más víctimas en las regiones pobres e indígenas que entre otros grupos sociales. Aunque la idea de diferencia racial facilitó la violación de las mujeres indígenas por parte de los soldados, también se puede argumentar que para algunos soldados —descendientes de familias indígenas ellos mismos—, la participación en la violencia contra la población andina (incluida la violación de mujeres) puede haberles abierto las puertas a una identidad mestiza de otra manera cerrada a ellos y haber creado una distancia respecto a su herencia indígena. En los Andes, los ejércitos tienden a proporcionar una posibilidad de integración, blanqueamiento y mestizaje para los pobres y marginados (Boesten 2008, Canessa 2005, Nelson 1999).

Los casos de violencia sexual —públicamente percibidos como daños "colaterales" del conflicto armado interno—, ciertamente ayudaron a los activistas a colocar la violencia contra la mujer en la agenda política. En 1983, la activista comunitaria y feminista Rosa Dueñas fundó el primer refugio para mujeres maltratadas en Lima.[9] En 1984, las feministas de clase media iniciaron una intensa campaña en busca de un cambio legislativo. Las abogadas feministas estudiaron la legislación vigente sobre los derechos de la mujer y lucharon por actualizarla, pues databa de 1924 (*Mujer y Sociedad* 1987, Sala 1984). En el Código Penal de 1924, la violación estaba definida como un delito contra "las buenas costumbres y la libertad y el honor sexual", y se contemplaba el grado de complicidad de las mujeres en los casos de acoso sexual y violación. En 1989, el movimiento feminista peruano, junto con el Comité de América Latina y el Caribe para la Defensa de los Derechos de la Mujer (Cladem-Perú), redactaron una detallada propuesta de reforma del Código Penal en lo concerniente a la violencia contra la mujer y el acoso sexual (*Mujer y Sociedad* 1989). Dos años después, Fujimori introdujo un nuevo Código Penal —siguiendo las recomendaciones del *lobby* feminista—, que convirtió a la violencia sexual en un delito.

A raíz de estos cambios en la legislación, en 1993 se aprobó la ley n.° 26260 "contra toda forma de violencia familiar". Dicha norma establecía que la violencia familiar debía abordarse desde una perspectiva holística que incluía educación, comisarías especiales y refugios temporales para mujeres y sus hijos. Estos acontecimientos fueron una gran victoria para el movimiento feminista, y le dieron a Fujimori —después de su autogolpe de 1992— una imagen positiva, progresista y, hasta cierto punto, incluso democrática. El partido gobernante también utilizó la exitosa adopción de la ley n.° 26260 en su retórica para enfatizar la "modernidad" de sus políticas y gobierno. Dado que la ley había sido el resultado de la cooperación entre feministas y congresistas de todos los partidos, las fujimoristas

---

9. Comunicación personal con Rosa Dueñas, Lima, octubre de 2001.

señalaron exhaustivamente la unanimidad con la que se la había diseñado y adoptado, y subrayaron que había sido el producto de "mujeres trabajando juntas". Al hacerlo, enfatizaron una vez más esta imagen esencialista de la mujer como moralmente superior y más democrática que los hombres (Blondet 2002: 48).

El presidente, por otro lado, necesitaba con desesperación este despliegue de democracia, unidad y políticas favorables a la mujer, ya que, simultáneamente al proceso de reforma legal, se estaba separando de su esposa y "utilizaba todos los medios a su disposición para aislarla y humillarla públicamente" (Schmidt 2006: 156, Vargas 2002: 211). Según Virginia Vargas, mientras Fujimori pretendía dedicarse al avance de las relaciones democráticas "en el país y en la casa", las relaciones antidemocráticas en su propia familia se convirtieron en foco de atención pública.

Por supuesto, la ley contra la violencia familiar formaba parte del paquete legislativo del gobierno de Fujimori que buscaba ganarse a los peruanos de izquierda, el movimiento de mujeres y la comunidad internacional. El mismo año en que se la promulgó, la Conferencia Mundial de Derechos Humanos de las Naciones Unidas en Viena confirmó los derechos de la mujer como parte integral de —ya no subordinada a— los derechos humanos. Asimismo, la declaración de 1993 de las Naciones Unidas sobre la violencia contra la mujer sostiene que "la violencia contra la mujer constituye una manifestación de relaciones de poder históricamente desiguales entre el hombre y la mujer" y que es "uno de los mecanismos sociales fundamentales por los que se fuerza a la mujer a una situación de subordinación respecto del hombre". La ONU define la violencia contra la mujer como [...] "todo acto de violencia basado en la pertenencia al sexo femenino que tenga o pueda tener como resultado un daño o sufrimiento físico, sexual o sicológico para la mujer, así como las amenazas de tales actos, la coacción o la privación arbitraria de la libertad, tanto si se producen en la vida pública como en la vida privada". (ONU, Declaración sobre la Violencia contra la Mujer, 1993). El programa coercitivo de planificación familiar, las violaciones en tiempo de la violencia armada interna, el acoso sexual en el trabajo o en la calle, y todas las demás formas de violencia sicológica, física y sexual están englobadas en esta definición. Sin embargo, la violencia en el espacio privado del hogar figuraba con mayor prominencia en la formulación de políticas, porque la familia era a menudo percibida como la "piedra angular" o incluso el "criadero" de la sociedad.

El énfasis que se puso en lo doméstico, tanto en la legislación como en las políticas, causó varios problemas. Por ejemplo, los conceptos utilizados en la ley de 1993 eran demasiado vagos e indefinidos. En consecuencia, la ley ha sufrido desde entonces varios ajustes que han ayudado a definir mejor lo que es la "violencia familiar"; qué tipos de relaciones sociales deben incluirse en la categoría "familia"; cómo se define, detecta y prueba la violencia sicológica; qué clase de actos deben considerarse "violencia sexual"; y qué constituye un daño físico "grave" o "menor" y en qué medida esto debería determinar el carácter de los procedimientos legales. Para consternación de los/as abogados/as feministas, los hombres solo podían ser procesados si las lesiones de la víctima la mantenían "incapacitada" durante más de diez días. De no ser así, un perpetrador solo podría ser retenido durante 24 horas, durante las que debía pasar por un proceso de "sobriedad", según la policía de Ayacucho.[10] La ley no proporcionó suficientes guías judiciales o mecanismos de intervención para que los jueces y la policía fueran capaces de proteger a las mujeres o procesar a los hombres. Tampoco fue muy específica respecto de cómo prevenir la violencia. Además, era aún necesario negociar las funciones y responsabilidades de las diferentes instituciones jurídicas y servicios sociales y establecer sanciones. Según la abogada feminista Silvia Loli (2007), estos espacios ambiguos de la ley fueron

10. La idea de que los perpetradores son solo violentos cuando beben, o solo en circunstancias particulares, sigue dominando en el debate popular sobre las causas de la violencia doméstica. Sin embargo, según las evidencias recabadas por el Ministerio de Justicia durante el primer semestre de 2007, las instalaciones del Estado recibieron 57.472 denuncias de violencia, de entre las cuales en el 66% de los casos el autor había estado sobrio. Véase: <http://www.manuela.org.pe/violencia.asp>.

perjudiciales para las víctimas, ya que los jueces y fiscales no estaban lo suficientemente familiarizados con los casos de violencia familiar para solucionar dichas ambigüedades, y tampoco les interesaba hacerlo. Aún más, el sistema judicial peruano es, a menudo, lento y las víctimas deben ser muy pacientes para ver sus casos llegar a los tribunales. La protección de las víctimas es otro problema importante, ya que los planes para albergues han sido mal desarrollados y el encarcelamiento de los perpetradores resulta poco frecuente. Si los acusados son declarados culpables, o son multados o deben cumplir con servicios comunitarios (Loli 2007).

A los problemas de definición y protección, podemos agregar problemas de interpretación, ya que la ley no solo dejó un gran espacio para la creatividad, sino que la fuerza de trabajo que trata con casos de violencia suele tener un sesgo predominantemente masculino. Por ejemplo, los médicos legistas son responsables de confirmar la veracidad de las denuncias de violación y de si el daño físico sufrido cae bajo la categoría de lesión "grave" o "menor". Tal clasificación determina si un agresor será acusado y, por lo tanto, si la víctima recibirá o no alguna protección, aunque sea mínima. Así, la categorización de lesiones y castigos depende de la interpretación que haga el médico responsable —o a veces el oficial de policía— de la lesión infligida a una mujer en la privacidad de su hogar. Los casos raramente llegan a los tribunales y, si lo hacen, las condenas a los perpetradores suelen ser raras porque la mayoría de los jueces hombres opina que "por el bien de la familia, el matrimonio y los hijos, las mujeres deben tolerar cierta violencia" (Egan 2000). En 2000, un informe de Human Rights Watch afirmó que los exámenes médicos eran, a menudo, inadecuados y minimizaban el daño físico sufrido, y que los abogados y jueces tendían a considerar la violencia doméstica como algo tan poco importante, que no justificaba una denuncia. De modo similar, en una reciente evaluación sobre las posibilidades de justicia para las víctimas de violencia sexual, Flor de María Valdez Arroyo (2006) confirmó la persistencia del sexismo en la justicia y explicó que aún se sigue interrogando a las víctimas de violación sobre cómo iban vestidas y cómo se estaban comportando en el momento en que sucedió el ataque. Incluso Janet Tello, juez de la Corte Suprema de Lima, señaló que en casos de violencia sexual, los prejuicios de los jueces conducían, frecuentemente, a resultados negativos para las mujeres (CVR 2002).

En las zonas rurales, los juzgados de paz tratan los casos de violencia doméstica según el derecho consuetudinario. Los jueces de paz no son abogados o jueces formados, sino respetados representantes de la comunidad, y predominantemente varones. Las lesiones "menores" suelen escapar a la atención de estos jueces. En 2003, tuve la oportunidad de conversar con dos de ellos, padre e hija, en la provincia de La Mar, departamento de Ayacucho. El padre aseguró que en su distrito la violencia doméstica no constituía un problema y que nunca lo había sido. Esto fue una sorpresa para mí, sobre todo porque me había pasado el día entrevistando a las víctimas en su comunidad. Dos días después, en una entrevista privada, la hija me contó que su padre siempre había golpeado y maltratado a su madre, y que en su familia, su palabra era la ley y se la imponía con violencia si era necesario. Si un juez de paz pensaba que la violencia era un buen medio para resolver conflictos familiares, ¿cómo podía este hombre aplicar las leyes nacionales contra la violencia doméstica? La hija, que había sustituido a su padre como jueza de paz en 2002 y participado activamente en casos de violencia doméstica en su comunidad, fue relevada de su puesto en 2005.

A pesar de estos problemas, tanto en los espacios rurales como en los urbanos, las denuncias de violencia doméstica se dispararon rápidamente después de la promulgación de la ley en 1993. El sistema existente no parecía preparado para el aumento de casos, por lo que se diseñó una iniciativa destinada a aumentar la eficiencia y el acceso a la justicia para los tradicionalmente excluidos —los pobres urbanos y las poblaciones indígenas rurales. Las reformas judiciales, financiadas y apoyadas por Usaid, el Banco Interamericano de Desarrollo y el Banco Mundial, estipularon una red de arbitraje que "sería supervisada por el sistema judicial nacional, pero no sería directamente parte de él" (Poole 2004: 53). En 1997 se promulgó la Ley de Conciliación y, simultáneamente, se introdujeron enmiendas a la ley n.° 26260 sobre la violencia familiar. La vinculación de las dos leyes hizo obligatoria la conciliación en todos los casos de violencia familiar (Espinoza Matos 2000: 13) y ofreció un "mecanismo alternativo de solución de conflictos" (Ley de Conciliación, ley n.° 26872).[11] Así, los conflictos por pensión de alimentos, divorcio y violencia doméstica fueron sometidos a una mediación extrajudicial obligatoria por parte de un tercero, que podía asumir bien la forma de una oficina de conciliación especial, de un fiscal en zonas urbanas, o de un juez de paz en las zonas rurales.

De acuerdo con Silvia Loli, las nuevas disposiciones de la ley fueron el resultado no solo de la reestructuración neoliberal del sistema judicial bajo la dirección de las instituciones financieras internacionales, sino también de un grupo conservador de políticas y abogadas que buscaba proteger a las mujeres contra la violencia familiar y, al mismo tiempo, prevenir el divorcio. Loli sugiere que el principio fundamental detrás de la conciliación en asuntos familiares (entre ellos, la violencia), era preservar —tal vez incluso "mejorar"— la estructura familiar como la piedra angular de la sociedad peruana.[12] Tal enfoque priorizaba la unidad familiar por sobre la salud y seguridad de las mujeres y sus hijos. Por otra parte, dado que se buscó que los actos de violencia doméstica llevasen a la conciliación y no a los tribunales, el resultado podía haber sido la legitimación del dominio masculino sobre las mujeres y, hasta cierto punto, incluso del uso de la violencia.

Deborah Poole observa que la Ley de Conciliación creó un sistema jurídico paralelo que no se ubicaba ni dentro ni fuera del Estado (2004: 53). En lugar de reformar el sistema de justicia para que fuera más inclusivo, "[...] la nueva generación de reformas sugería que se le debía pedir a la gente que evite el sistema judicial como juzgado de primera instancia y que, más bien, recurra a una red de centros de solución de conflictos 'informales' que tenía vínculos inciertos con el sistema jurídico y judicial nacional" (2004: 54). El resultado era que las mujeres eran de nuevo excluidas porque se les pedía que se

---

11. Véase: <http://www.leyes.congreso.gob.pe>.
12. Comunicación personal, octubre de 2003.

olvidasen de la justicia, del sistema legal y de sus derechos. El Estado, por su parte, pudo evitar "[...] la creciente carga de audiencias de violencia doméstica, mientras que las mujeres, víctimas más frecuentes de esta forma de violencia, fueron dirigidas a un sistema en el que no se podía imponer sanciones legales contra el agresor" (2004: 55). De las organizaciones feministas surgieron críticas similares; sostuvieron que la conciliación solo podía tener éxito con parejas entre las que existía igualdad, pero que como la violencia doméstica se basa intrínsecamente en relaciones de poder desiguales, la conciliación no debía ser una alternativa. La ley fue modificada en 2001 para prohibir los procedimientos de conciliación en casos de violencia doméstica. Sin embargo, se los sigue poniendo en práctica en numerosas oportunidades (Estremadoyro 2001).

La conciliación en conflictos domésticos violentos no solo sugiere una preferencia política por preservar la familia sino que, según algunos investigadores, sirve a una lógica cultural. Por ejemplo, en su estudio sobre la violencia doméstica y la ley en los Andes peruanos, la abogada Julieta Estremadoyro ha centrado su atención en la relevancia de las prácticas conciliatorias como parte de la cultura andina. Según Estremadoyro, las "soluciones feministas occidentales", como la separación y el castigo, no ayudan a las mujeres andinas de base comunitaria, quienes prefieren la conciliación por parte de miembros de la familia (como padres y padrinos), o de líderes comunitarios (como los jueces de paz), todas personas que realizan tradicionalmente mediaciones extrajudiciales en disputas locales (Estremadoyro 2001). En esta visión, la unidad familiar andina se analiza como un tipo ideal de reciprocidad y complementariedad entre hombres y mujeres (Harris 1978, Isbell 1979, Reynaga Farfán 1996, Silverblatt 1987). Se puede argumentar que tal interpretación oscurece la desigualdad dentro de los hogares y entre los hogares indígenas y la sociedad en general (Barrig 2001, Theidon 2003). Estremadoyro no rechaza la idea de desigualdad de género en la cultura andina, pero considera que es en gran parte producto de la "modernización" y de la creciente incorporación de la zona en la economía de mercado. Según dicha perspectiva, la violencia doméstica es algo que puede repararse y que debe beneficiarse de la conciliación, de acuerdo con el derecho consuetudinario local. Después de entrevistar a hombres y mujeres en comunidades cusqueñas, esta abogada asegura que las mujeres rurales esperan la conciliación con su pareja a través de la intervención de terceros. Aunque veremos que esto es válido en cierta medida, Estremadoyro no considera lo suficiente el lado económico de la dependencia femenina respecto de los hombres, que hace que la resistencia de las mujeres contra la violencia sea una tarea aún más difícil. Al final, el énfasis puesto en la conciliación en el proceso legal formal, implica que después de esfuerzos fallidos mediante redes de parentesco, las mujeres no tienen más opción que tolerar la violencia.

En la práctica, la Ley de Conciliación significaba que las mujeres que deseaban denunciar a su pareja por agresión —a menudo después de años de hacer frente a la violencia en su hogar—, se veían obligadas a conciliar sus diferencias en un espacio paralegal en el que unos voluntarios o un personal capacitado mal pagado (como jueces de paz, conciliadores especiales o fiscales) mediarían entre hombre y mujer hasta que ambos firmasen un acuerdo. Ello normalmente significa que una mujer debe perdonar a cambio de una promesa. Como destaca Estremadoyro, muchas parejas indígenas pasan por procesos similares de conciliación con la ayuda de familiares o, en última instancia, de las autoridades comunitarias. En numerosas comunidades, los padrinos tienen la responsabilidad de velar por los conflictos domésticos de sus ahijados, y se espera que intercedan cuando sea necesario. En Ayacucho, los procedimientos de conciliación en los que intervenían padres, padrinos o autoridades locales eran, comúnmente, el primer paso en la resolución de conflictos. Se acudía al sistema de justicia solo cuando la violencia era incontrolable.

Por ejemplo, Gloria, una joven de 18 años que vivía en Antolinayocc, un pueblo en la provincia de Ayacucho, había viajado con su padre y su bebé de un año a la ciudad de Ayacucho para denunciar en la comisaría de mujeres (en donde los conocí) a su pareja, que la golpeaba desde que vivían juntos, hacía ya dos años. El padre de Gloria había intentado de todo para detener la violencia contra su hija. Nos contó que no solo había tratado de hacerlo por su cuenta, sino que incluso había recurrido a los padres del joven, el padrino y el teniente gobernador en busca de ayuda. Sin embargo, el hombre también había actuado de manera violenta con ellos, incluso con sus propios padres. La familia no vio otra solución que ir a la policía para denunciar oficialmente al agresor, con la esperanza de lograr un acuerdo de pensión de alimentos para que Gloria pudiera dejar a su pareja sin ser una carga.[13] Es importante señalar que ni Gloria ni su padre pidieron al sistema judicial una conciliación, sino una intervención policial. Así, la historia de Gloria parece sugerir que, en primera instancia, las personas están dispuestas a emplear las estructuras sociales de su localidad para resolver los conflictos, pero que cuando tales mediaciones no conducen a nada, no acuden al sistema judicial en busca de continuar con la conciliación. Más bien, cuando no pueden llegar a un acuerdo, piden a este sistema protección y que las ayude en los trámites de separación y/o de pensión de alimentos. La historia de Gloria confirma que la gente puede confiar en la mediación de las redes locales, pero espera que el Poder Judicial ofrezca una alternativa. Por lo tanto, la estipulación obligatoria de una conciliación extrajudicial fue un intento fallido de desalentar a las mujeres a denunciar a los esposos que estaban fuera del control de los mediadores tradicionales.

En Ayacucho, sin embargo, las estructuras sociales están cambiando cada vez más. Los desplazamientos, desapariciones y muertes producto del conflicto armado interno desgarraron a las familias, por lo que las parejas más jóvenes abandonaron las comunidades de sus padres en busca de una vida mejor. Ello condujo a la pérdida de vínculos familiares que proporcionaban a las mujeres los recursos sociales de protección y negociación. Como resultado, las migrantes en los centros urbanos denunciaban a sus maridos sin haber pasado por un proceso de conciliación familiar, porque ya no existía esa red de apoyo. Por lo tanto, es difícil saber si los altos índices de violencia doméstica entre migrantes en los centros urbanos significan que en

---

13. Conversación personal con Gloria y su padre frente a la comisaría de mujeres, Ayacucho, diciembre de 2002.

esos lugares este tipo de abuso es más frecuente que en las comunidades rurales. Podría ser que, en las ciudades, los migrantes recurren más a menudo a los servicios estatales, simplemente porque tienen acceso a ellos, algo que no sucede con tanta frecuencia en el ámbito rural. También es posible que las mujeres hayan acudido a los servicios del Estado porque ellos podían cumplir el papel de mediador de las redes de parentesco en las que antes confiaban y de las que ya no disponían. Tal análisis podría explicar la alta visibilidad de la violencia doméstica en los asentamientos urbanos —y la concentración de los servicios estatales y no gubernamentales en los barrios pobres de migrantes, en lugar de los barrios ricos o los asentamientos rurales—, y la popularidad de los servicios de mediación ofrecidos por Manuela Ramos en el pueblo joven Pamplona Alta, en Lima.

Un argumento importante a favor de la conciliación es que los conceptos "occidentales" de justicia simplemente no se ajustan al ámbito andino, porque ahí las mujeres no buscan castigo o separación (Estremadoyro 2001). Sin embargo, si bien la idea de castigo podría no ser un elemento central de sus expectativas, ello no necesariamente significa que deseen una conciliación.

Por ejemplo, Julia, a quien conocí en la misma comisaría en la que me topé con Gloria y su familia, me contó que se había casado a los 17 años, y que después de sufrir 18 años de abuso físico, aún seguía estándolo. Alegó haber sido demasiado tímida y haber tenido miedo de denunciar a su marido ante las autoridades. También dijo que no se atrevía a hacerlo porque ella era de Vinchos y no tenía familia en la ciudad de Ayacucho, donde ahora vivía. Aunque su esposo la había dejado hacía siete años con tres hijos, de vez en cuando regresaba "para pegarla". Recientemente, una de las hermanas de Julia la había llevado a la comisaría para entablar una denuncia por maltrato. Julia esperaba que la policía pudiera obligar a su esposo a pagar el hospital al que había tenido que acudir luego de su última "visita", así como una pensión de alimentos para sus hijos.[14] Por

14. Conversación personal con Julia en la comisaría de mujeres, Ayacucho, con la traducción de Kelly Alanya, diciembre de 2002.

haber migrado (posiblemente como consecuencia de la violencia política, particularmente intensa en su zona de origen, aunque ella no dijo nada al respecto), Julia carecía de la alternativa de mediación de las redes de parentesco. Sin embargo, a través de su hermana, se familiarizó con sus derechos y con los servicios que ofrecía el sistema de justicia formal: podía ir a la policía e incluso pedir una pensión de alimentos. Ella no había ido a la comisaría en busca de venganza, de un castigo para su esposo o del divorcio, sino simplemente de una compensación.

El caso de Julia podría confirmar la tesis de Estremadoyro. Sin embargo, Julia tampoco aspiraba a una conciliación: más bien, buscaba seguridad para ella y sus hijos, así como un acuerdo sobre la pensión de alimentos. Este caso también destaca la dependencia económica de las mujeres con relación a los hombres, y aunque Julia no pidió el divorcio, sí necesitó registrar oficialmente su separación para poder exigir la pensión de alimentos.

Pero la falta de acceso a un sistema judicial eficiente, capaz de facilitar una pensión de alimentos y de proteger contra un marido violento, constituye un problema mucho más real de lo que sugieren los defensores de la conciliación como una práctica cultural. Ello lo demuestra el trabajo de Manuela Ramos en Pamplona Alta, Lima. Ahí, desde 1997, la ONG cuenta con una casa de mujeres, la Casa de Bienestar, atendida por vecinas del barrio.[15] Entre otros servicios, 14 orientadoras legales ofrecen ahí un apoyo informal sobre cómo llevar casos severos de abuso a los tribunales. Debido a que entablar un juicio es un proceso largo, costoso y que no siempre tiene éxito, la Casa de Bienestar creó una oficina de conciliación y acuerdos para casos menos graves. Sin embargo, por cuenta propia, las orientadoras legales no pretendían reconciliar matrimonios rotos. Más bien, buscaban acuerdos extrajudiciales sobre la manutención de los hijos y las horas de visita. Establecieron un sistema mediante el cual la antigua pareja

15. Las mujeres que se convierten en personal remunerado en la prestación de servicios de vecindad no profesional, son seleccionadas de entre las activistas de las organizaciones de mujeres.

llegaba a un arreglo sobre pagos semanales para mantener a los hijos. Las consejeras elaboraban un acuerdo que ambas partes firmaban, y el hombre luego les entregaba a ellas la pensión semanal. Así, la mujer podía recoger el dinero sin necesidad de ver a su expareja.[16] Este sistema también permitía otras contribuciones, no necesariamente en efectivo, y a menudo aceptaba alimentos como pensión.

Según las orientadoras legales —algo confirmado por la alta demanda de estos servicios—, esta es una buena alternativa para las parejas que enfrentan conflictos insolubles. En general, la conciliación en casos de violencia doméstica —definida en términos generales como una mediación en conflicto y separación— parece ser una costumbre entre las familias andinas y migrantes. Sin embargo, sigue sin poderse definir si esta conciliación es consecuencia de preferencias culturales o, más bien, de una falta de atención por parte de las instituciones legales. Probablemente las dos cosas sean ciertas: el abandono institucional ayuda a definir prácticas culturales.

Volver a la democracia: el Plan Nacional contra la Violencia hacia la Mujer

Justo a la vuelta de la esquina de la Casa de Bienestar en Pamplona Alta, se fundó en 1999 una comisaría especial para mujeres con el fin de apoyar los servicios no gubernamentales. Sin embargo, a medida que el gobierno de transición de Valentín Paniagua llegaba a su fin (el régimen se prolongó de finales de 2000 a julio de 2001), las políticas y la legislación contra la violencia familiar se fueron mostrando cada vez más insuficientes para lograr un impacto positivo en la vida de las mujeres. Se puede argumentar que ese periodo de transición confirma la importancia de la democratización para aplicar políticas contra esta violencia. El gobierno de Paniagua desplegó una serie de medidas para acelerar la democratización, incluido

16. Casa de Bienestar, Pamplona Alta, visitas repetidas durante los años 2001 y 2002.

el establecimiento de la Comisión de la Verdad y la Reconciliación, así como un equipo especial de género dentro de esta comisión encargado de ver las diferentes experiencias de las mujeres. Ante tales cambios políticos, el Plan Nacional contra la Violencia hacia la Mujer fue quizás un paso lógico para el recién nombrado Ministerio de la Mujer y Desarrollo Social (Mimdes).[17]

El Plan consideró todos los marcos interpretativos posibles para la violencia contra la mujer: la discriminación; la lucha por la igualdad; los derechos humanos; los derechos de la mujer; la salud pública y el bienestar de la familia (Promudeh 2001). Se reconoció que la visibilidad de la violencia en los sectores sociales más pobres no era necesariamente consecuencia de índices de prevalencia más altos entre ellos, sino de sistemas judiciales y prácticas policiales discriminatorios y del mínimo capital económico y emocional de las víctimas para tratar con este abuso en sus familias. Así, el Plan Nacional buscó establecer un amplio conjunto de servicios en las áreas urbanas más pobres del país.[18] Incluía la creación de los centros de emergencia mujer (CEM); cada centro contaría con varios policías, un sicólogo, un fiscal, un médico, un abogado y un trabajador social. Para 2002, cuando se realizó la mayor parte de entrevistas que aparecen en este capítulo, 36 de esos centros operaban en el país, ocho de ellos en los barrios más pobres de Lima (ninguno en los barrios de clase me-

17. Tales cambios fueron introducidos bajo el liderazgo de la abogada de derechos humanos, activista y feminista Susana Villarán, quien fue ministra de Promudeh, reformado luego como Mimdes durante el gobierno de transición.

18. La idea de que "los pobres" son más violentos que quienes no lo son ha sido muy debatida. Véase, por ejemplo, Walby (1990: 133), Scheper-Hughes y Bourgois (2004), Méndez, O'Donnell y Pinheiro (1999), Goldstein (2003), Moser y McIlwaine (2004). Para la discusión centrada en el Perú, véase Gonzales de Olarte y Gavilano Llosa (1998: 38). La última encuesta, realizada en 2005 a 1046 mujeres en Ayacucho, mostró solo pequeñas diferencias en las tasas de prevalencia de la violencia doméstica entre los diferentes sectores socioeconómicos. Incluso, en algunos casos, los menos pobres mostraron una mayor prevalencia (Programa Integral de Lucha Contra la Violencia Familiar y Sexual 2005).

dia limeños). Según los profesionales que trabajaban ahí, el nuevo programa fue un gran paso adelante. Afirmaban que ahora podían ofrecer servicios profesionales más integrados a mujeres y niños, así como a algunos hombres. El constante incremento anual en las denuncias de violencia doméstica registradas en los CEM y las comisarías, confirma la necesidad de estos servicios.[19] Por ejemplo, la comisaría instalada cerca de la Casa de Bienestar en Pamplona Alta se convirtió en un CEM. Aunque ello significó una duplicación de servicios en el mismo barrio, el número de mujeres que dependían de la Casa no disminuyó; al contrario, más vecinas reportaron violencia en el hogar. Sin embargo, si bien esta evolución fue obviamente una mejora, ampliar el acceso a los servicios no necesariamente supuso transformar los mecanismos que antes habían causado el bajo acceso y maltrato, como los prejuicios de policías, jueces de paz y personal médico.

Desde que se creó una comisaría especial en el centro de Lima en 1989, se ha intentado combatir el prejuicio masculino y la discriminación de género por parte de los agentes de policía, contratando solo a personal femenino. Es interesante mencionar que las investigaciones sobre las comisarías brasileñas que cuentan solo con personal femenino (ejemplo en el que se basaron los servicios peruanos), sugieren que las ideologías discriminatorias de género predominantes forman parte de la cosmovisión tanto de las mujeres como de los hombres. Según Sara Nelson, las dependencias policiales que se crearon en Brasil en 1985, únicamente atendidas por mujeres, tenían problemas similares a las peruanas en cuanto a la aplicación de la ley, los recursos y la discriminación. Las policías a menudo socavaban las denuncias de las víctimas, culpándolas por su situación y sugiriéndoles

19. Comunicación personal con Betsy Flores, Lima, diciembre de 2002, y Emma Espinoza, Lima, diciembre de 2002. Según Espinoza, los CEM también ayudan a establecer acuerdos de separación y manutención infantil, de manera similar a la Casa de Bienestar de Manuela Ramos. Sin embargo, enfatizó que la "conciliación" es otra cosa, pues se refiere a los procesos dentro de la familia antes de cualquier interferencia estatal, aclarando que no debe ser el objetivo de los CEM.

que debían tolerar cierta violencia en sus hogares (Hautzinger 2002, Nelson 1996, Santos 2004). Un estudio de la calidad de los servicios estatales peruanos contra la violencia doméstica publicado a finales de 2003 por la organización feminista Flora Tristán, llegó a conclusiones similares. Algunas de las mujeres entrevistadas sí mencionaron tener una preferencia por el personal femenino, pero esta no fue una opinión común. Dicho estudio también confirmó la sospecha de que las comisarías funcionaban peor que los CEM. Solo el 25% de las entrevistadas las aprobó, mientras que en el caso de los CEM, la proporción fue de un 80%. Ello se debe, probablemente, a que el personal de los CEM estaba mejor entrenado que el de las comisarías, donde siempre reinaba un ambiente machista. Las entrevistadas en cuestión se quejaron de la indiferencia, los prejuicios, el maltrato, la corrupción y, además, de la complicidad entre el agresor y el policía que existía en las comisarías. El estudio también observó un problema de lenguaje, ya que, según sus datos, un tercio de las mujeres que asistían a las comisarías hablaban alguna lengua nativa, mientras que los empleados, en general, solo deseaban comunicarse con ellas en español. Tanto los usuarios entrevistados como los proveedores se quejaron de la falta de mecanismos de protección adecuados (Centro de la Mujer Peruana Flora Tristán 2003).[20] Así, para hacer de una comisaría especial o de un centro para mujeres maltratadas un lugar seguro y justo, son necesarios cambios en el pensamiento sobre las relaciones de género tanto entre hombres como entre mujeres. Además, se requiere contratar a un personal sensible al género, tener una capacitación y un financiación adecuados, y una legislación y medidas que faciliten la protección de las víctimas.

Aunque el Plan Nacional contra la Violencia hacia la Mujer fue un paso importante en el desarrollo de las políticas iniciadas durante los años noventa, y los CEM fueron en general bien recibidos, la financiación fue (y sigue siendo) un problema. Los locales de los CEM

---

20. El estudio se basa en entrevistas con usuarios y proveedores de servicios, en 12 ciudades peruanas, sobre la calidad de los servicios que ofrecen los CEM y las comisarías especiales.

y las comisarías eran a menudo pobres, los muebles eran insuficientes, raramente había computadoras, y muchas veces la gente tenía que llevar su propio papel para las máquinas de escribir si quería que su caso fuera archivado. La luz y el agua no siempre se pagaban, y los trabajadores sociales entrevistados en tres ciudades diferentes, incluida Lima, contaron que a veces los costeaban ellos mismos. La falta de equipo y las malas condiciones de trabajo fomentaban la desconfianza entre las mujeres, que interpretaban como un acto de corrupción la solicitud de papel o de un refresco por parte de algún agente de policía ("Aplicación de la ley de protección frente a la violencia familiar 26260" 2003-2004). Esta falta de apoyo material es especialmente lamentable en el caso de los CEM, que son identificados por los proveedores de servicios y los usuarios como una buena iniciativa que ha mejorado considerablemente el apoyo a las mujeres, niños y algunos hombres victimizados (Centro de la Mujer Peruana Flora Tristán 2003).

Como se ha señalado más arriba, estas mejoras —aunque insuficientes— en el área de la violencia contra la mujer, fueron en gran parte el resultado de la presión de la sociedad civil, principalmente del activismo feminista desde los años setenta (Waylen 2007, Weldon 2002). Este activismo fue apoyado y alimentado por el movimiento popular de mujeres en los asentamientos urbanos. En la década de 1990, consultoras feministas, políticas y congresistas trabajaron juntos para responder a las demandas de la sociedad civil de reformar la legislación y diseñar políticas para combatir la violencia contra la mujer. El régimen de Fujimori acompañó las propuestas por sus propias razones; quizás en parte por una preocupación genuina pero, teniendo en cuenta el autogolpe de 1992 y el episodio de divorcio del presidente, puede considerarse que esto también le ayudó a limpiar su imagen. Investigadoras y activistas feministas que sostienen que las políticas contra la violencia familiar deben ir de la mano con la democratización del gobierno, pasan por alto el otro lado de la ecuación: las políticas contra esta violencia a menudo se llevan a cabo bajo la presión de procesos democratizadores en la sociedad civil. Para que la violencia doméstica se convierta en un problema, tanto para el activismo feminista como para el de base, las mujeres deben rechazar las justificaciones de la violencia de género. La alta demanda de comisarías, los CEM y los servicios que proporcionan las ONG en el área de violencia familiar, sugieren que la tolerancia a este comportamiento está disminuyendo, lo que a su vez apunta a una demanda de democratización de las relaciones de género en las familias y comunidades. Como se verá más adelante, la participación de las mujeres en organizaciones de base (como comedores populares, clubes de madres o comités de Vaso de Leche) contribuyó a impulsar este proceso de disminución de la tolerancia a la violencia contra la mujer, y apuntó a democratizar las relaciones familiares.

Negociando el matrimonio y el dolor

Con el fin de comprender qué circunstancias permiten, sostienen o desafían la violencia contra la mujer, debemos examinar las experiencias más generales de las mujeres con la violencia doméstica y las formas en que negocian su matrimonio. Para ello, me centro en las historias personales de cinco líderes mujeres que conocí en Ayacucho, que aparecen bajo seudónimos. Sus experiencias con la violencia doméstica son parte de su historia de vida, que también incluye reflexiones sobre el trabajo, el matrimonio y los niños, la violencia política después de 1980, la migración y sus vivencias como líderes de organizaciones populares de mujeres. Esta integración es fundamental porque revela que la violencia doméstica ocupa un lugar central en sus recuerdos: la mayoría de las entrevistas no fueron específicamente sobre este tipo de abuso, pero el tema surgía de manera espontánea cuando se hablaba de otros asuntos. Escuchar las historias de violencia doméstica de las mujeres de Ayacucho agrega una nueva dimensión a la centralidad de la violencia política en la historia reciente de esta región.

Como se ha señalado, la violencia contra la mujer se intensifica a menudo durante y después de una guerra (Kelly 2000; Pankhurst 2003, 2007; Pillay 2001). La historia de Ayacucho en las últimas décadas ha influido innegablemente en las relaciones humanas, en las formas de resolver conflictos y en la incidencia y/o motivaciones de la violencia doméstica. Desde principios de los años noventa, las ONG, las organizaciones populares de mujeres y algunas instituciones estatales se han comprometido a combatir la violencia cotidiana y generalizada contra la mujer en Ayacucho. Poco a poco, estas instituciones han comenzado a examinar los vínculos entre la violencia en tiempos de guerra y la violencia en tiempos de paz. Aunque reconozco la importancia de futuras investigaciones sobre la relación entre violencia política y doméstica, tratar dicho asunto está fuera del alcance de este capítulo (Boesten 2007, 2008). Más bien, me concentro en las historias personales de mis informantes —que están claramente relacionadas con la violenta historia de la región—, para ver cómo el Estado y las mujeres tratan de combatir la violencia doméstica. Seleccioné estas historias específicas por su representatividad.

Teodomira es una mujer de la generación "más antigua". Nació en 1942 en una comunidad que en otro tiempo estuvo en las afueras de Ayacucho, pero que hoy está completamente integrada a la ciudad. Ahí se casó con su primer amor, un vecino con el que creció. Teodomira fue siempre una mujer social y políticamente activa: fue una de las primeras en fundar un club de madres local, y en 1989 fue cofundadora de la Federación Departamental de Clubes de Madres de Ayacucho (Fedecma), que reúne a unas 80.000 mujeres. Luchó por la paz con marchas y reuniones, y siempre apoyó a las mujeres que habían perdido a algún familiar. Ahora se siente vieja y ha renunciado a su función de líder en la Federación, pero sigue comprometida con la comunidad, por ejemplo, organizando a sus colegas en el mercado en donde vende la artesanía que fabrica su familia. Dado que Teodomira es una mujer fuerte, con convicciones claras y de orientación activista, me sorprendió enterarme que su marido la había golpeado durante años. Según cuenta, su esposo empezó a hacerlo porque no le gustaba que ella saliera: "Nosotras ya hemos comenzado a organizar, a caminar, así, pero mi esposo me decía a dónde vas, dónde estarás yendo, me celaba ya, con otro hombre estarás yendo, dónde paras saliendo, así me pegaba. Le he dejado cuando me pegaba, tiempo he dejado de participar".

Al igual que otras mujeres, para apaciguar los celos de su marido porque ella participaba en una organización, Teodomira subrayaba constantemente que solo se trataba de un club de madres completamente dedicado al bienestar de la familia. Así como el sello de maternidad fue políticamente útil en tiempos de violencia política, también lo fue para mantener la paz doméstica. Sin embargo, su dedicación al hogar no impidió la ira ocasional y violenta de su marido, e incluso estuvo dispuesta a dejar de participar en actividades que pudieran provocar su enojo, como dijo que lo haría después de un "incidente" en 1990. Este incidente, que ocurrió un año después de fundarse la Fedecma, fue consecuencia de la creciente importancia de Teodomira como líder de mujeres. Luego de oponerse activamente a la violencia política en el departamento de Ayacucho, Teodomira debía enfrentarse a su propio marido: "'Y otra fecha 1990, ya era eso que he izado la bandera [...] pabellón nacional, primera vez [...] así como presidenta de mi Federación Provincia de Huamanga me han dado espacio para izar la bandera, ahí me pegó mi esposo bien, bien, hasta el hospital me ha mandado de fuerte. Ahí han venido las señoras a mi casa para llamar la atención a mi esposo, casi cuatro asistentas han ido". La autoridad colectiva de cuatro trabajadoras sociales obligó al marido a dar una explicación. Según Teodomira, esta fue su excusa: "y mi esposo lloró y ha dicho, 'no, mi esposa, que no, hay toque de queda, que no demore porque se le puede matarle y mis hijos menores quién le va a cuidar', así le ha dicho a las señoras". Paradójicamente, la preocupación del marido por la seguridad de su mujer en tiempos de guerra desembocó en una paliza tan fuerte, que tuvo que ser hospitalizada.

Podemos fácilmente condenar estos argumentos —si el esposo podía comportarse así con Teodomira, ella tampoco estaba a salvo con él y no podría ocuparse de los hijos—, pero ellos tenían sentido para Teodomira, quien estaba dispuesta a dejar su cargo en la Fedecma, no por miedo, sino porque creía que su esposo le había dado motivos legítimos de preocupación. Al final, sin embargo, la explicación de las trabajadoras sociales de que ella "no hacía daño a nadie" con sus actividades, que solo estaba auxiliando a otras madres, ayudó al marido a cambiar de opinión. Nuevamente, el énfasis se puso en el hecho de que a pesar de que las actividades de Teodomira se llevaban a cabo fuera de su casa, se mantenían en el espectro del ámbito doméstico. Esto al parecer satisfizo al marido. Lo que él temía, probablemente, no era que la violencia política alejara a su esposa de los hijos, sino perder el control sobre su comportamiento. Paradójicamente, se percibió que la responsabilidad de Teodomira por sus hijos peligraba más por el comportamiento "indecente" que podría resultar de su exposición al mundo exterior, que por la amenaza de violencia, tanto política como doméstica.

Al final, la maternidad, la ayuda prestada a los demás o cualquier otra excusa fueron insuficientes para proteger a Teodomira, porque su marido no dejó de golpearla. Sin embargo, los tiempos cambiaron para la siguiente generación: "Ahorita está mi hija, que ya es casada, 'una mujer de edad, papá, por qué a mi mamá le vas a pegar', cuando me está maltratando. Entonces mi hija me dice: 'si es así, denúncialo mamá, denúncialo, vaya, vamos, vamos, te llevo". Pero Teodomira nunca denunció a su marido. Se enorgullece más bien de que sus hijos la defiendan ahora que han crecido; probablemente me contó todo esto para demostrarme que ellos no aceptarían un comportamiento violento. Al narrar su historia de la manera como lo hizo, me mostró que el mundo ha cambiado para mejor y que su papel en esto ha sido significativo, porque su propia hija es capaz de protegerse, ahora que está casada.

Cuando le pregunté a Teodomira si su marido todavía la golpeaba, ella lo negó, diciendo: "No, ahora somos viejitos". Sin embargo, su hija parecía aún animarla a denunciarlo: "Ahorita está mi hija". Si es verdad que él no la golpea más, ello significa que ha alcanzado cierta paz. Sin embargo, me contó que su marido no sabe ni la mitad de lo que hace durante el día. No le ha dicho que tiene reuniones semanales para organizar a la gente del mercado. Para preservar la paz doméstica, ha decidido mantener en secreto ciertas cosas. Claramente, ha encontrado un equilibrio en su vida doméstica, pero se trata de un equilibrio que, después de 42 años de matrimonio y dolor, sigue siendo negociado.

La historia de Teodomira es una de las muchas que muestran cómo la violencia doméstica es a menudo producto de celos. Lo que cuentan las mujeres indica que los hombres se vuelven agresivos porque temen perder el control sobre las actividades, tanto sexuales como sociales y políticas, de sus esposas. Por lo tanto, una pregunta importante que muchas se hacen cuando comienzan una relación, es si ese hombre puede ser celoso. El término que utilizan para calificar a un hombre violento es el de "machista", es decir, alguien que limita y controla el comportamiento de la mujer. Gloria, una de mis informantes, definió el machismo de la siguiente manera: "la mujer tiene que estar en un rincón de la casa, la mujer no debe conversar así entre mujeres, cuando conversan así entre mujeres, ya le dicen que se están aconsejando". Su definición sugiere que los hombres temen las alianzas entre las mujeres porque podrían socavar su posición de poder en la familia. Una implicancia más, que cuentan con que se resalta en otras investigaciones, es que las mujeres que tienen amplias redes sociales tienen más posibilidades de ser golpeadas debido a que los esposos temen el potencial empoderamiento femenino (Cervone 2002: 184, Gonzales de Olarte y Gavilano Llosa 1998: 225).

Gloria tiene 35 años y vive en San Miguel, la capital de la provincia de La Mar, en el departamento de Ayacucho. Se trata de una pequeña ciudad, que en los años 2002 y 2003, no contaba con ningún servicio especial para combatir la violencia doméstica, más allá de las autoridades locales, como el juez de paz. Gloria comenzó la relación con su actual marido cuando tenía 15 años y se casó cuatro años después, luego de su primer embarazo. Cuando la entrevisté, era la presidenta del Club de Madres de San Miguel. Ella me dijo primero que su marido empezó a golpearla cuando comenzó a asistir a reuniones. Pero en cierto momento de la entrevista mencionó: "O sea, yo no puedo inculpar que él ha sido machista cuando estaba en la organización, no. Desde la hora que me junté, desde la hora que me buscó, siempre me maltrató, pero yo tenía miedo a él, yo decía esto será mi obligación, aunque me pegue tengo que... chibola de 15 años". Gloria transmite varias ideas relevantes aquí. En primer lugar, equipara el "machismo" con el carácter violento de su marido. En segundo lugar, aunque inicialmente centra su historia en el abuso que ha sufrido como consecuencia de sus actividades fuera del hogar, acaba confesando que en realidad este abuso no ha tenido nada que ver con su participación en organizaciones de mujeres, sino que ese hombre la ha golpeado desde el principio, cuando tenía 15 años. La pregunta, entonces, es por qué Gloria se casó con un hombre que la maltrataba. Ella dice que fue por miedo y porque pensó que era su obligación ser una buena esposa, "aunque me pegue". Gloria no se atrevió a acudir a la policía porque "cuando mi esposo estaba, yo tenía miedo hacerle ingresar, tenía miedo porque era un malo, lo demostraba, lo demostraba, no tenía vergüenza". Temía que la matara, como había amenazado con hacerlo, y no encontraba otra explicación para la violencia de su esposo que su carácter: solo era un hombre malo, violento y machista.

Así, Gloria tenía miedo del marido, pero seguía participando en su club de madres, siempre subrayando que lo hacía por las otras mujeres, porque la habían elegido presidenta y no podía defraudarlas. Tenía miedo y acomodó su vida igual que Teodomira: mintió al marido sobre sus actividades. Hoy, por cuenta propia, ha logrado detener la violencia y no tiene que mentir más. Esta es una historia poderosa: en un momento dado, su esposo, que por supuesto sabía que ella era un miembro activo de un club de madres, hizo un gesto conciliador e invitó a las socias a pasar Año Nuevo en su casa. Aquel día, frente a todas ellas, golpeó tan fuertemente a Gloria, que acabó en un hospital. El médico inmediatamente mandó llamar al jefe de policía para denunciar el abuso. Según Gloria, el policía escuchó su historia con asombro, preguntándole cómo era posible que una mujer tan fuerte como ella, una líder, hubiera soportado todos esos años tal violencia. Gloria vio su posición como líder de la comunidad innegablemente comprometida por la conducta de su esposo. Pero lo que más la enojó, fue la decisión del marido de agredirla frente a las socias: "entonces delante de ellas que me ha maltratado y me ha difamado, en eso yo reflexioné y dije: basta". Ella sentía que este hecho había socavado su autoridad como presidenta del club de madres. Aunque esta humillación pública había sido probablemente una medida calculada por el marido para darle una lección, Gloria sentía que había cruzado un límite. Afirma que este hecho la hizo más fuerte y que, desde entonces, fue capaz de defenderse mejor, no haciéndole caso, ignorando su violencia, alejándose o luchando físicamente contra él. Sin embargo, no lo abandonaba. Pero el destino fue amable con Gloria y su marido terminó preso por tráfico de drogas.

Las mujeres envueltas en matrimonios violentos encuentran estrategias para hacer más o menos lo que creen que es correcto. Algunas sufren la violencia en solitario, hasta que terminan en el hospital y otras personas —doctores, enfermeras o trabajadores sociales, pero también vecinos, amigos o parientes— se dan cuenta de la situación. Exponerse al mundo exterior parece muy importante: los sentimientos de solidaridad y apoyo pueden fortalecer a las mujeres y recordarles que no están solas; al mismo tiempo, los sentimientos de vergüenza y pérdida de autoridad pueden empujarlas a la acción.

Las mujeres se quedan con un marido violento porque le tienen miedo, porque no saben adónde ir con los hijos, y porque a veces sus propias madres han soportado lo mismo y transmitido el mensaje de que deben aguantar. La historia de Irma ilustra este último punto. Irma tiene 20 años y dos hijos de su expareja. Ella me contó que él la golpeaba constantemente, pero que ahora la había dejado con los niños. Cuando le pregunté por qué se había quedado con él, me dijo, "por el bien de los niños", pero también admitió que no quería estar sola. En realidad, según explicó, huyó de su hogar paterno, porque ahí la violencia era la única forma de comunicación. Así, nunca contó a sus padres o a sus hermanas cómo la trataba el marido. Había cambiado una vida familiar muy desagradable, por otra incierta con un hombre que le dio muchos golpes y a sus dos hijos. Irma no se lo contó a nadie, y tampoco fue a la policía, porque aún no estaba lista para dejarlo. Sin embargo, él la abandonó y ella se vio forzada a encontrar una forma de sobrevivir. Ahora apenas puede apoyar a sus dos hijos y pagar el alquiler del apartamento donde vive. Su madre la ayuda, pero no de manera muy amorosa, como consta por la mueca que hizo al hablar de ella. Si Irma no tiene comida, acude a donde su madre a comer, pero debe hacer pesadas tareas domésticas a cambio.

Debido a que Irma no puede recurrir a las estructuras de la comunidad y ni siquiera a su propia familia, depende de la policía para protegerla y ayudarla a reclamar una pensión de alimentos. Cuando la conocí en la comisaría, estaba allí a instancias de su madre, para informar que su expareja la había abandonado a ella y a sus hijos.

Irma no tenía ningún club de madres al que recurrir. Como se dijo en capítulos anteriores, aunque la imagen exterior de estas organizaciones se basa principalmente en la maternidad, son grupos de mujeres que desarrollan una amplia gama de actividades que desafían las nociones tradicionales de la feminidad. Las historias de Gloria y Teodomira mostraron que su participación en las organizaciones de mujeres creó ciertas circunstancias que alteraron las relaciones violentas con sus parejas. Otras historias muestran que las mujeres se animaron mutuamente a no aceptar la violencia, a denunciar a una pareja agresiva y a conocer sus derechos como ciudadanas y como mujeres. Las ONG, feministas o no, han hecho un buen uso de las estructuras organizativas que los clubes de madres han creado, e imparten cursos sobre una amplia gama de temas. Como resultado, estos clubes proporcionan información sobre los derechos de la mujer, la participación política, los derechos reproductivos, el liderazgo y la autoestima, que se espera que las líderes de estas organizaciones transmitan a las bases. Los miedos de los esposos de que sus parejas "se hagan ideas" al participar en clubes de madres no son, entonces, infundados.

En el caso de Emma, una importante líder de la Federación de Clubes de Madres de Ayacucho en el momento en que la entrevisté, los conflictos con su esposo se originaron por el simple hecho de que ella tenía ideas y opiniones:

> [...] más que nada, por el machismo, o sea, no quería que yo resalte así al pueblo, no quería que yo sea superior a él, porque él es una persona profesional, entonces dice que la mujer que no es profesional no debe sobresalir por encima del varón, entonces a veces discutíamos problemas sociales, a veces del pueblo o algunos problemas que teníamos dentro de nuestro país. Pero él no estaba de acuerdo con lo que yo

> decía, él decía que no es así, es así, es así, entonces de eso a veces venía la discusión, o sea, el machismo más que nada.

Emma sospechaba que su marido no quería que ella fuera inteligente. Como en el caso de Gloria, consideraba que el machismo era la razón principal por la que desechaba sus ideas y, por lo tanto, era lo que motivaba su agresión. Emma estuvo activa en las organizaciones de mujeres desde los primeros años de violencia política y, junto con otras madres, exigió justicia, buscó a los desaparecidos y trató de proteger a los que estaban amenazados. Tales experiencias la convencieron de la corrección de su compromiso social. Sin embargo, su marido la golpeaba cuando ella se mostraba "demasiado inteligente", porque él deseaba serlo más. Al parecer, este hombre, que dejaba que Emma participara en la vida pública tanto como quisiera, creía que ella disputaba su autoridad tan pronto como manifestaba tener una opinión diferente a la suya.

Emma soportó las palizas. No dejó de participar en los clubes de madres, pero tampoco logró enfrentarse a su marido. Sin embargo, durante la década de 1990 algo provocó en ella un cambio de opinión:

> Entonces, a pesar de que yo recibía las capacitaciones desde el noventa, más o menos, yo sabía claro cuál era mi derecho, cuál era, pero a pesar de eso yo era maltratada. Para esto mis compañeras me decían: "Oye Emma, cómo tú das clases, cómo tú capacitas a las bases sobre los derechos de la mujer, sobre la autoestima, mientras que tú eres más maltratada, más jodida, jodida en tu vida conyugal, estás más fregada". Entonces de qué derechos hablas si tú no lo practicas, entonces ahí tomé mis decisiones, dije gracias a mis compañeras y a algunas instituciones que me hablaron, tomé mis decisiones definitivamente para separarme.

Aunque Emma, por supuesto, está hablando con una entrevistadora extranjera con potencial dinero institucional, que puede haber influido en su narrativa, hay una lógica obvia en su historia: ella daba talleres a las mujeres de la Federación —con el conocimiento que había obtenido de varias instituciones— sobre derechos y autoestima, ambos conceptos feministas vigentes. Pero tal conocimiento no hizo que ella se divorciara de su marido. Solo cuando sus socias abordaron el tema, decidió que no podía continuar con su vida tal cual era. La historia de Emma —y la de Gloria de manera muy similar— muestra cómo el empoderamiento puede ocurrir a través de una combinación de estrategias: el sistema judicial que reconoce los derechos de la mujer, incluso si la ley no siempre se aplica; las ONG que proporcionan información y capacitan a las mujeres y, lo más importante, las compañeras que se cuidan y empujan los límites de lo aceptable. Después del divorcio, Emma acudió a los tribunales para obtener una pensión de alimentos de su expareja, "con juicio y todo".

La participación de las mujeres en organizaciones de base a menudo genera conflictos sobre las relaciones de poder existentes dentro de sus hogares, lo que puede dar lugar a violentas peleas. Sin embargo, más allá de algunas excepciones o retiros temporales, la mayoría de las mujeres entrevistadas persistió en su activismo, incluso cuando eso significaba soportar una creciente violencia por parte de sus parejas o mentirles sobre su paradero. Las historias que examiné aquí nos muestran que las organizaciones de mujeres no solo desencadenan ira, sino que también pueden conducir a soluciones. Las dirigentes de los clubes de madres desarrollaron un sentido del bien y del mal en relación con la violencia doméstica que las llevó a no aceptarla más entre ellas. Como se esperaba que enseñasen a sus socias a no aceptar la violencia en sus familias, las líderes tenían que dar un "buen ejemplo" si no querían perder autoridad. Sin embargo, fue también el apoyo que las mujeres se daban mutuamente y el conocimiento que desarrollaron sobre la vida de las demás, lo que —como los grupos de concientización de las clases medias occidentales o las de Lima durante los años setenta— les dio a las mujeres la fuerza y convicción para dejar de convivir con la violencia.

Cambiando el propio comportamiento

Las mujeres organizadas que rechazan la violencia doméstica y tratan de convencer a sus semejantes de hacerlo, no solo están luchando contra los agresores. También se rebelan contra las convenciones de su entorno social, en el que hombres y mujeres, padres, policías y jueces no siempre ven la relevancia de la lucha por transformar las jerarquías de género ni la necesidad de combatir la agresiva autoridad patriarcal. Pero quizás aún más difícil, como dijo Neyla, es la lucha que ellas mismas deben librar contra sus propias creencias.

Neyla nació en 1960 en San Miguel, La Mar. Su vida es una triste historia de guerra, violencia política y migración forzada. Comenzó a participar en los clubes de madres en la década de 1980, cuando el conflicto armado desatado por Sendero Luminoso dominó la región. Durante aquellos años se convirtió en una buena organizadora y madre de tres niñas, perdió tres hermanos en la guerra y un marido por divorcio. Neyla no se separó debido a una violencia doméstica, sino porque su pareja había construido una nueva vida durante su época de refugiado en Lima. Sin embargo, además de la violencia de la guerra que soportó su familia, Neyla había crecido en un hogar en el que la violencia doméstica era moneda común:

> En mi casa, mi papá es muy machista, es una persona que no sabe tolerar, que tampoco es una persona que sabe reconocer sus errores, para él lo que dice él es perfecto, entonces la que más ha sufrido en esto es mi madre, pues porque mi papá sí, él le pegaba, todo. [...] Al comienzo a mí me chocaba, pero después me fui acostumbrando. Y una fecha mi papá a mi mamá le pegó delante de mí, entonces justo yo me levanté y le dije cómo es posible que le vas a decir eso y, pué, lo que le iba a caer a mi mamá, me cayó a mí. Esa fue la única vez que le vi pegar a mi mamá. Pero ella dice que siempre le ha pegado, pero delante de mí, no, es la única vez. Lo que yo más sufrí esto de la violencia y el maltrato, he sido yo en carne propia, con mi tía. [...] Yo me he criado con una tía y la tía me daba, cualquier cosa todo era golpe, todo era golpe, a pesar que ella era educadora, nunca supo dar un consejo o decir esto es malo por esta, por esta, por esta razón, entonces yo he vivido dentro una la violencia, ¿no?

Neyla indica que lo que estaba mal con esa tía era que nunca le enseñó qué era bueno y qué era malo, y por qué. "Todo era golpe", no recibía ningún consejo o ayuda. Admite que ella misma fue esa clase de madre autoritaria para su primera hija, que nació en 1982, pero que cuando las ONG comenzaron a llegar a Ayacucho en los años noventa para apoyar la reconstrucción del departamento devastado por la guerra, aprovechó la oportunidad. Como alumna que aprendía rápido y tenía mucho interés, participó en todos los cursos que unas ONG ofrecieron. Según ella, lo que aprendió allí cambió su visión del mundo y su actitud hacia sus hijas:

> Vinieron dos ONG a hacer el taller sobre derechos de la mujer y derechos del niño y del adolescente. Entonces fue ese taller el que a mí me hizo meditar, me hizo pensar bastante el de la forma cómo criar a los hijos, dije cómo debo de hacer. Desde ahí empecé a tratar de cambiar con mis hijos, incluso poco a poco todos los talleres, a todos que he participado, han hecho de que yo madure quizás como persona, me vea como una mujer que tiene derechos, he valorado mi autoestima, pero de acuerdo a ello he visto del cómo del resto, cómo debe ser.

Este último punto la ha hecho pensar mucho, porque ahora ve injusticias en todas partes:

> Eso justo el otro día comentaba yo con la señora Marcela, ella decía "yo antes de ser dirigenta que iba a aguantar que me digan dos o tres pachotadas, yo iba y le ponía en su sitio, y si es varón le mandaba la cachetada" [...] Y todavía yo he visto lo arreglaba con golpes, [...] y peor todavía a mí me da, no sé qué me da entre mujeres nos tengamos que decir cualquier cosa y nos maltratamos más, hablamos de violencia y entre mujeres nos violentamos más, le digo yo. No sé, pero, le digo que he asimilado mucho de todo esto, pero parece que me estoy volviendo muy sensible.

El hecho de que las mujeres no sean siempre capaces de comunicarse entre ellas sin recurrir al abuso físico o verbal, producía que Neyla se sintiera sola y vulnerable. La falta de un cambio inmediato en sus relaciones sociales cotidianas, a la vez que absorbía nuevas ideas sobre la autoridad, hacía que ella no se sintiera segura sobre cómo educar a sus hijas, sobre todo porque tenía problemas con una de ellas: "Será porque estoy pecando mucho en darte muchas facilidades o debo ser como los papás antiguos, pegar [...] sí a mi hija la mayor la tenía, le pegaba mucho. No me quejo, mi hija es muy responsable y todo mientras que a la otra la he tenido con diálogo, [pero] no me es responsable, o será que la adolescencia le ha dado fuerte, no sé" (suspirando). Las palabras de Neyla nos permiten hacernos una idea de los problemas que las mujeres tienen respecto a su propia educación, sus dudas privadas y el mundo que les rodea. Después de todo, si ellas cambian, entonces el mundo debería cambiar con ellas, si no se pueden volver "muy emocionales", como reflexiona Neyla. Sin embargo, las mujeres de las organizaciones populares están definitivamente transformando sus mundos. Utilizan el apoyo que las ONG les brindan para ampliar sus conocimientos, a la vez que usan los tribunales y otros servicios estatales para combatir la violencia en sus familias. Neyla también fue a juicio para obtener una pensión de alimentos después de que su pareja la dejara. Pero, sobre todo, las mujeres se informan y se apoyan mutuamente a través de sus organizaciones, divulgan la información que reciben en los talleres y se ayudan a reflexionar sobre su vida, aunque esto traiga dificultades y dudas.

Conclusión

En este capítulo hemos visto cómo la autoridad masculina sobre las mujeres a menudo se refuerza a través de la violencia. Los hombres le dicen a sus esposas cuál es su "lugar" y, especialmente, cuál no lo es. Por encima de todo, los maridos temen la participación de sus mujeres en actividades fuera del hogar, probablemente porque tales actividades pueden afectar su autoridad "natural" sobre ellas a través de la transformación de las relaciones de género que estas actividades provocan. La idea de que las mujeres son responsables por el bienestar de la familia se utiliza a menudo contra aquellas que desean realizar otras tareas, además de las domésticas. De hecho, las mujeres son acusadas de ser "malas madres" en cuanto comienzan a participar en organizaciones de mujeres. Los hombres pueden ver la participación de sus esposas en las organizaciones de mujeres como una amenaza directa a las relaciones de poder establecidas en el hogar y como algo que puede desencadenar conflictos domésticos severos.[21] Para los hombres, las organizaciones de mujeres son la encarnación del cambio de las relaciones de género, pues en ellas las mujeres aprenden a leer y escribir, a hacerse oír, a defenderse y a negociar en el ámbito político. Después de escuchar las historias de líderes de organizaciones de base, como Teodomira, Gloria o Emma, nos damos cuenta el sentido que tiene que se representen colectivamente como madres organizadas, pues así legitiman sus actividades públicas ante sus parejas. Esta estrategia también se relaciona con el uso político de la maternidad como escudo contra la violencia.

El énfasis puesto por la familia en la responsabilidad de las mujeres también se encuentra en las políticas estatales contra la violencia doméstica. Aunque las medidas siguieron las tendencias nacionales e internacionales que destacaban el derecho de las mujeres a una vida sin violencia, inicialmente el Estado peruano —con el apoyo de las instituciones financieras internacionales— buscó proteger la estructura de la familia antes que los derechos de la mujer. Incorporar la conciliación como un primer paso obligatorio después de violentos conflictos internos, significaba que las mujeres debían resolver sus problemas dentro de las mismas estructuras familiares violentas, autoritarias y desiguales. Implícitamente, ello sugiere que los derechos de la mujer estaban, en la práctica, subordinados a la unidad familiar y, por tanto, a la autoridad de los hombres. Además, el énfasis puesto en la unidad de la familia indica que se creía que la violencia contra la mujer no era endémica, sino más bien ocasional y estaba restringida a ciertas familias percibidas como de clase baja, pobres y étnicamente pertenecientes a los estratos "inferiores". Tal enfoque centra la atención en el vínculo entre una cultura autoritaria, racista y sexista y la violencia con la que a menudo se hace cumplir la autoridad.

---

21. Moore (1994) y Tinsman (1997) argumentan que los roles de género cambiantes son parte de transformaciones sociales más grandes, pero no necesariamente incrementan las motivaciones de los conflictos conyugales violentos.

Dado que el Perú estaba todavía gobernado por un régimen autoritario cuando se aprobaron las primeras leyes, esta falta de protección adecuada contra la violencia no debería sorprendernos. Como hemos visto en los capítulos anteriores, Fujimori estaba interesado en enviar al mundo el mensaje de que estaba llevando al Perú hacia la "modernidad". Las políticas y la legislación orientadas hacia la mujer fueron más un intento cuidadoso por construir una imagen específica, que un intento real por transformar las relaciones sociales. Así, como observa Virginia Vargas (2002: 213), la creciente conciencia entre las mujeres y la concesión efectiva de derechos legales "[...] se produjo en un contexto más amplio de mínimo respeto por los derechos de los ciudadanos". A pesar de la expansión de los derechos formales, en la práctica su ejercicio se veía a menudo limitado por la discriminación institucional —persistente e ignorada— basada en el género, la raza y la clase, lo que reforzaba las desigualdades existentes. De este modo, la efectividad de las políticas contra la violencia doméstica está, al igual que la lucha por los derechos de la mujer, vinculada a medidas más amplias de democratización y expansión y consolidación de la ciudadanía. Debe existir la voluntad política de combatir el autoritarismo endémico, la violencia y la desigualdad, no solo en el hogar, sino también en las instituciones y en el país en general. La implementación de viejos planes y nuevas políticas por parte del gobierno de transición después de la caída del régimen de Fujimori a finales de 2000, sugiere además que el desarrollo de políticas adecuadas para combatir la violencia contra la mujer debe ir de la mano de la democratización del gobierno.

Sin embargo, el nuevo marco político diseñado después de 2001 no ha resuelto aún el problema del racismo institucional y el sexismo generalizado. Los patrones existentes de autoritarismo y desigualdad de género son componentes importantes de la persistencia de la violencia contra la mujer. Hemos visto cómo las autoridades cuya tarea consiste en protegerlas, condicionan sus derechos a partir de factores como la clase y la etnia, y juzgan su "valor" según sus prejuicios racistas y sexistas. Algunas autoridades refuerzan las imágenes de las mujeres como creadoras de su propia desgracia y como responsables de la cohesión familiar, lo que conduce a una confirmación silenciosa del derecho de los hombres a dominarlas. Los policías, jueces y médicos siguen formando parte de este autoritarismo de género, por lo que no pueden ser considerados verdaderos defensores de los derechos de la mujer y la igualdad de ciudadanía. En consecuencia, las mujeres han tenido que confiar en sí mismas y entre ellas para cambiar situaciones familiares violentas.

Más que por su aplicación efectiva, la legislación contra la violencia doméstica ayuda a las mujeres en su convencimiento de que están en su derecho a oponerse a la violencia y a exigir un cambio. La ley, cuyos contenidos son activamente propagados tanto por presión de las ONG como por la intervención del Estado, otorga a las mujeres un instrumento de resistencia contra la violencia autoritaria: si bien Teodomira le mentía a su esposo para evitar palizas, estaba orgullosa de decirme que su hija se dirigiría a la policía. Por lo tanto, la legislación y la formación que ofrecen las ONG apoyan a las mujeres en un lento pero constante proceso de empoderamiento que tiene sus raíces en las propias redes de mujeres, tal como lo demostró el caso de las distribuciones de alimentos. Una encuesta reciente hecha a mujeres de cuatro provincias de Ayacucho mostró que las que participaban en organizaciones eran menos propensas a sufrir violencia doméstica que aquellas que no lo hacían, un resultado contrario al del estudio de 1998 realizado por Gonzales de Olarte y Gavilano Llosa.[22] A través de su acción colectiva y la experiencia de unos 35 años de organización, las mujeres están ganando terreno en la lucha por sus derechos.

Sin embargo, las luchas personales de las mujeres contra el autoritarismo violento también presentan una enorme tarea: como las mujeres son responsables de los hijos, son asimismo consideradas las encargadas de transformar el modo en que se comunica la familia. Y, como vimos a partir de las reflexiones de Neyla, este no es un proceso fácil ni automático.

---

22. Programa Integral de Lucha Contra la Violencia Familiar y Sexual (2005), comparado con Gonzales de Olarte y Gavilano Llosa (1998).

6

De nuevo con las mujeres

En 2006, volví al Perú para iniciar un nuevo proyecto de investigación y reunirme con viejos amigos. Además, visité a las mujeres que había entrevistado entre los años 2000 y 2003 en Lima y Ayacucho. En Ayacucho, lo primero que me llamó la atención fue un brillante cartel pegado en una pared que anunciaba un evento. Captó mi atención porque el nombre que aparecía en él me sonaba familiar: era el de Vilma Ortega, presidenta de larga data de la Federación Departamental de Clubes de Madres de Ayacucho (Fedecma) y una de las mujeres clave en el trabajo de campo que había realizado para este libro. El cartel, un homenaje a su trabajo, mostraba un retrato de ella pensativa, mientras detrás, las "masas" la aclamaban. Instaba al público a seguir el ejemplo de Vilma en su lucha por el cambio social y la justicia: "Hasta la Victoria Final".

Tal lenguaje revolucionario, en una ciudad que hasta hacía poco había sido el escenario central de Sendero Luminoso, no me sorprendió demasiado. La última vez que visité a Vilma en 2003, me contó que había dirigido a la Fedecma hacia una alianza con una organización política socialista-nacionalista recién establecida, llamada Inkari. Inkari utilizaba el simbolismo y la mitología del mundo andino precolombino y se basaba en el pensamiento político de principios del siglo XX de José Carlos Mariátegui. Su ideología política se remitía a construcciones imaginarias de lo que había sido el Perú en el pasado, y cómo debería ser en el futuro, continuando el debate que preocupó a los intelectuales a lo largo del siglo XX. Reforzaba explícitamente la idea de la existencia de un comunismo incaico e incorporaba también elementos del marxismo-leninismo. Aunque el partido parecía ser popular entre ciertos sectores de la sociedad ayacuchana, no tuvo visibilidad durante las elecciones de 2006 y no encontró ningún apoyo evidente más allá de Ayacucho y de una comunidad de migrantes en Lima.[1] Sin embargo, para Vilma y varios otros líderes de mujeres, Inkari parecía ofrecer nuevas oportunidades.

Personas como Vilma —con un historial de participación en organizaciones de mujeres, de liderazgo y de asunción de riesgos durante los años de guerra, y una turbulenta vida personal— suelen tener ambición. Resultaba que la organización de mujeres le había quedado demasiada pequeña, mientras que la política departamental seguía siendo un negocio de hombres o quizás de clase media. Para las autodidactas como ella, estar a la cabeza de una organización de mujeres parecía ser el cargo público más alto que al que podían aspirar. Pero Vilma era joven y ya no tenía pareja, sus hijos tenían edad suficiente para cuidar de sí mismos, había ganado la batalla judicial por la pensión de alimentos de su marido abusivo, y sus actividades comerciales le permitían ganarse la vida. Después de unos cinco años de dirigir la Fedecma, quiso entrar en la política formal e Inkari estaba allí, literalmente a la vuelta de la esquina.

El cartel que destacaba la dedicación de Vilma a la Fedecma, al pueblo de Ayacucho y a la "lucha", era en realidad conmemorativo. Su hija, Kelly Alanya, me contó más tarde ese día, que su madre había muerto en un accidente de tránsito varios meses atrás. Muchos caminos en los Andes son de tierra, desiguales, se inundan durante la época de lluvias y colindan con barrancos mortales. Además, los conductores de micros y buses son conocidos por su imprudencia al manejar, y a menudo se ven involucrados en accidentes fatales. Vilma

---

1. Inkari tenía una página web desde el 2006 (<http://www.inkariperu.com>), pero ya no existe en su forma original.

estaba viajando por el departamento en autobús, como hacía a menudo para encontrarse con otras líderes, dictar algún curso o hablar de ciertos asuntos. Murió inmediatamente, le aseguró un testigo a Kelly.

Kelly, una antropóloga recién graduada de poco más de 20 años que se había casado diez días antes de la muerte de su madre, se preparaba para dejar el país cuando volví a verla. Se había hecho cargo de sus dos hermanos menores durante seis meses, pero la familia había acordado que no perdiera la oportunidad de emprender una nueva vida con su marido americano en el norte. Las ambiciones de Kelly no eran políticas, como las de su madre. Aunque vivió la guerra siendo niña, con parientes asesinados y desaparecidos, y creció viendo a Vilma luchar por la vida y el sustento, tuvo mejores oportunidades que ella: pudo ir a la universidad y estudiar antropología, la disciplina que antes solo era la de los extranjeros que llegaban al Perú para estudiar su cultura. El interés de Kelly por la lucha de su madre y sus contemporáneas estaba mediado por una distancia creada por la educación. Trabajó en un proyecto que buscaba documentar la historia de la Fedecma, y realizó trabajos de campo visitando comunidades rurales y aprendiendo sobre su propio patrimonio a través de una mirada a la vez observadora y participante. Kelly también me ayudó a comunicarme con quienes hablaban quechua en la comisaría para mujeres. En lugar de luchar por la voz pública y el reconocimiento, ella quería iniciar su propia familia, tal vez trabajar como profesora, y hacer una maestría en antropología en Washington, D.C.

Cuando la vi en abril de 2006, todavía estaba atónita por la muerte de su madre, y parecía estar tanto feliz como angustiada cuando hablaba de ella. Se quejó del funeral: la gente había disputado el liderazgo de Vilma antes de morir, y muchas mujeres se habían retirado de la Fedecma por su alianza política y, sin embargo, durante el entierro todos estaban allí, elogiando su trabajo, su legado. Para Kelly, esto demostraba la hipocresía de la gente y, al mismo tiempo, confirmaba la reputación de su madre como alguien que peleaba por los derechos y el sustento. Pero en realidad, Vilma se había ganado enemigos entre los líderes locales, a quienes no les gustaba sus formas autoritarias ni su dogmatismo político, y las ONG que habían trabajado anteriormente con la Federación habían retirado sus proyectos desde que ella había entablado la alianza con Inkari, puesto que dichas organizaciones se resisten a financiar movimientos políticos.

La observación de Kelly sobre la atención que atrajo el funeral de Vilma tiene todavía otra arista. En los Andes, lamentablemente los autobuses caen por los precipicios con bastante frecuencia. Tales accidentes justifican generalmente un artículo en el periódico local, y tal vez una breve nota en los periódicos nacionales. A veces un nuevo gobierno comienza un proyecto vial, pero a menudo se lo abandona a mitad de camino. Las compañías de autobuses más grandes, con sede en Lima, se aprovechan de la necesidad que tiene la gente de viajes "seguros" para cobrar tarifas más altas, a cambio de dos conductores en lugar de uno en las rutas de larga distancia y de un vehículo en buen estado. La mayoría de las empresas, sin embargo, no puede permitirse tales lujos. No obstante, el peligro que representan estas vías que atraviesan los Andes, y las numerosas víctimas que se cobran, no parecen preocupar demasiado a las élites gobernantes. Por supuesto, esta situación pone de relieve nuevamente los distintos niveles de ciudadanía que existen en el Perú, e incluso el diferente valor que se le da a la vida humana. Sin embargo, la muerte súbita de Vilma se conmemoró ampliamente, a su funeral asistieron cientos de personas, se distribuyeron carteles por toda la ciudad, y una búsqueda de Google muestra que es recordada y honrada en los sitios web de varias organizaciones nacionales y en un grupo de discusión de Yahoo. La honra a la memoria de Vilma Ortega indica que había logrado crear una plataforma legítima y muy respetada para las mujeres andinas pobres. La decisión de Kelly de emigrar, con un diploma de antropología en la maleta, podría considerarse un certificado indirecto del éxito de Vilma, y de la Fedecma, que lo hizo posible.[2]

---

2. Para bien o para mal, migrar dejando la pobreza atrás, especialmente a través de una forma tan legítima como el matrimonio, se percibe generalmente como un logro.

En abril de 2006, cuando visité Ayacucho y hablé con Kelly, era mes de elecciones. Los carteles electorales estaban por todas partes y los candidatos visitaban la plaza principal. Fue, como siempre, una elección turbulenta entre dos extremos. La visita del candidato Alan García fue recibida con cierta tensión general. Cientos de soldados de las Fuerzas Especiales patrullaban las calles de Ayacucho, a las que jóvenes apristas habían sido transportados desde las provincias circundantes. Las señoras de la Anfasep, la organización de familiares de desaparecidos creada en 1983, en el apogeo de la violencia política, no se dejaron intimidar por el agresivo canto de los apristas y protagonizaron una valiente contraprotesta frente a la iglesia, en la que acusaron a García de cometer abusos contra los derechos humanos en su gobierno anterior (1985-1990). La tensión llevó a un enfrentamiento, y una joven trabajadora de una ONG de apoyo recibió una paliza dirigida a las mujeres de la Anfasep.

El otro candidato que generó tensión y conflicto durante la campaña electoral de 2006 fue Ollanta Humala. Los tres hermanos Humala, Antauro, Ulises y Ollanta —todos veteranos del Ejército peruano—, estaban asociados al movimiento etnocacerista (o etnonacionalista) peruano.[3] Después de un levantamiento fallido y poco apoyado contra el gobierno de Fujimori en 2000, los hermanos siguieron caminos diferentes. Antauro realizó un intento de golpe de Estado en 2005, en el que mató a seis personas; Ulises continuó la línea etnonacionalista; y Ollanta logró obtener un amplio apoyo nacional y casi ganó las elecciones nacionales de 2006. A pesar de ser un exoficial del Ejército, con acusaciones de abusos contra los derechos humanos, contó con el apoyo de alrededor del 60% de los ayacuchanos. Con una visión del mundo autoritaria, populista, carismática, joven, enérgica, antipolítica y arraigada en la clase media mestiza urbana, Ollanta Humala apeló a un gran segmento de personas decepcionadas que no se habían beneficiado del aumento de

---

3. La parte "cacerista" del nombre hace referencia a Andrés Avelino Cáceres, uno de los héroes peruanos de la Guerra del Pacífico (1879-1984) que el Perú perdió ante Chile.

las exportaciones que el Perú había experimentado desde mediados de los años noventa: es decir, la mayoría de la población andina. Pero Ollanta era el moderado de la familia: las ideas políticas del preso Antauro, comentadas por Ulises, eran racistas, xenófobas y ofensivas para algunos sectores de la población, mientras que correctamente nacionalistas para otros.[4]

Fue en el grupo de Ulises Humala, Avanza País, que encontré a otra de mis entrevistadas. Teodomira de la Cruz había sido la presidenta de la Federación Provincial de Clubes de Madres de Ayacucho (Fecma). Como Vilma, era ambiciosa y decidida e hizo enemigos entre sus compañeros, mientras se hacía un camino en la política departamental. Como la mayoría de las ayacuchanas, Teodomira había sufrido muchas dificultades durante los años ochenta y noventa: vivía en una casa que se había quemado varias veces y había perdido a varios miembros de su familia. La encontré nerviosa, asustada y recelosa. Cuando le pedí una entrevista personal en 2001, preferentemente privada, me invitó a su casa a las seis de la mañana, antes del alba. La encontré viviendo en una habitación con sus tres hijas, todas compartían una sola cama. Teodomira y sus hijas se ganaban la vida vendiendo periódicos en una esquina. Fue en su puesto de periódico, cuando la fui a buscar en abril de 2006, donde vi el cartel que la presentaba como candidata de Avanza País. Ya en 2001, cuando la conocí, pasaba todo el tiempo que podía en reuniones y asambleas, a pesar de que su familia no ganaba mucho dinero. Se veía a sí misma como una luchadora, alguien que siempre había participado y tomado una posición de liderazgo. Sus experiencias durante la guerra desatada por Sendero Luminoso reflejaban esto. Ahora, sin embargo, necesitaba encontrar una voz pública que fuera más allá de las organizaciones de mujeres. Para ella, esta oportunidad estaba en el partido de Ulises Humala.

---

4. Jaime Bayly, el *enfant terrible* de la entrevista política, interrogó a Ulises y Antauro sobre sus declaraciones públicas. La entrevista se puede ver en YouTube: <http://youtube.com/ watch? V = flpxKW_NBAA>.

Tanto Vilma como Teodomira habían hecho carrera en organizaciones de mujeres. De origen humilde, no habían tenido una educación superior formal, pero, según contaron, habían crecido en familias en las que el liderazgo y el activismo eran valorados. Eran jóvenes cuando estalló el conflicto armado interno y se unieron a otras mujeres en su lucha por la vida y contra la violencia. Ambas fueron madres solteras y tuvieron que cuidar de sus hijos. Después de la guerra, se convirtieron en líderes ambiciosas cuya capacidad de dirigir y lograr un cambio positivo, sin embargo, se veía limitada por su género y origen socioeconómico. Así, eligieron caminos muy similares para conseguir una voz más pública, y se unieron a partidos políticos nacionalistas que les dieron la oportunidad de participar. Esta opción surgió en parte gracias a las reformas del gobierno de Fujimori: la cuota de género de 25% estipulada en 1998 para todas las listas de partidos había aumentado considerablemente el número de mujeres en la política nacional y local. Sin embargo, sus lugares en las listas no las llevaron al Congreso: Ulises Humala perdió y su partido desapareció; y si las ambiciones de Vilma no se hubieran visto frustradas por un accidente fatal, bien podrían haberlo sido por el dogmatismo y el localismo de Inkari. Ambas mujeres también estuvieron condicionadas por su propia política. Ya en el año 2002 no se hablaban entre ellas, poniendo en peligro la colaboración entre las organizaciones que encabezaban (las federaciones provinciales y departamentales de clubes de madres). Vilma llevó a la Federación a Inkari, un camino que no todas las organizaciones que la conformaban habían querido seguir. Como me comentó una vez una trabajadora de una ONG en una conversación sobre las tensiones entre las organizaciones de mujeres en Ayacucho, esta generación de líderes fue tan autoritaria como la generación anterior, pero no llegó a ganarse el respeto matriarcal que sus predecesoras habían logrado. Teodora Ayme, fundadora y matriarca de la Fedecma desde fines de la década de 1980 hasta mediados de los años noventa, había ampliado y fortalecido la organización y había sido capaz de mantener la paz a través del respeto que ella encabezaba. Vilma y Teodomira, sin embargo, se enfrentaron a una generación más joven, una generación más democrática quizás, y definitivamente tan ambiciosa, consciente y comprometida como lo eran ellas mismas.

También regresé al pueblo de San Miguel, provincia de La Mar, en el departamento de Ayacucho. Allí encontré a Nelly Mejía, exlíder de una sección provincial de la Fedecma, ahora retirada debido a la alianza de la Federación con Inkari. Nelly había sido de gran ayuda durante mi anterior trabajo de campo y me había presentado a mucha gente en San Miguel. Ella también había vivido experiencias traumáticas en los años ochenta y había logrado reconstruir su vida. Cuando la vi en 2006, vivía con sus tres hijas entre Ayacucho y San Miguel, viajando de ida y vuelta, por peligrosos caminos montañosos de aproximadamente cuatro horas en transporte público. Sus experiencias y ambiciones de la habían llevado en una dirección diferente a la de Vilma y Teodomira. Pacientemente, Nelly escuchaba las historias de las mujeres que iban a verla y las aconsejaba sobre cómo mejorar su situación. Junto con varias otras antiguas líderes de la Federación en San Miguel, había fundado una organización "para el bienestar de los niños, adolescentes y mujeres", la Defensoría y Promoción de la Mujer, del Niño y Adolescente (Depromuna). Trabajó con ONG feministas con sede en Ayacucho brindando talleres sobre salud sexual y reproductiva, violencia doméstica y derechos de la mujer. También ayudó a las mujeres a obtener pensiones de alimentos y el reconocimiento y registro de hijos (un requisito para obtener esas pensiones). Nelly no se opuso a la persistente cultura política masculina, sino que colaboró con los líderes y trató de involucrarlos en sus proyectos. No aconsejaba tampoco a las mujeres dejar a sus maridos si estos eran violentos. Más bien, trabajó desde dentro del sistema y trató de cambiar comportamientos a través de una mejor comunicación.

La experiencia de una amiga de Nelly, una mujer cuya historia se cuenta en el capítulo 4 bajo el seudónimo de Gloria, fue menos afortunada. Aunque su marido violento la había dejado tranquila esos días, su hija adolescente había quedado embarazada. A pesar de que Gloria había sido líder de organizaciones de mujeres durante muchos años y había visto y experimentado las dificultades por las que pasaban las jóvenes, no podía superar la ira que sentía contra su hija y se había negado a ayudarla. Así como sabía que no debió haberse quedado con un marido abusivo durante tanto tiempo, creía que su hija debería haber actuado diferente. Sin embargo, tener conocimientos sobre la salud reproductiva no necesariamente le da a las personas la capacidad (o voluntad) para evitar el embarazo. Y esta capacidad se encuentra aún más reducida entre mujeres jóvenes, que a menudo se sienten más inhibidas en la negociación de relaciones sexuales seguras. La hija de Gloria se había comportado como muchas otras adolescentes en el Perú (y en todas partes), y simplemente tuvo la mala fortuna de quedar embarazada fuera de una relación "responsable".

Aun así, Nelly y Gloria eran conscientes de que los adolescentes necesitaban más información sobre salud sexual y reproductiva. La organización a la que pertenecían ahora, la Depromuna, apoyó un proyecto que buscó subsanar ese vacío, al mismo tiempo que brindó información a chicos y chicas sobre salud corporal. Manuela Ramos organizó talleres valiéndose de las mismas técnicas que se analizaron en el capítulo 3. Las promotoras apoyaron a un grupo de jóvenes en la elaboración de autodiagnósticos con el fin de ayudarles a detectar problemas y soluciones. Como admiten Nelly y Gloria, estos cursos contribuyeron a mejorar la salud sexual de los jóvenes, y quizás aún más importante, los alentó a hablar de temas relacionados con su salud, su cuerpo y su sexualidad, algo que no podían hacer en la escuela o en su casa.

Los autodiagnósticos que se hicieron a principios del año 2006 con jóvenes de las comunidades vecinas de San Miguel, mostraron que antes de empezar el taller, al menos la mitad tenía conocimientos básicos sobre su sistema reproductivo que les permitían evitar un embarazo.[5] Un estudio enfocado en San Miguel, una ciudad conectada por caminos de tierra al resto del departamento, también reveló que Internet ahora llegaba a áreas remotas a través de dos cabinas en

---

5. Autodiagnósticos preparados en la provincia de Changallo, departamento de Ayacucho, al sur de San Miguel, en enero de 2006. Las transcripciones fueron realizadas por Manuela Ramos Ayacucho.

las que pululaban muchachas y muchachos en uniformes escolares. Ello, por supuesto, ha ampliado considerablemente el acceso a información, lo que preocupa a algunos padres. A pesar de esta creciente conectividad con el mundo, los autodiagnósticos realizados con jóvenes rurales y periurbanos en enero de 2006 también revelaron que las niñas participantes (de diez a catorce años) eran extremadamente tímidas, al punto de no poder hablar sin cubrirse la boca con las manos. Esta timidez era más pronunciada entre las niñas rurales que entre las que habían crecido en entornos más urbanos. Los talleres estaban allí para ayudarlas a hablar y reflexionar sobre su vida, para brindarles información útil, y pueden haber sido también un buen recurso para los jóvenes que Nelly y Gloria frecuentaban en sus actividades diarias.

Volviendo a las políticas

Aunque las historias personales de Vilma, Teodomira, Nelly y Gloria están marcadas por su propia personalidad, por las decisiones que cada una tomaba en su vida y por las circunstancias que las rodeaban, también están íntimamente relacionadas con la historia contemporánea del Perú y sus cambiantes estructuras sociales. Las cuatro eran de ascendencia indígena, pero de cierto modo eran mujeres urbanas: Vilma y Teodomira vivían en asentamientos humanos en la ciudad de Ayacucho, Nelly también vivía en Ayacucho pero visitaba frecuentemente la casa de su familia en San Miguel, mientras que Gloria había crecido y vivía en San Miguel. Asimismo, Vilma y Nelly se trasladaban regularmente a Lima, donde tenían familiares y contactos con organizaciones, y Nelly había viajado incluso a Montreal para asistir a una conferencia internacional para pueblos indígenas. Gloria y Teodomira, a su vez, como líderes locales solían visitar comunidades apartadas, a mayor altura o en la ceja de selva. La migración de Kelly, la hija de Vilma, a los Estados Unidos, completa la moderna incorporación de estas mujeres a una red global.

Esta creciente movilidad estuvo estrechamente relacionada con una mayor inclusión social y política. Muchas mujeres pobres e indígenas o mestizas, que vivían en los márgenes del Estado (Das y Poole 2004), aprendieron a hacerse oír en su hogar y a plantear reclamos a través de las organizaciones de mujeres en las que se involucraron y de las alianzas que estas entidades formaron con ONG, partidos políticos e instituciones estatales. Aunque las políticas de ayuda alimentaria de los años ochenta, y en particular de los noventa, se apropiaron en gran medida del trabajo no remunerado de las mujeres para aliviar la pobreza, e incorporaron a los sectores populares en un sistema político corrupto, también contribuyeron a la persistencia y legitimación de una miríada de organizaciones de mujeres en espacios tanto rurales como urbanos. En todo caso, dichas organizaciones proporcionaron un gran camino educativo que inculcaba el liderazgo y desarrollaba habilidades organizacionales y políticas, así como una conciencia de género. Al mismo tiempo, sin embargo, el clientelismo cada vez más institucionalizado de los años noventa, así como los estereotipos y la discriminación basados en el género, la raza y la clase, tanto en el diseño como en la aplicación de las políticas de ayuda alimentaria, fueron un grave obstáculo para la democratización de las organizaciones de base de mujeres y contribuyeron a crear conflictos y una fragmentación interna.

La posición de clase y de género de las mujeres organizadas en programas de ayuda alimentaria en las zonas urbanas y sus territorios circundantes, fue también utilizada instrumentalmente por los gobiernos subsiguientes, pero lo fue en especial por el régimen de Fujimori, que se basó en la retórica de que ellas eran las cuidadoras de su comunidad capaces de sacrificarse para aliviar la pobreza. Las propias organizaciones de base emplearon también el concepto de "maternidad" para justificar su actividad pública ante la violencia política y doméstica. Al hacerlo, las mujeres ganaron cierta autonomía y ampliaron su agencia, incluso si esto se hacía dentro de un sistema corrupto. Pero en este país con una estructura jerárquica tan fuerte, tales mujeres no fueron las más marginadas. Durante la década de 1990, cuando el gobierno cada vez más autoritario y corrupto de Fujimori buscó reducir la pobreza siguiendo los modelos neoliberales de la época, se enfocó activamente en las mujeres indígenas pobres que vivían en las áreas rurales, buscando disminuir el número de hijos que tenían. La puesta en marcha de este programa de planificación familiar, que estableció un sistema de cuotas en lugares que carecían de instalaciones y donde la fecundidad era alta, reveló cómo el género, la raza y la clase son categorías que se intersecan en la vida de los peruanos. Las mujeres a las que se dirigió esta política de población sufrieron las consecuencias de estas desigualdades interseccionales.

La discriminación a menudo violenta contra las indígenas pobres también fue usual cuando se aplicaron medidas para erradicar la violencia contra la mujer. A pesar de que los servicios mencionados en el capítulo anterior —las comisarías, los centros de mujeres, la conciliación y las agencias de mediación— habían sido diseñados para contrarrestar esta violencia, las mujeres, frecuentemente, se encontraban en situaciones donde el abuso continuaba o donde denunciar a una pareja violenta no llevaba a ninguna parte. Aunque dichos abusos e insuficiencias institucionales no estaban contemplados en la política, su diseño reflejaba las estructuras discriminatorias y autoritarias de la sociedad. Estas estructuras apenas fueron cuestionadas; muchos profesionales que trabajaron para dichos programas carecían de respeto por las mujeres, los pobres y los pueblos indígenas, y no estaban lo suficientemente bien capacitados en temas de mujer y de perspectiva de género. Al mismo tiempo, no se asignaron recursos que facilitaran servicios menos agresivos y corruptos. Las políticas estaban demasiado aisladas, separadas de otras iniciativas de la sociedad civil, y no eran tratadas en la reforma de las instituciones más amplias de las que formaban parte los programas, como las estrategias de reducción de la pobreza, la reforma del sector salud y la del sector interior, que vela por la seguridad.

Esta fragmentación en la prestación de servicios y la política ha alimentado y es a la vez fomentada por los procesos interrelacionados de neoliberalización de la economía política y la ONGización de la sociedad civil. Las intervenciones de la ONG feminista Manuela Ramos, discutidas en los capítulos 4 y 5, no están aisladas. La sociedad peruana es parte de la tendencia global a que las ONG se involucren en las áreas de género, derechos humanos, educación, medio ambiente y reducción de la pobreza. Las cuestiones de rendición de cuentas, profesionalización, representación y alcance son solo algunos de los temas ampliamente debatidos. En el Perú, la relación entre las ONG, el Estado y las organizaciones beneficiarias no siempre es clara; lo que sí está claro es que las ONG se han vuelto indispensables para el desarrollo social, en particular en el área de la igualdad de género.

En 2006, una nueva visita a las dependencias del gobierno creadas para combatir la violencia doméstica en San Miguel y Ayacucho, me reveló que este sector se nutre de las intervenciones de las ONG. Cada vez más, los profesionales que trabajan en este campo juzgan que la alta incidencia de violencia contra mujeres y niños es consecuencia del conflicto político de las décadas anteriores. Cuando visité la región aquel año, sicólogos, abogados, fiscales, trabajadores sociales y líderes, como Nelly, estaban involucrados en la violencia familiar desde una perspectiva posconflicto. Una ONG, el Centro para la Promoción y Desarrollo Poblacional (Ceprodep), organizaba talleres con Nelly y su grupo en San Miguel para ayudar a la gente a procesar experiencias traumáticas y a las parejas a reflexionar sobre su situación. Además de la violencia entre hombre y mujer, la violencia física contra los niños también parecía ser común; muchas veces se la consideraba un castigo legítimo a la desobediencia (Programa Integral de Lucha Contra la Violencia Familiar y Sexual 2005).

Las denuncias de violencia doméstica han ido en aumento: una encuesta del año 2005 realizada en el departamento de Ayacucho arrojó que, de un total de 1046 mujeres encuestadas, el 54% había sufrido una paliza al menos una vez en su vida y el 30,7% era agredido regularmente por su pareja (Programa Integral de Lucha Contra la Violencia Familiar y Sexual 2005). Las denuncias de violencia sexual contra menores también se han incrementado, y los tribunales están bastante dispuestos a condenar a los agresores.[6] En línea con tales tendencias, hay una creciente indignación ciudadana por este tipo de

---

6. Según los trabajadores del Programa Integral de Lucha Contra la Violencia Familiar y Sexual en Ayacucho, una cuarta parte de las condenas penales en el tribunal de Ayacucho son por violencia sexual contra menores.

abuso, como lo demuestra el amplio apoyo que obtuvo la propuesta electoral de Alan García de restablecer la pena de muerte para los pederastas, que no llegó a concretarse. Todo ello indica que existe una mayor conciencia del problema que representa la alta incidencia de violencia doméstica en el Perú.

No obstante, un proceso de reasignación de recursos ha desmantelado lentamente el Plan Nacional contra la Violencia hacia la Mujer. En Ayacucho, esta situación se salvó con la ayuda de un fondo de cooperación belga, que invirtió en el Programa Integral de Lucha Contra la Violencia Familiar y Sexual, que apoya a las mujeres reduciendo su dependencia económica, a través de —entre otros— proyectos de producción de artesanía y ropa, que luego se venden en Lima y en los Estados Unidos. Desde el año 2002, el programa se había reubicado y funcionaba estratégicamente en el mismo edificio que el Centro Emergencia Mujer (CEM) del gobierno. El CEM recibe visitas regulares, a pesar de su continua falta de recursos y la fragmentación de los servicios que brinda. Dicho centro ofrece apoyo sicológico y asesoramiento jurídico y procesal, pero debe enviar a las mujeres que quieren presentar una denuncia formal a las comisarías y fiscales. Es decir, a pesar de que ese era su objetivo inicial, los servicios que ofrece no están integrados.

En cuanto a los policías que se ocupaban de la violencia doméstica, eran los mismos que había conocido durante mi visita en el año 2002. Según ellos, la situación no había mejorado, más bien recibían cada vez más denuncias, pero los recursos seguían siendo escasos. Y mientras que en 2002 la unidad para mujeres tenía sus propias instalaciones, separadas de otras unidades policiales, ahora compartían el mismo edificio. La antigua oficina tenía la desventaja de ser muy abierta, lo que no dejaba espacio para la privacidad, pero la nueva requería pasar frente a policías hombres y cruzar varios corredores antes de encontrar la habitación correcta. Entrar a ese lugar en el que el poder de los hombres se exhibía mediante uniformes y armas, no era una experiencia reconfortante. Aunque había una joven policía que había sido entrenada para lidiar con casos de abuso doméstico, era nueva y sus compañeros se mostraron despectivos con ella cuando pedí reunirme con ella. Los fiscales entrevistados, el personal de los CEM y los usuarios, unánimemente criticaban la ineficacia de la policía y su falta de sensibilidad con la violencia familiar.

En San Miguel, la comisaría solo tenía un oficial, que era reemplazado por el Estado cada 45 días. Aunque, según Nelly, los dos últimos oficiales habían cooperado, la falta de continuidad no ayudaba a proteger a las mujeres y niños maltratados. El Estado también había invertido en una defensoría municipal del niño y del adolescente (Demuna) en la localidad. Esta oficina, contó Nelly, la dirigía un sicólogo de Arequipa que no hablaba quechua, que actuaba de manera autoritaria y que decidía arbitrariamente de qué manera las parejas debían resolver sus problemas. La solución preferida del sicólogo era la reconciliación, la firma de un acuerdo entre hombre y mujer, un método que, como vimos en el capítulo 5, era mayormente rechazado. En respuesta, Nelly y sus colegas crearon su propio centro, la Defensoría y Promoción de la Mujer, del Niño y Adolescente (Depromuna), donde recibían aproximadamente a tres mujeres al día. Esta fue una solución creativa que tuvo una gran acogida. Tanto los hombres como las mujeres respetaban a Nelly, y algunas mujeres incluso hablaban con ella de los abusos que normalmente mantenían en secreto, como la coerción sexual dentro del matrimonio.[7] Sin embargo, el trabajo de Nelly también generó más tensión con la Demuna de San Miguel. Por supuesto, Nelly no recibía un pago por su labor y, según explicó, dependía de pequeños trabajos que le entregaban porque la gente la conocía. Si las mujeres necesitaban otra clase de ayuda de la Depromuna —ciertos documentos o visitas a la casa de quien denunciaba—, debían pagar por el papel o por el transporte. Claramente esta no era una situación ideal, y demostraba, de nuevo, que las mujeres debían moverse por sus propios medios y que se les brindaba poco apoyo para desarrollar estrategias que les permitieran resolver problemas como la violencia familiar.

---

7. La policía y el personal de los CEM indicaron que las mujeres no hablan de violencia sexual. El agente de policía al que le pregunté sobre la violación dentro del matrimonio alzó las cejas como única respuesta.

En este capítulo, no revaluaré por completo los programas analizados de distribución de alimentos, salud reproductiva y violencia doméstica. Sin embargo, estas historias nos dicen algo sobre la evolución de tales políticas luego del año 2000 y sobre la relación entre el Estado y las mujeres pobres. Los gobiernos que sucedieron al de Fujimori no se ocuparon adecuadamente del problema de la fragmentación de los programas sociales, ni de su falta de responsabilidad con la población objetivo. Un mínimo grado de compromiso exigido por la sociedad civil, a menudo llevó a que los excesos fueran tratados mediante procesos políticos. Desde la caída de Fujimori, el Programa Nacional de Asistencia Alimentaria (Pronaa), la institución responsable de la distribución de alimentos, ha estado bajo un escrutinio creciente y una reforma continua por su enorme corrupción.[8] Sin embargo, la malnutrición infantil sigue sumando un 30% y el trabajo voluntario de las mujeres continúa siendo clave para las políticas de ayuda alimentaria.

Después del escándalo de esterilización de mediados de los años noventa, las políticas poblacionales se volvieron más conservadoras y restrictivas; la esterilización voluntaria se descartó y se impidió a las mujeres manejar adecuadamente su fertilidad y sexualidad. Recientemente, el gobierno de Alan García reactivó el debate sobre los derechos reproductivos de la mujer y el acceso a métodos anticonceptivos, y el aborto está de nuevo en la agenda política.[9] Mientras tanto, las ONG ofrecen talleres de educación sexual, concientización de género y salud reproductiva a adolescentes y adultos. A pesar del creciente interés de la ciudadanía, las intervenciones contra la violencia doméstica están principalmente en manos de organizaciones comunitarias y ONG financiadas externamente. Como me indicaron en Ayacucho y San Miguel, muchos agentes estatales aún alientan activamente la conciliación entre hombre y mujer, incluso cuando

---

8. Véase, por ejemplo, los escritos del economista y experto en programas sociales en el Perú, Pedro Francke, en los periódicos nacionales.

9. La primera edición de este libro, en inglés, se publicó en 2010, un año antes de que Alan García terminara su segundo mandato (N. del E.).

hay evidencia de violencia física severa, mientras que el personal de los CEM afronta la falta de recursos, así como la amenaza constante de descontinuar el programa.

En general, la inversión del Estado es inadecuada y sus leyes e instituciones son incapaces de combatir esta forma de violencia, como lo señalan un reciente informe de la ONU, que investiga el cumplimiento por parte del Perú de la Convención sobre la Eliminación de Todas las Formas de Discriminación contra la Mujer, y un informe alternativo escrito por las cuatro ONG feministas más importantes del país, Manuela Ramos, Flora Tristán, Demus y Cladem (Cedaw 2007, Centro de la Mujer Peruana Flora Tristán 2006). Desafortunadamente, ambos documentos indican que no ha habido ninguna mejora real desde principios de los años noventa, a pesar de todas las políticas e instituciones gubernamentales creadas para combatir la pobreza, el crecimiento demográfico, la violencia y la discriminación de género. La brecha entre el discurso y la práctica, o entre la política y su implementación, continúa obstaculizando la participación plena e igualitaria de las mujeres en la vida civil.

Al mismo tiempo, las historias personales narradas aquí muestran muchas nuevas tendencias. Esta segunda generación de mujeres que trabajan en organizaciones de base, que reunieron a los grupos en federaciones y redes, han encontrado nuevas orientaciones para ellas y sus organizaciones. En 2006, la distribución de alimentos ya no era la principal preocupación de los clubes de madres federados de Ayacucho, aunque muchos aún apoyaban a los comedores populares y comités del Vaso de Leche. Más bien, otras cuestiones más políticas comenzaron a cobrar importancia entre ellos. La Fedecma entró en la política formal —aunque apoyando a un partido con pocos seguidores—, mientras que las líderes originales de la Federación Provincial de Clubes de Madres de La Mar, en San Miguel, crearon organismos para defender los derechos de la mujer. En La Mar, también, varias mujeres (entre ellas, Nelly y Gloria), estaban en proceso de redactar un pedido a las autoridades provinciales y locales para que prestaran atención a esos derechos. De este modo, las mujeres han dado un gran paso adelante y han entrado en una esfera pública en la que la idea que se tenía de ellas como receptoras pasivas y cuidadoras activas se ha superado: demostraron que deseaban mucho más que esto, que eran capaces de asumir otras responsabilidades, y que eran más perceptivas y creativas que todos aquellos que se habían dejado atrapar por el clientelismo y el desinterés que permeaban los programas e instituciones estatales. Aunque esto puede parecer banal, un cliché incluso, creo que teniendo en cuenta la mala prensa que han tenido los grupos de mujeres desde mediados de la década de 1990, es necesario destacar estos resultados positivos.

Surge ahora otra pregunta importante: ¿contribuyó a cambiar la ideología de género el hecho de que aumentara la participación de las mujeres en organizaciones de base? Quienes participan en ellas no se identifican necesariamente como feministas y suelen tener opiniones muy distintas sobre el género, la igualdad entre hombres y mujeres y cómo lograrla. Por ejemplo, el proyecto de Nelly en San Miguel apunta a cambiar la actitud y comportamiento de las personas, alentando a las mujeres y jóvenes a hablar del abuso y de la sexualidad, y con la esperanza de que los hombres asuman su responsabilidad en la violencia y cambien de proceder. Así, su labor no desafía las estructuras: ella lucha contra el abuso, no contra los roles de género. Nelly ha escogido una estrategia de no enfrentamiento y trabaja tanto con hombres como con mujeres para mejorar la comunicación y el bienestar general. Varias exlíderes de comedores populares y clubes de madres han recurrido a estrategias similares. Crearon microempresas con miembros de sus organizaciones y colaboran estrechamente con los hombres, tanto de sus familias como de sus comunidades.[10] Si bien dichas maniobras son potencialmente transformadoras, muchos de estos proyectos se centran más en mejorar la relación de pareja y la colaboración entre los sexos, que en desafiar la ideología de género. Hasta cierto punto, la organización feminista Manuela Ramos trabaja en esa misma línea.

---

10. Para un análisis detallado de mujeres y microempresas en barrios populares en Lima, véase Ypeij (2006).

Esta estrategia de concientización y empoderamiento, sin afrontar directamente los roles de género, parece contrastar con la que siguen las feministas más radicales, quienes cuestionan el poder masculino y la división del trabajo en función del género y celebran la diversidad sexual. Este segundo tipo de estrategia es la que adoptan los centros Flora Tristán y Demus, y algunas mujeres, como Delia Zamudio, fundadora en Lima de la Casa de Refugio de San Juan de Lurigancho, y la feminista y activista Rosa Dueñas. Una tercera estrategia, asumida no solo por mujeres profesionales de clase media, sino también por algunas que trabajan en organizaciones de base (como Teodomira de la Cruz y Vilma Ortega), busca el poder político y entre sus prioridades no necesariamente figura los derechos de la mujer. Todo ello nos demuestra que las organizaciones de mujeres fueron y son muy diversas, y que sus estrategias dependen de los beneficios que quieren obtener. También nos indica que las estrategias suelen aumentar la agencia de las mujeres, incluso si eso a veces significa que se vuelvan tan corruptas, violentas o autoritarias como la clase de hombres contra la cual lidian.

Las formas en que la raza ordena jerárquicamente a la sociedad peruana han sido un tema fundamental en este libro; también lo han sido en las vidas de Nelly, Vilma y Teodomira. Las tres son de ascendencia indígena, y todas hablan quechua como primera lengua, pero también son mujeres "urbanizadas". La pertenencia de Vilma y Teodomira al movimiento etnonacionalista puede interpretarse como un ejemplo de resistencia étnica a la hegemonía criolla. Resulta más probable, sin embargo, que dicha doctrina las atrajera porque ofrece cierto tipo de política populista y localista que no plantean otros partidos con sede en Lima. Al mismo tiempo, defender lo indígena como identidad política puede tener ciertas ventajas: puede ayudar a movilizar el apoyo y abrir nuevas oportunidades, como ocurrió con Nelly, quien pudo asistir a una conferencia en Canadá como representante indígena. Sin embargo, la identidad racial de Nelly, Vilma y Teodomira es, sobre todo, parte de su vida cotidiana y no necesariamente de un proyecto político. Aun así, las raíces andinas de estas mujeres han influido en su posición en la jerarquía social del país. Tal como ocurre con el género, la etnicidad puede ser un marcador de diferenciación que influye negativamente en el ejercicio de la ciudadanía y en la capacidad de adquirir un sentido de pertenencia. Sin embargo, también puede servir de base para la solidaridad y la lucha. Como lo demuestran estas historias, tales marcadores de identidad no implican que los individuos puedan ser fácilmente agrupados en categorías homogéneas, o que las mujeres de sectores populares tengan todas los mismos deseos y ambiciones.

Las desigualdades interseccionales de género, raza y clase son fluidas y reales al mismo tiempo: le dan forma a las divisiones sociales, pero también al activismo, y pueden tener la capacidad de aumentar la conciencia social y política. Estos pilares de discriminación e identidad se reflejan tanto en las instituciones del Estado, como en la sociedad civil y sus asociaciones y organizaciones, y en las relaciones personales y afectivas, incluidas las que tienen lugar dentro de la familia. La fluidez y los significados del género, la raza y la clase son continuamente renegociados y redefinidos en la interacción entre el Estado, la sociedad y el individuo. La política social y la legislación ciertamente contribuyen a desafiar las desigualdades, pero a menudo dando dos pasos adelante y uno atrás. Al examinar cómo funcionan ambas, este libro ha expuesto de qué manera las instituciones estatales reflejan el racismo y sexismo que existe en la sociedad peruana, y cómo las organizaciones populares, —en alianza con entidades profesionales y activistas—, pueden utilizar la política y la legislación para presionar a quienes representan al Estado y a la política nacional en el ámbito local. Este libro demuestra, así, que la asociación entre Estado y sociedad en políticas y prestación de servicios —un término característico de los tiempos neoliberales— es tan conflictiva como productiva. En otras palabras, la disyunción entre lo que se ambiciona en la política y lo que se termina aplicando, es producto de la intersección de las desigualdades que prevalecen tanto en las instituciones del Estado como en la sociedad, pero dicha separación entre política y práctica, y las desigualdades subyacentes, son también desafiadas y transformadas por mujeres que se involucran.

Bibliografía

Abel, Christopher y Colin M. Lewis (eds.)
2002 *Exclusion and Engagement: Social policy in Latin America*. Londres: Universidad de Londres, Instituto de Estudios Latinoamericanos.

Aguirre, Katie
1991 "'Ni con hambre ni terror nos detendrán por la paz' reafirman madres de comedores populares frente a amenazas terroristas". *El Peruano*, 20 de septiembre. Disponible en: Warmi CD-ROM CENDOC-Mujer.

Álvarez, Julia
1994 *In the Time of the Butterflies*. Chapel Hill, N. C.: Algonquin Books.

Álvarez, Sonia E.
1997 "Contradictions of a 'Women's Space' in a Male-Dominated State: The Political Role of the Commissions of the Status of Women in Post-authoritarian Brazil". En Kathleen Staudt (ed.). *Women, International Development, and Politics: The Bureaucratic Mire*. Filadelfia: Temple University Press.

1998 "Latin American Feminisms "Go Global": Trends of the 1990s and Challenges for the New Millenium". En Sonia E. Álvarez, Evelina Dagnino y Arturo Escobar (eds.). *Cultures of Politics,*

Politics of Culture: Revisioning Latin American Social Movements. Boulder: West-view Press.

ÁLVAREZ, Sonia E., Evelina DAGNINO y Arturo ESCOBAR (eds.)
1998 *Cultures of Politics, Politics of Culture: Revisioning Latin American Social Movements*. Boulder: West-view Press.

ÁLVAREZ, Sonia E. et ál.
2003 "Encountering Latin American and Caribbean Feminisms". *Signs*, 28 (2). Disponible en: <http://www.journals.uchicago.edu/doi/pdf/10.1086/342589>.

ÁLVAREZ RODRICH, Augusto y Julio COTLER
1995 *Perú, 1964-1994: economía, sociedad y política*. Lima: Instituto de Estudios Peruanos.

ANDERSON, Jeanine
1998 "Peruvian Women and the Peruvian State". En Geertje Lycklama à Nijeholt, Virginia Vargas y Saskia Wieringa (eds.). *Women's Movements and Public Policy in Europe, Latin America, and the Caribbean*. Nueva York: Garland.

ANDREAS, Carol
1985 *When Women Rebel: The Rise of Popular Feminism in Peru*. Westport, Conn.: L. Hill.

"APLICACIÓN DE LA LEY DE PROTECCIÓN FRENTE A LA VIOLENCIA FAMILIAR 26260"
2003-2004 Facsímil. "Encuentro de redes y mesas inter-institucionales que trabajan en el tema de violencia familiar en Lima metropolitana", Villa El Salvador, Villa María del Triunfo.

APPELBAUM, Nancy P., Anne S. MACPHERSON y Karin Alejandra ROSEMBLATT
2003 *Race and Nation in Modern Latin America*. Chapel Hill: University of North Carolina Press.

ARAMBURÚ, Carlos E.
2002a *Derechos humanos y salud: vinculando perspectivas*. Lima: Flora Tristán, Aprodeh, Consorcio de Investigación Económica y Social.

2002b "Politics and Reproductive Health: A Dangerous Connection". Ponencia leída en el "Seminario Interregional de Salud Reproductiva, Necesidades Insatisfechas y Pobreza", Bangkok, Tailandia.

ARIPURNAMI, Sita
1997 "Reproductive Rights Between Control and Resistance: A Reflection on the Discourse of Population Policy in Indonesia". M. Sc. diss., London School of Economics, Londres.

ARNILLAS, Federico
1998 "Afrontando el desafío del manaña", II Conferencia Nacional sobre Desarrollo Social, Lima.

ARROYO, Juan
2002 *La salud peruana en el siglo XXI: retos y propuestas de política*. Lima: Consorcio de Investigación Económica y Social.

BALLÓN, Eduardo y Maruja BARRIG
1986 *Movimientos sociales y democracia: La fundación de un nuevo orden*. Lima: Centro de Estudios y Promoción del Desarrollo.

BARRANTES, Carmen
1990 "Mujeres crean red nacional". *Mujer y Sociedad*, 10 (32): 30-31.

BARRET, Christopher
1998 "Food Aid: Is It Development Assistance, Trade Promotion, Both, or Neither?". *American Journal of Agricultural Economics*, 80 (3): 566-571.

2001 "Does Food Aid Stabilize Food Availability?". *Economic Development and Cultural Change*, 49 (2): 335-349.

2002 "Food Aid and Commercial International Food Trade". Artículo preparado para Trade and Markets Divisions, Organization for Economic Cooperation and Development.

BARRIG, Maruja
1986 "Democracia emergente: movimientos de mujeres". En Eduardo Ballón (ed.). *Movimientos sociales y democracia: la*

fundación de un nuevo orden. Lima: Centro de Estudios y Promoción del Desarrollo.

1988 *De vecinas a ciudadanas: la mujer en el desarrollo urbano*. Lima: Sumbi.

1994 "The Difficult Equilibrium Between Bread and Roses: Women's Organizations and Democracy in Peru". En Jane S. Jaquette. *The Women's Movement in Latin America: Participation and Democracy*. Segunda edición. Boulder: Westview Press.

1998 "Female Leadership, Violence, and Citizenship in Peru". En Jane S. Jaquette y Sharon L. Wolchik. *Women and Democracy: Latin America and Central and Eastern Europe*. Baltimore: John Hopkins University Press.

2001 *El mundo al revés: imágenes de la mujer indígena*. Buenos Aires: Consejo Latinoamericano de Ciencias Sociales, Agencia Sueca de Desarrollo Internacional.

2002 "La persistencia de la memoria: feminismo y Estado en el Perú de los 90". En AldoPanfichi (ed.). *Sociedad civil, esfera pública y democratización en América Latina: Andes y Cono Sur*. Lima: Pontificia Universidad Católica del Perú; Ciudad de México: Fondo de Cultura Económica.

Bebbington, Anthony, Samuel Hickey y Diana Mitlin

2008 *Can NGOs Make a Difference? The Challenge of Development Alternatives*. Londres: Zed Books.

Blondet, Cecilia

1986 *Muchas vidas construyendo una identidad: las mujeres pobladoras de un barrio limeño*. Lima: Instituto de Estudios Peruanos.

1991 *Las mujeres y el poder: una historia de Villa El Salvador*. Lima: Instituto de Estudios Peruanos.

1995 "El movimiento de mujeres en el Perú". En Augusto Álvarez Rodrich y Julio Cotler (eds.). *Perú, 1964-1994: economía, sociedad y política*. Lima: Instituto de Estudios Peruanos.

1996 "In No-Man's Land: Poor Women's Organizations and Political Violence in Lima's Neighborhoods". En R. A. John Friedmann y Lilian Autler (eds.). *Emergences: Women's Struggles for Livelihood in Latin America*. Berkeley y Los Ángeles: University of California Press.

1998 *La emergencia de las mujeres en el poder: ¿hay cambios?* Lima: IEP.

1999 *Las mujeres y la política en la década de Fujimori*. Lima: Instituto de Estudios Peruanos.

2002 *El encanto del dictador: mujeres y política en la década de Fujimori*. Lima: Instituto de Estudios Peruanos.

Blondet, Cecilia y Carmen Montero Checa

1995 *Hoy menú popular: los comedores en Lima*. Serie Infancia y Sociedad, 3. Lima: Instituto de Estudios Peruanos y Unicef.

Blondet, Cecilia et ál.

1994 *La situación de la mujer en el Perú, 1980-1994*. Lima: Instituto de Estudios Peruanos.

Boesten, Jelke

2007 "Marrying the Man Who Raped You: Domesticating War Crimes in Ayacucho, Peru". En Donna Pankhurst. *Gendered Peace: Women's Struggles for Post-war Justice and Reconciliation*. Routledge/Unrisd Research in Gender and Development, 2. Nueva York: Routledge.

2008 "Narrativas de sexo, violencia y disponibilidad: raza, género y jerarquías de la violación en Perú". En Fernando Urrea Giraldo, Mara Viveros Vigoya y Peter Wade (eds.). *Raza, etnicidad y sexualidades: ciudadanía y multiculturalismo en América Latina*. Bogotá: Universidad Nacional de Colombia.

BOESTEN, Jelke y Paulo DRINOT

2004 "The Allure of Eugenics: Peru and the History Without People". Ponencia leída en el seminario "Economic and Social Research Council Seminar Series, Social Policy, Stability, and Exclusion in Latin America", en el Instituto de Estudios Latinoamericanos, Londres.

BONDI, Liz y Nina LAURIE

2005 "Working the Spaces of Neoliberalism: Activism, Professionalization, and Incorporation". *Antipode*, 37 (3): 393-401.

BONFIGLIO, Giovanni

1999 *Veinticinco años de debate sobre temas de población en la prensa peruana, 1974-1999*. Lima: Amidep.

BOSERUP, Ester

1970 *Woman's Role in Economic Development*. Londres: Allen y Unwin.

BOURQUE, Susan y Kay WARREN

1981 *Women of the Andes: Patriarchy and Social Change in Two Peruvian Towns*. Ann Arbor: University of Michigan Press.

BRAH, Avtar y Ann PHOENIX

2004 "Ain't I a Woman? Revisiting Intersectionality". *Journal of International Women's Studies*, 5 (3): 75-86.

BUNSTER, Ximena y Elsa CHANEY

1985 *Sellers and Servants: Working Women in Lima, Peru*. Nueva York: Praeger.

BURT, Jo-Marie

1998 "Shining Path and the 'Decisive Battle' in Lima's Barriadas: The Case of Villa El Salvador". En Steve Stern (ed.). *Shining and Other Paths: War and Society in Peru, 1980-1995*. Durham: Duke University Press.

BUTLER, Judith

1999 *Gender Trouble: Feminism and the Subversion of Identity*. Nueva York: Routledge.

Canessa, Andrew
2005 "The Indian Within, the Indian Without: Citizenship, Race, and Sex in a Bolivian Hamlet". En Andrew Canessa (ed.). *Natives Making Nation: Gender, Indigeneity and the State in the Andes*. Tucson: University of Arizona Press.

Carrión, Julio
2006 *The Fujimori Legacy: The Rise of Electoral Authoritarianism in Peru*. University Park: Pennsylvania State University Press.

Cedaw
2007 "Comentarios concluyentes del Comité para la Eliminación dela Discriminación contra la Mujer: Perú". Traducción informal del español por Flora Tristán de las Naciones Unidas, CEDAW/C/PERU/CO/6. Facsímil. Disponible en: <http://www.un.org/womenwatch/daw/cedaw/cedaw25years/content/english/CONCLUDING _COMMENTS/Perú/Perú-CO-6.pdf>.

Centro de la Mujer Peruana Flora Tristán
2000 *Mortalidad materna y aborto inseguro*. Lima: Flora Tristán/ Demus.

2003 *Violencia familiar y sexual: diagnóstico sobre servicios de atención*. Lima: Flora Tristán.

2004 *Veinticinco años de feminismo en el Perú*. Lima: Heinrich Böll Stiftung.

2006 *Informe alternativo al sexto informe periódico del Estado Peruano al Comité de la CEDAW*. Lima: Flora Tristán, Manuela Ramos, Cladem, Demus.

Ceprodep Centro para la Promoción y Desarrollo Poblacional
1997 *Diagnóstico del desplazamiento en Ayacucho 1993-1997: héroes sin nombre*. Lima: Ceprodep.

Cervone, Emma
2002 "Engendering Leadership: Indigenous Women Leaders in the Ecuadorian Andes". En Rosario Montoya, Lessie Jo Frazier y

Janise Hurtig (eds.). *Gender's Place: Feminist Anthropologies of Latin America*. Nueva York: Palgrave Macmillan.

CHANEY, Elsa
1979 *Supermadre: Women in Politics in Latin America*. Austin: University of Texas Press.

CHANT, Sylvia H. y Nikki CRASKE (eds.)
2003 *Gender in Latin America*. Nuevo Brunswick: Rutgers University Press.

CHRISTIANSEN, Tanja Katherine
2004 *Disobedience, Slander, Seduction, and Assault: Women and Men in Cajamarca, Peru, 1862-1900*. Austin: University of Texas Press.

CISNEROS, Rosa
1984 "El dolor me vuelve más rebelde". ¡Viva!, 1 (2): 12-13.

CLADEM – COMITÉ LATINOAMERICANO PARA LA DEFENSA DE LOS DERECHOS DE LA MUJER
1998 *Silencio y complicidad: violencia contra las mujeres en los servicios públicos de salud en el Perú*. Lima: Cladem; Nueva York: CRLP.

1999 *Nada personal: reporte de derechos humanos sobre la aplicación de la anticoncepción quirúrgica en el Perú, 1996-1998*. Lima: Cladem.

CLANCY-SMITH, Julia Ann y Frances GOUDA
1998 *Domesticating the Empire: Race, Gender, and Family Life in French and Dutch Colonialism*. Charlottesville: University Press of Virginia.

CLAY, Edward, Nita PILLAI y Charlotte BENSON
1998 "Food Aid and Food Security in the 1990s: Performance and Effectiveness". *Overseas Development Institute Working Papers*. Londres.

COLLIER, David

1976 *Squatters and Oligarchs: Authoritarian Rule and Policy Change in Peru*. Baltimore: Johns Hopkins University Press.

1978 *Barriadas y élites: de Odría a Velasco*. Lima: Instituto de Estudios Peruanos.

COMISIÓN ESPECIAL SOBRE ACTIVIDADES DE ANTICONCEPCIÓN QUIRÚRGICA VOLUNTARIA

2002 *Informe final*. Lima: Ministerio de Salud.

CONAMUP – COMISIÓN NACIONAL DE LA MUJER PERUANA

1970 "Acuerdos y recomendaciones del Primer Congreso Nacional de la Mujer Peruana". Facsímil, Trujillo.

1975 "Síntesis informativa y anexos de la Conferencia Mundial del Año Internacional de la Mujer". Facsímil, Lima.

CONNELLY, Matthew James

2008 *Fatal Misconception: The Struggle to Control World Population*. Cambridge, Mass.: Belknap Press of Harvard University Press.

CONTRERAS, Carlos

1982 *La ciudad del mercurio, Huancavelica, 1570-1700*. Lima: Instituto de Estudios Peruanos.

CONTRERAS, Carlos y Marcos CUETO

1999 *Historia del Perú contemporáneo*. Lima: Red Para el Desarrollo de las Ciencias Sociales en el Perú.

CORAL, Isabel

1998 "Women in War: Impact and Responses". En Stern, Steve, ed., *Shining and Other Paths: War and Society in Peru, 1980-1995*. Durham: Duke University Press.

COTLER, Julio

1992 *Clases, estado y nación en el Perú*. Segunda edición. Lima: Instituto de Estudios Peruanos.

1994 *Política y sociedad en el Perú: cambios y continuidades*. Lima: Instituto de Estudios Peruanos.

CRABTREE, John
1992 *Peru Under García: An Opportunity Lost*. Pittsburgh: University of Pittsburgh Press.

2006 *Construir instituciones: democracia, desarrollo y desigualdad en el Perú desde 1980*. Lima: Instituto de Estudios Peruanos.

CRABTREE, John y Jim THOMAS
1998 *Fujimori's Peru: The Political Economy*. Londres: Institute for Latin American Studies.

CRASKE, Nikki
1998 "Remasculinization and the Neo-liberal State in Latin America". En Georgina Waylen y Vicky Randall (eds.). *Gender, Politics, and the State*. Londres: Routledge.

1999 *Women and Politics in Latin America*. Nuevo Brunswick: Rutgers University Press.

2000 *Continuing the Challenge: The Contemporary Latin American Women's Movement(s)*. Liverpool: University of Liverpool, Institute of Latin American Studies.

2007 "Género, pobreza y movimientos sociales". En Sylvia H. Chant y Nikki Craske (eds.). *Género en Latinoamérica*. México, D. F.: Ciesas.

CRASKE, Nikki y Maxine MOLYNEUX (eds.)
2002 *Gender and the Politics of Rights and Democracy in Latin America*. Houndmills, Basingstoke, Hampshire: Palgrave.

CUETO, Marcos
1997 *El regreso de las epidemias: salud y sociedad en el Perú del siglo XX*. Lima: Instituto de Estudios Peruanos.

CUEVA BETETA, H. y A. Millán FALCONI
2000 *The Women Food Organizations and Their Relationship with the Government*. Reporte preparado para la Comparative Re-

gional Project, Civil Society and Democratic Governability in the Andes and the South Region, Ford Foundation and the Social Sciences Department of the Catholic University of Peru, Lima.

CVR – Comisión de la Verdad y Reconciliación)

2002 AT Mujer. Videos de audiencias públicas sobre el género y la violencia, Lima.

2003 *Informe final*. Disponible en: <http://www.cverdad.org.pe>.

Das, Veena y Deborah Poole

2004 *Anthropology in the Margins of the State*. Santa Fe: School of American Research Press.

De la Cadena, Marisol

1991 "'Las mujeres son más indias'. Etnicidad y género en una comunidad del Cusco". *Revista Andina*, 9 (1): 7-29.

2000 *Indigenous Mestizos: The Politics of Race and Culture in Cuzco, 1919-1991*. Durham: Duke University Press.

Defensoría del Pueblo

s/f "La aplicación de la anticoncepción quirúrgica y los derechos reproductivos II". En *Informe Defensorial*, n.° 27. Disponible en: <http://www.defensoria.gob.pe/ inform-defensoriales.php>.

Degregori, Carlos Iván

2000 *La década de la antipolítica: auge y huída de Alberto Fujimori y Vladimiro Montesinos*. Serie Ideología y Política, 13. Lima: Instituto de Estudios Peruanos.

Degregori, Carlos Iván, Cecilia Blondet y Nicolás Lynch

1986 *Conquistadores de un Nuevo Mundo: de invasores a ciudadanos en San Martín de Porres*. Lima: Instituto de Estudios Peruanos.

Degregori, Carlos Iván et ál.

1996 *Las rondas campesinas y la derrota de Sendero Luminoso*. Segunda edición. Lima: Instituto de Estudios Peruanos.

DENEGRI, Francesca

2000 *Soy señora: testimonio de Irene Jara*. Lima: Instituto de Estudios Peruanos, Flora Tristán y El Santo Oficio.

DIETZ, Mary G.

1998 "Context is All: Feminism and Theories of Citizenship". En Anne Phillips. *Feminism and Politics. Oxford Readings in Feminism*. Oxford: Oxford University Press.

DORE, Elizabeth y Maxine MOLYNEUX (eds.)

2000 *Hidden Histories of Gender and the State in Latin America*. Durham: Duke University Press.

DRINOT, Paulo

2003 "States in Crisis: Peru in Historical Perspective". Ponencia leída en "Crisis in the Andes, Managing Regional Order", en la Universidad de Oxford.

2006 "Nation-Building, Racism, and Inequality: Institutional Development in Peru in Historical Perspective". En John Crabtree (ed.). *Making Institutions Work in Peru: Democracy, Development, and Inequality since 1980*. Londres: Institute for the Study of the Americas.

DROGUS, Carol Ann y Hannah W. STEWART-GAMBINO

2005 *Activist Faith: Grassroots Women in Democratic Brazil and Chile*. Parque Universitario: Pennsylvania State University Press.

ECKSTEIN, Susan y Manuel A. GARRETÓN MERINO

2001 *Power and Popular Protest: Latin American Social Movements*. Edición actualizada y aumentada. Berkeley y Los Ángeles: University of California Press.

EGAN, Louise

2000 "Rights and Renewal: Peru's Women Take Their Case to the Courts, the Media, and the Streets". *Ford Foundation Report*, 31 (1): 26-28. Disponible en: <http://www.fordfound.org/pdfs/impact/ford_reports_winter_2000.pdf>.

EHRLICH, Paul R.
1968 *The Population Bomb*. Nueva York: Ballantine Books.

EL COMERCIO
1995 "El 50% de la población no debe seguir siendo excluida en el mundo". 14 de septiembre. Disponible en: Warmi CD-ROM CENDOC-Mujer.

EL OBSERVADOR
1984 "Guardia civil: de profesión ¿violador?". 28 de enero.

EL PERUANO
1996 "Madres son el gran soporte de la reconstrucción nacional". 12 de mayo. Disponible en: Warmi CD-ROM CENDOC-Mujer.

ENCUESTA NACIONAL DE DEMOGRAFÍA Y SALUD (ENDES)
2005 Disponible en: <http://www.inei.gob.pe>.

ENLOE, Cynthia H.
2000 *Maneuvers: The International Politics of Militarizing Women's Lives*. Berkeley y Los Ángeles: University of California Press.

EPSTEIN, Helen
2008 "The Strange History of Birth Control". *Nueva York Review of Books*, 14 de agosto: 57-59.

ESCOBAR, Arturo
1995 *Encountering Development: The Making and Unmaking of the Third World*. Princeton Studies in Culture/Power/History. Princeton: Princeton University Press.

ESPINOZA MATOS, María Jesús
2000 *Violencia en la familia en Lima y el Callao: informe de resultados de la I Encuesta de Hogares sobre Vida Familiar en Lima y el Callao*. Lima: Ediciones del Congreso del Perú.

ESTREMADOYRO, Julieta
2001 "Domestic Violence in Andean Communities of Peru". *Law, Social Justice, and Global Development*, 1.

Ewig, Christine

2006a "Hijacking Global Feminism: Feminists, the Catholic Church, and the Family Planning Debacle in Peru". *Feminist Studies*, 32 (3): 632-659.

2006b "Global Processes, Local Consequences: Gender Equity and Health Sector Reform in Peru". *Social Politics*, 13 (3): 427-455.

Expreso

1995 "Harán gratis vasectomía y ligadura a las personas de escasos recursos". 12 de septiembre. Disponible en: Warmi CD-ROM CENDOC-Mujer.

Fecma (Federación Provincial de Clubes de Madres de Ayacucho)

1995-1999 *Constancia de apertura de libro de actas de la Federación de Clubes de Madres de la Provincia de Huamanga-FECMA-PH 1995-1999.*

Femoccpaalc – Federación de Mujeres Organizadas de Centrales de Comedores Populares Autogestionarios y Afines de Lima y Callao)

s/f "Reseña histórica de nuestra organización". Facsímil, Lima.

Ferrando, Delicia

2001 *Estimación de los niveles de aborto inducido en el Perú*. Lima: Path-finder International, Flora Tristán.

Figueroa, Adolfo

1998 "Income Distribution and Poverty in Peru". En John Crabtree y Jim Thomas (eds.). *Fujimori's Peru: The Political Economy*. Londres: Institute for Latin American Studies.

Fisher, Josephine

1993 *Out of the Shadows: Women, Resistance and Politics in South America*. Londres: Latin America Bureau.

Flacso – Facultad Latinoamericana de Ciencias Sociales

1993 *Mujeres Latinoamericanas en cifras: Perú*. Santiago de Chile: Flacso.

1995 *Latin American Women: Compared Figures*. Santiago de Chile: Flacso.

Flores Galindo, Alberto
1999 *La tradición autoritaria: violencia y democracia en el Perú*. Lima: SUR Casa de Estudios del Socialismo.

Flores Galindo, Alberto y Nelson Manrique
1985 *Violencia y campesinado*. Lima: Instituto de Apoyo Agrario.

Fort, A. L.
1989 "Investigation of the Social Context of Fertility and Family Planning: A Qualitative Study in Peru". *International Family Planning Perspectives*, 15 (3): 88-94.

Francke, Pedro
1990 "Género, clase y etnia: la trenza de la dominación". En Carlos Iván Degregori et ál. *Tiempos de ira y amor: nuevos actores para viejos problemas*. Lima: Centro de Investigación Económica y Social.

2003 "Comedores populares: sincerando realidades". En *La República*, 1 de mayo.

Fujimori, Alberto
1995 Speech Given Before the Fourth World Conference on Women, September 15, 1995, Beijing, China. Unofficial translation from Spanish original. Disponible en: <http://www.un.org/esa/gopher-data/conf/fwcw/conf/gov/950915131946.txt>.

Fuller, Norma J.
1993 *Dilemas de la femineidad: mujeres de clase media en el Perú*. Segunda edición. Lima: Pontificia Universidad Católica del Perú.

Fumerton, Mario
2002 *From Victims to Heroes: Peasant Counter-rebellion and Civil War in Ayacucho, Peru, 1980-2000*. Ámsterdam: Rozenberg.

García, María Elena

2005 *Making Indigenous Citizens: Identities, Education, and Multicultural Development in Peru.* Stanford: Stanford University Press.

García Naranjo Morales, Aída

2001 *Vaso de Leche: memoria de mujeres.* Lima: Centro de Asesoría Laboral del Perú.

Goldstein, Donna M.

2003 *Laughter Out of Place: Race, Class, Violence, and Sexuality in a Rio Shantytown.* California Series in Public Anthropology. Berkeley y Los Ángeles: University of California Press.

Gonzales de Olarte, Efraín y Pilar Gavilano Llosa

1998 *Pobreza y violencia doméstica contra la mujer en Lima Metropolitana.* Lima: IEP.

Gow, Peter y Penelope Harvey

1994 *Sex and Violence: Issues in Representation and Experience.* Londres: Routledge.

Graham, Carol

1991 "The APRA Government and the Urban Poor: The PAIT Programme in Lima's Pueblos Jóvenes". *Journal of Latin American Studies,* 23 (1): 91-130.

Griffin, Philip

1979 "The Impact of Food Aid: Peru, a Case Study". *Food Policy,* 4 (1): 46-52.

Grupo Autónomo de Mujeres

1983 "Por un feminismo revolucionario". Marzo. Facsímil.

Grupo Impulsor Nacional/Cesip

2000 *El PRONAA y los comedores populares: yo te doy, pero si no me apoyas yo te quito.* Lima: Cesip.

GÜEZMES, Ana, Nancy PALOMINA y Miguel RAMOS
2002 *Violencia sexual y física contra las mujeres en el Perú*. Lima: Flora Tristán.

GUZMÁN, José Miguel et ál. (eds.)
1996 *The Fertility Transition in Latin America. International Studies in Demography*. Oxford: Clarendon Press.

GUZMÁN CHAGANAQUÍ, Alfredo
2002 "Para mejorar la salud reproductiva". En Juan Arroyo. *La salud peruana en el siglo XXI: retos y propuestas de política*. Lima: Consorcio de Investigación Económica y Social.

HALE, Charles A.
1996 Political Ideas and Ideologies in Latin America, 1870-1930. En Leslie Bethell (ed.). *Ideas and Ideologies in Twentieth Century Latin America*. Cambridge: Cambridge University Press.

HARRIS, Olivia
1978 "Complementarity and Conflict: An Andean View of Women and Men". En J. S. LaFontaine (ed.). *Sex and Age as Principles of Social Differentiation*. Nueva York: Academic Press.

HARTMANN, Betsy
1995 *Reproductive Rights and Wrongs: The Global Politics of Population Control*. Boston: South End Press.

HARVEY, Penelope
1994 "Domestic Violence in the Peruvian Andes". En Peter Gow y Penelope Harvey (eds.). *Sex and Violence: Issues in Representation and Experience*. Londres: Routledge.

HAUTZINGER, Sarah
2002 "Criminalizing Male Violence in Brazil's Women's Police Stations: From Flawed Essentialism to Imagined Communities". *Journal of Gender Studies*, 11 (3): 243-251.

HEISE, Lori L.

1997 "Violence, Sexuality, and Women's Lives. En Roger N. Lancaster y Micaela di Leonarda (eds.). *The Gender/Sexuality Reader: Culture, History, Political Economy*". Nueva York: Routledge.

HELD, David

1989 *Political Theory and the Modern State: Essays on State, Power, and Democracy*. Stanford: Stanford University Press.

HENRÍQUEZ Ayin, Narda y Cecilia REYNOSO RENDÓN

2006 *Cuestiones de género y poder en el conflicto armado en el Perú*. Lima: Consejo Nacional de Ciencia, Tecnología e Innovación Tecnológica.

HERMAN, Judith Lewis

1992 *Trauma and Recovery*. Nueva York: Basic Books.

HOOKS, Bell

1981 *Ain't I a Woman: Black Women and Feminism*. Boston: South End Press.

HÜNEFELDT, Christine

2000 *Liberalism in the Bedroom: Quarreling Spouses in Nineteenth-Century Lima*. University Park: Pennsylvania State University Press.

ISBELL, Billie Jean

1979 "La otra mitad esencial: un estudio de complementariedad sexual en los Andes". *Estudios Andinos*, 5 (1): 37-56.

JACOBS, Susie M., Ruth JACOBSON y Jen MARCHBANK (eds.)

2000 *States of Conflict: Gender, Violence, and Resistance*. Londres: Zed Books.

JAQUETTE, Jane S.

1994 *The Women's Movement in Latin America: Participation and Democracy*. Segunda edición. Boulder: Westview Press.

JAQUETTE, Jane S. y Kathleen A. STAUDT

1988 "Politics, Population, and Gender: A Feminist Analysis of US Population Policy in the Third World". En Kathleen B. Jones y Anna

G. Jónasdóttir (eds.). *The Political Interests of Gender: Developing Theory and Research with a Feminist Face*. Londres: Sage.

JAQUETTE, Jane S. y Sharon L. WOLCHIK
1998 *Women and Democracy: Latin America and Central and Eastern Europe*. Baltimore: John Hopkins University Press.

JARA, Olga
1975 "Aprueban estatuto de Comisión Nacional de la Mujer Peruana". *La Crónica*, 18 de julio. Disponible en: Warmi CD-ROM CENDOC-Mujer.

JELIN, Elizabeth, J. Ann ZAMMIT y Marilyn THOMSON
1990 *Women and Social Change in Latin America*. Ginebra: United Nations Research Institute for Social Development; Londres: Zed Books.

JOCHAMOWITZ, Luis
1993 *Ciudadano Fujimori: la construcción de un político*. Serie Crónicas Contemporáneas. Lima: Peisa.

JOHANNSEN, Julia
2006 *Operational Poverty Targeting in Peru: Proxy Means Testing with Non-income Indicators*. International Poverty Centre Working Paper, n.o 30. Brasilia: United Nations Development Programme, International Poverty Centre.

KABEER, Naila
1992 *From Fertility Reduction to Reproductive Choice: Gender Perspectives on Family Planning*. Brighton: University of Sussex Institute of Development Studies.

1998 *Realidades trastocadas: las jerarquías de género en el pensamiento del desarrollo*. México, D. F.: Paidós.

2001 "Reflections on the Measurement of Women's Empowerment". *Discussing Women's Empowerment-Theory and Practice*. Sida Studies, n.° 3. Estocolmo: Novum Grafiska AB.

KAPLAN, Temma

1982 "Female Consciousness and Collective Action: The Case of Barcelona, 1910-1918". *Signs*, 7 (3): 545-566.

KELLY, Liz

2000 "Wars Against Women: Sexual Violence, Sexual Politics, and the Militarised State". En Jacobs, Susie M., Ruth Jacobson y Jen Marchbank, eds., *States of Conflict: Gender, Violence, and Resistance*. Londres: Zed Books.

KIRK, Robin

1993 *Grabado en piedra: las mujeres de Sendero Luminoso*. Lima: IEP.

KISIC, Drago

1998 "Privatisation, Investment, and Sustainability". En Crabtree, John y Jim Thomas, eds., *Fujimori's Peru: The Political Economy*. Londres: Institute for Latin American Studies.

KLARÉN, Peter F.

2000 *Peru: Society and Nationhood in the Andes*. Nueva York: Oxford University Press.

KOVEN, Seth y Sonya MICHEL

1993 *Mothers of a New World: Maternalist Politics and the Origins of Welfare States*. Nueva York: Routledge.

KRUIJT, Dirk

1994 *Revolution by Decree: Peru, 1968-1975*. Thela Latin America Series, 1. Ámsterdam: Thela.

LA REPÚBLICA

1991 "¡Queremos paz, justicia y vida! El grito de las madres que luchan contra el hambre y el terror". 27 de septiembre. Disponible en: Warmi CD-ROM CENDOC-Mujer.

1995 "La Iglesia y el gobierno coinciden en planificación familiar con ética". 16 de agosto. Disponible en: Warmi CD-ROM CENDOC-Mujer.

La Tortuga
1987 "Comisión Nacional de los Derechos de la Mujer", n.° 20: 21-23.

Larson, Brooke
2004 *Trials of Nation Making: Liberalism, Race, and Ethnicity in the Andes, 1810-1910*. Cambridge: Cambridge University Press

Lenten, Roelie
1993 *Cooking Under the Volcanoes: Communal Kitchens in the Southern Peruvian City of Arequipa*. Latin America Studies. Ámsterdam: Cedla.

Lerner, Salomón
2003 "Discurso de presentación del informe final de la Comisión de la Verdad y Reconciliación". Disponible en: <http://www.cverdad.org.pe>.

Leydesdorff, Selma, Luisa Passerini y Paul Richard Thompson (eds.)
1996 *Gender and Memory*. International Yearbook of Oral History and Life Stories, 4. Oxford: Oxford University Press.

Lievesley, Geraldine
1996 "Stages of Growth? Women Dealing with the State and Each Other in Peru". En Geraldine Lievesley y Shirin M. Rai (eds.). *Women and the State: International Perspectives*. Londres: Taylor and Francis.

Lievesley, Geraldine y Shirin M. Rai (eds.)
1996 *Women and the State: International Perspectives*. Londres: Taylor and Francis.

Lind, Amy
2005 *Gendered Paradoxes: Women's Movements, State Restructuring, and Global Development in Ecuador*. University Park: Pennsylvania State University Press.

Loli, Silvia
2007 *Reporte sobre la vigencia de los derechos humanos de las mujeres en el Perú*. Flora Tristán, 2001. Facsímil.

LOWENTHAL, Abraham

1975 *The Peruvian Experiment: Continuity and Change Under Military Rule*. Princeton: Princeton University Press.

LYCKLAMA À NIJEHOLT, Geertje, Virginia VARGAS y Saskia WIERINGA (eds.)

1998 *Women's Movements and Public Policy in Europe, Latin America, and the Caribbean*. Nueva York: Garland.

MACAULAY, Fiona

2006 *Gender Politics in Brazil and Chile: The Role of Parties in National and Local Policymaking*. Basingstoke: Palgrave Macmillan.

MAKHLOUF OBERMEYER, Carla

1999 "The Cultural Context of Reproductive Health: Implications for Monitoring the Cairo Agenda". *International Family Planning Perspectives*, 25. Supl. S50-S52, S55.

MALLON, Florencia E.

1983 *The Defense of Community in Peru's Central Highlands: Peasant Struggle and Capitalist Transition, 1860-1940*. Princeton: Princeton University Press.

1995 *Peasant and Nation: The Making of Postcolonial México and Peru*. Berkeley y Los Ángeles: University of California Press.

MAMDANI, Mahmood

1972 *The Myth of Population Control: Family, Caste, and Class in an Indian Village*. Nueva York: Monthly Review Press.

MANRIQUE, Nelson

2002 "Violencia política, etnicidad y racismo en el Perú del tiempo de la guerra". En Nelson Manrique (ed.). *El tiempo del miedo: la violencia política en el Perú 1980-1996*. Lima: Fondo Editorial del Congreso del Perú.

MARKA

1979 "Manuela Ramos: hacia un feminismo de izquierda". 20 de septiembre. Disponible en: Warmi CD-ROM CENDOC-Mujer.

1984 “Protestan por violación de testigo clave de Uchuraccay”. 8 de diciembre. Disponible en: Warmi CD-ROM CENDOC-Mujer.

MATEAR, Ann
1999 “Gender Relations, Authoritarianism, and Democratization in Chile”. *Democratization*, 6 (3): 100-117.

MATERNOWSKA, M. Catherine
2006 *Reproducing Inequities: Poverty and the Politics of Population in Haiti*. New Brunswick: Rutgers University Press.

MATOS MAR, José
1984 *Desborde popular y crisis del Estado: el nuevo rostro del Perú en la década de 1980*. Serie Perú Problema, 21. Lima: Instituto de Estudios Peruanos.

MCCLINTOCK, Cynthia y Abraham F. LOWENTHAL
1983 *The Peruvian Experiment Reconsidered*. Princeton: Princeton University Press.

MEINTJES, Sheila, Anu PILLAY y Meredeth TURSHEN
2001 *The Aftermath: Women in Post-conflict Transformation*. Londres: Zed Books.

MÉNDEZ, Juan E., Guillermo O’DONNELL y Paulo SÉRGIO PINHEIRO
1999 *The (Un)rule of Law and the Underprivileged in Latin America*. Notre Dame: University of Notre Dame Press.

MÉNDEZ G., Cecilia
2005 *The Plebeian Republic: The Huanta Rebellion and the Making of the Peruvian state, 1820-1850*. Durham: Duke University Press.

MINISTERIO DE JUSTICIA DE LOS PAÍSES BAJOS
2002 *Privé geweld, publieke zaak*. Disponible en: <http://www.huiselijkgeweld.nl>.

MOLYNEUX, Maxine
1985 “Mobilization Without Emancipation? Women’s Interests, the State, and Revolution in Nicaragua”. *Feminist Studies*, 2: 227-254.

2000a “State, Gender, and Institutional Change: The Federación de Mujeres Cubanas”. En Elizabeth Dore y Maxine Molyneux, (eds.). *Hidden Histories of Gender and the State in Latin America*. Durham: Duke University Press.

2000b “Twentieth-Century State Formations in Latin America”. En Elizabeth Dore y Maxine Molyneux (eds.). *Hidden Histories of Gender and the State in Latin America*. Durham: Duke University Press.

2003 *Movimientos de mujeres en América Latina: estudio teórico comparado*. Traducción de Jaqueline Cruz. Madrid: Universitat de València.

Montoya, Rosario, Lessie Jo Frazier y Janise Hurtig (eds.)
2002 *Gender's Place: Feminist Anthropologies of Latin America*. Nueva York: Palgrave Macmillan.

Moore, Henrietta
1994 “The Problem of Explaining Violence in the Social Sciences”. En Penelope Harvey y Peter Gow (eds.). *Sex and Violence: Issues in Representation and Experience*. Londres: Routledge.

Morris-Suzuki, Tessa
2000 “For and Against NGOs: The Politics of the Lived World”. *New Left Review*, 2 (marzo-abril): 63-84.

Moser, Caroline O. N. y Cathy McIlwaine
2004 *Encounters with Daily Violence in Latin America: Urban Poor Perceptions from Columbia and Guatemala*. Nueva York: Routledge.

Movimiento Manuela Ramos
1983 “La situación de la mujer, Collique 1983”. 567-ICCO, Utrecht Archives.

1984 “Las Manuelas se encuentran III”. 567-5250-84 G ICCO, Utrecht Archives.

1997 “Plan estratégico 1998-2000”. Lima.

2001 "Manuela Ramos en la década de los '90". Facsímil. Lima.

s/f "La violencia contra la mujer en cifras". Facsímil. Lima.

MOYANO, María-Elena
1990 "¿Dirigimos o cocinamos el Vaso de Leche?". *Página Libre*, B4.

MOYANO, María Elena y Diana MILOSLAVICH TÚPAC
1993 *María Elena Moyano: en busca de una esperanza*. Lima: Flora Tristán.

MUJER Y SOCIEDAD
1984 "A dónde va el feminismo", n.° 4 (8): 27-29.

1987 "Violencia sexual y las penas", en n.° 7 (12): 2-3.

1989 "Reforma del Código Penal", en n.° 4 (29): 17.

MURDOCK, Donna F.
2003 "Neoliberalism, Gender, and Development: Institutionalizing 'Post-Feminism' in Medellin, Colombia". *Women's Studies Quarterly*, 31 (3-4): 129-153.

NAIR, Sumati y Preetl KIRBAT
2004 "A Decade After Cairo: Women's Health in a Free Market Economy". Corner House Briefing, 31. Disponible en: <http://www.thecornerhouse.org.uk/ pdf/briefing/31cairo.pdf>.

NAVARRO, Marysa
1989 "The Personal is Political: Las Madres de Plaza de Mayo". En Susan Eckstein (ed.). *Power and Popular Protest: Latin American Social Movements*. Berkeley: University of California Press.

2002 "Against Marianismo". En Rosario Montoya, Lessie Jo Frazier y Janise Hurtig (eds.). *Gender's Place: Feminist Anthropologies of Latin America*. Nueva York: Palgrave Macmillan.

NELSON, Diane M.
1999 *A Finger in the Wound: Body Politics in Quincentennial Guatemala*. Berkeley y Los Ángeles: University of California Press.

NELSON, Sara

1996 "Constructing and Negotiating Gender in Women's Police Stations in Brazil". *Latin American Perspectives*, 23 (1): 131-148.

NUGENT, José Guillermo

1992 *El laberinto de la choledad*. Serie Panel, 1. Lima: Fundación Friedrich Ebert.

OJO

1991 "Madres serán heroínas de reconstrucción nacional". 11 de mayo. Disponible en: Warmi CD-ROM CENDOC-Mujer.

OLIART, Patricia

1999 "Leer y escribir en un mundo sin letras: reflexiones sobre la globalización y la educación en la sierra rural". En Carlos Iván Degregori y Gonzalo Portocarrero (eds.). *Cultura y globalización*. Lima: Red para el Desarrollo de las Ciencias Sociales en el Perú.

OLTHOFF, Jacobijn

2006 *A Dream Denied: Teenage Girls in Migrant Popular Neighborhoods, Lima, Peru*. Utrecht: Universiteit Utrecht.

ONU – ORGANIZACIÓN DE LAS NACIONES UNIDAS–

1993 "Declaración sobre la eliminación de la violencia contra la mujer". Disponible en: <http://www.ohchr.org/SP/ProfessionalInterest/Pages/ViolenceAgainstWomen.aspx>.

OMS –ORGANIZACIÓN MUNDIAL DE LA SALUD–

2005 WHO Multi-country Study on Women's Health and Violence Against Women. Summary Report of Initial Results on Prevalence, Health Outcomes, and Women's Responses. Ginebra: OMS.

PAERREGAARD, Karsten

1997 *Linking Separate Worlds: Urban Migrants and Rural Lives in Peru*. Nueva York: Berg.

PALOMINO, Rocío

2004 "Mujeres populares y sus negociaciones con el Estado. Los programas alimentarios". En Flora Tristán, *Veinticinco años de feminismo en el Perú*. Lima: Heinrich Böll Stiftung.

PANKHURST, Donna

2003 The "Sex War" and Other Wars: Towards a Feminist Approach to Peace Building. En *Development in Practice*, 13 (2-3): 154-177.

2007 *Gendered Peace: Women's Struggles for Post-war Justice and Reconciliation*. Routledge/Unrisd Research in Gender and Development, 2. Nueva York: Routledge.

PATEMAN, Carole

1988 *The Sexual Contract*. Stanford: Stanford University Press.

Perks, Robert y Alistair THOMSON

1998 *The Oral History Reader*. Londres: Routledge.

PETCHESKY, Rosalind P.

2000 *Reproductive and Sexual Rights: Charting the Course of Transnational Women's NGOs*. Unrisd Occasional Paper, 8. Ginebra: Unrisd.

PHILLIPS, Anne

1998 *Feminism and Politics. Oxford Readings in Feminism*. Oxford: Oxford University Press.

PHOENIX, Ann y Pamela PATTYNAMA

2006 "Intersectionality". *European Journal of Women's Studies*, 13 (3): 187-192.

PILLAY, A.

2001 "Violence Against Women in the Aftermath". En Sheila Meintjes, Anu Pillay y Meredeth Turshen. *The Aftermath: Women in Post-conflict Transformation*. Londres: Zed Books.

Poole, Deborah

2004 "Between Threat and Guarantee: Justice and Community on the Margins of the Peruvian State". En Veena Das y Deborah Poole. *Anthropology in the Margins of the State*. Santa Fe: School of American Research Press.

Poole, Deborah y Gerardo Rénique

1992 *Peru: Time of Fear*. Londres: Latin American Bureau.

Portocarrero, Felipe et ál.

1998 *Economía y política de los programas gubernamentales de apoyo alimentario en el Perú*. Lima: Universidad Pacífico. Disponible en: <http://www.idrc.ca/lacro/foro/seminario/ portocarrero>.

Portugal, Ana María

1987 "Política de población: ¿nos concierne?". ¡Viva!, 4 (10): 2 -3.

Presidencia de la República, Promudeh

s/f "Avanzamos hacia un futuro mejor". Folleto promocional.

Promudeh – Ministerio de Promoción de la Mujer y el Desarrollo Humano)

2001 *Plan Nacional Contra la Violencia Hacia la Mujer 2001*. Facsímil.

Programa Integral de Lucha Contra la Violencia Familiar y Sexual

2005 *Levantamiento de indicadores para la línea de base del Programa Integral de Lucha Contra la Violencia Familiar y Sexual, Ayacucho*. Ayacucho: Ministerio de la Mujer y del Desarrollo Social, Cooperación Belga al Desarrollo.

Quijano, Aníbal

1967 "La emergencia del grupo cholo y sus implicancias en la sociedad peruana". Tesis de doctor en letras, Universidad Nacional Mayor de San Marcos, Facultad de Letras, Lima.

1980 *Dominación y cultura: lo cholo y el conflicto cultural en el Perú*. Lima: Mosca Azul Editores.

RADCLIFFE, Sarah A. y Sallie WESTWOOD

1993 "*Viva*": *Women and Popular Protest in Latin America*. Londres: Routledge.

RED NACIONAL DE LA PROMOCIÓN DE LA MUJER

2002 *La menarquía y sus implicaciones en la educación en el Perú*. Ayacucho: Red Nacional de la Promoción de la Mujer, World Education, Usaid.

REYNAGA FARFÁN, Gumercinda

1996 *Cambios en las relaciones familiares campesinas a partir de la violencia política y le nuevo rol de la mujer*. Documento de Trabajo n.° 75. Lima: Instituto de Estudios Peruanos.

RICHARDS, Patricia

2004 *Pobladoras, Indígenas, and the State: Conflicts over Women's Rights in Chile*. New Brunswick: Rutgers University Press.

RIVERA, Cecilia

1993 *María Marimacha: los caminos de la identidad femenina*. Lima: Pontificia Universidad Católica del Perú.

RODRÍGUEZ, Alfredo, Gustavo RIOFRÍO y Eileen WELSH

1973 *De invasores a invadidos*. Lima: Centro de Estudios y Promoción del Desarrollo.

ROUSSEAU, Stéphanie

2006 "Women's Citizenship and Neopopulism: Peru Under the Fujimori Regime". *Latin American Politics and Society*, 48 (1): 117-141.

2007 "The Politics of Reproductive Health in Peru: Gender and Social Policy in the Global South". *Social Politics*, 1-33. Disponible en: <http://sp.oxfordjournals.org/cgi/ reprint/jxm002v2.pdf>.

RUGGERI Laderchi, CATERINA

2001 *Killing Two Birds with the Same Stone? The Effectiveness of Food Transfers on Nutrition and Monetary Poverty*. Queen Elizabeth House Working Paper, 74. Oxford University.

RUGGERI LADERCHI, Caterina, Ruhi SAITH y Frances STEWART

2003 *Does It Matter That We Don't Agree on the Definitions of Poverty? A Comparison of Four Approaches*. Queen Elizabeth House Working Paper 107. Oxford University.

SALA, Mariela

1984 "La complicidad de las leyes". *¡Viva!*, 1 (2): 7-10.

1996 *Polémica entre el gobierno y la iglesia*, Perú. Facsímil. Disponible en: <http://www.fempress.cl>. (consulta: octubre de 2001).

SÁNCHEZ-GRIÑÁN, María Inés

2002 "Hacia una política nutricional en el Perú: estrategias alimentarias y no alimentarias". *Arroyo* 2002.

SANGSTER, Joan

2000 "Telling Our Stories: Feminist Debates and the Use of Oral History". En Robert Perks y Alistair Thomson. *The Oral History Reader*. Londres: Routledge.

SANTOS, Cecilia M.

2004 "Engendering the Police: Women's Police Stations and Feminism in São Paolo". *Latin American Research Review*, 39 (3): 29-55.

SAPORTA STERNBACH, Nancy et ál.

1992 "Feminisms in Latin America: From Bogotá to San Bernardo". *Signs*, 17 (2): 393-434.

SCHADY, Norbert

1999 *Seeking Votes: The Political Economy of Expenditures by the Peruvian Social Fund (FONCODES), 1991-1995*. Washington, D.C.: World Bank Poverty Reduction and Economic Management Network Poverty Division.

SCHEPER-HUGHES, Nancy y Philippe I. BOURGOIS

2004 *Violence in War and Peace: An Anthology*. Malden, Mass.: Blackwell.

SCHILD, Verónica

1998 "New Subjects of Rights? Women's Movements and the Construction of Citizenship in the "New Democracies". En Sonia E. Álvarez, Evelina Dagnino y Arturo Escobar (eds.). *Cultures of Politics, Politics of Culture: Revisioning Latin American Social Movements*. Boulder: West-view Press.

2000 "Gender Equity Without Social Justice: Women's Rights in the Neo-liberal Age". *NACLA Report on the Americas*, 34 (1): 25-28.

SCHMIDT, Gregory D.

2006 "All the President's Women: Fujimori and Gender Equity in Peruvian Politics". En Julio Carrión. *The Fujimori Legacy: The Rise of Electoral Authoritarianism in Peru*. University Park: Pennsylvania State University Press.

SCHMIDT, Gregory D. y Kyle L. SAUNDERS

2004 "Effective Quotas, Relative Party Magnitude, and the Success of Female Candidates: Peruvian Municipal Elections in Comparative Perspective". *Comparative Political Studies*, 37 (6): 704-724.

SCOTT, James C.

1985 *Weapons of the Weak: Everyday Forms of Peasant Resistance*. New Haven: Yale University Press.

1990 *Domination and the Arts of Resistance: Hidden Transcripts*. New Haven: Yale University Press.

SCOTT, Joan Wallach (ed.)

1996 *Feminism and History*. Oxford: Oxford University Press.

SHEPARD, Bonnie

2002 *Reproductive Health: Building Women's Citizenship*. Ford Foundation. Disponible en: <http://www.drclas.harvard.edu/revista/articles/view/412>.

SHORE, Cris y Susan WRIGHT

1997 *Anthropology of Policy: Critical Perspectives on Governance and Power*. Londres: Routledge.

SILVERBLATT, Irene Marsha
1987 *Moon, Sun, and Witches: Gender Ideologies and Class in Inca and Colonial Peru*. Princeton: Princeton University Press.

SKOCPOL, Theda
1992 *Protecting Soldiers and Mothers: The Political Origins of Social Policy in the United States*. Cambridge, Mass.: Belknap Press of Harvard University Press.

SOBO, Elisa J.
1993 "Bodies, Kin, and Flow: Family Planning in Rural Jamaica". *Medical Anthropology Quarterly*, sin especificar, 7 (1): 50-73.

SQUIRES, Judith
1999 *Gender in Political Theory*. Cambridge: Polity Press; Malden, Mass.: Blackwell.

STARN, Orin
1999 *Nightwatch: The Making of a Movement in the Peruvian Andes*. Durham: Duke University Press.

STEIN, Dorothy
1997 "Population as Politics: A Review Article". *Comparative Studies in Society and History*, 39 (3): 593-599.

STEPAN, Alfred C.
1978 *The State and Society: Peru in Comparative Perspective*. Princeton: Princeton University Press.

STERN, Steve J. (ed.)
1998 *Shining and Other Paths: War and Society in Peru, 1980-1995*. Durham: Duke University Press.

STERNBERG, Peter
2000 "Challenging Machismo: Promoting Sexual and Reproductive Health with Nicaraguan Men". *Gender and Development*, 8 (1): 89-99.

Stokes, Susan Carol

1995 *Cultures in Conflict: Social Movements and the State in Peru.* Berkeley y Los Ángeles: University of California Press.

Stoler, Ann Laura

1995 *Race and the Education of Desire: Foucault's History of Sexuality and the Colonial Order of Things.* Durham: Duke University Press.

2002 *Carnal Knowledge and Imperial Power: Race and the Intimate in Colonial Rule.* Berkeley y Los Ángeles: University of California Press.

Tamayo, Ana María

2003 "Anfasep y la lucha por la memoria de sus desaparecidos (1983-2000)". En Carlos Iván Degregori (ed.). *Jamás tan cerca arremetió lo lejos: memoria y violencia política en el Perú.* Lima: Instituto de Estudios Peruanos.

Theidon, Kimberly Susan

2003 "Disarming the Subject: Remembering War and Imagining Citizenship in Peru". *Cultural Critique*, 54: 67-87.

2004 *Entre prójimos: el conflicto armado interno y la política de la reconciliación en el Perú.* Estudios de la Sociedad Rural, 24. Lima: Instituto de Estudios Peruanos.

Thorp, Rosemary y Geoffrey Bertram

1978 *Peru, 1890-1977: Growth and Policy in an Open Economy.* Londres: Macmillan.

Thurner, Mark

1997 *From Two Republics to One Divided: Contradictions of Postcolonial Nationmaking in Andean Peru.* Durham: Duke University Press.

Tinsman, Heidi

1997 Household Patrones: Wife-Beating and Sexual Control in Rural Chile, 1964-1988. En John D. French y Daniel James (eds.).

The Gendered Worlds of Latin American Women Workers. Durham: Duke University Press.

Urrea Giraldo, Fernando, Mara Viveros Vigoya y Peter Wade

2008 *Raza, etnicidad y sexualidades: Ciudadanía y multiculturalismo en América Latina.* Bogotá: Universidad Nacional de Colombia.

Usaid – Agencia de los Estados Unidos para el Desarrollo Internacional

s/f "Improved Health, Including Family Planning of High-Risk Populations. Peru: Activity Data Sheet 527-003". Disponible en: <http://www.usaid.gov/pubs/cbj2002/lac/ pe/527-003.html>.

Uvin, Peter

1992 "Regime, Surplus, and Self-Interest: The International Politics of Food Aid". *International Studies Quarterly*, 36 (3): 293-312.

Valdez Arroyo, Flor de María

2006 "Justicia para las víctimas de violencia sexual en el conflicto armado interno peruano". Ponencia leída en el "Congreso Internacional de Derechos Humanos" organizado por el Instituto de Investigaciones Jurídicas de la Universidad Autónoma de México y el Instituto Luso-Americano-Filipino de Derecho Internacional, mayo 23-26, Ciudad de México.

Vargas, Virginia

1991 "The Women's Movement in Peru: Streams, Spaces, and Knots". *European Review of Latin American and Carribean Studies*, 50 (junio): 7-50.

1992 *Cómo cambiar el mundo sin perdernos: el movimiento de mujeres en el Perú y América Latina.* Lima: Flora Tristán.

1995 "Women's Movement in Peru: Rebellion into Action". En Saskia Wieringa (ed.). *Subversive Women: Women's Movements in Africa, Asia, Latin America, and the Caribbean.* Nueva Delhi: Kali for Women.

2002 "The Struggle by Latin American Feminisms for Rights and Autonomy". En Nikki Craske y Maxine Molyneux (eds.). *Gender and the Politics of Rights and Democracy in Latin America*. Houndmills, Basingstoke, Hampshire: Palgrave.

2004 "Los feminismos peruanos: breve balance de tres décadas". En Flora Tristán *Veinticinco años de feminismo en el Perú*. Lima: Heinrich Böll Stiftung.

Vargas Llosa, Mario

1994 *A Fish in the Water: A Memoir*. Nueva York: Farrar, Straus y Giroux.

Vásquez del Águila, Ernesto

2006 "Invisible Women: Forced Sterilization, Reproductive Rights, and Structural Inequalities in Peru of Fujimori and Toledo". En *Estudos e Pesquisas em Psicología*, 6 (1): 109-124.

Vavrus, Frances y Lisa Ann Richey

2003 Editorial. En "Women and Development: Rethinking Policy and Reconceptualizing Practice". Edición especial, *Women's Studies Quarterly*, 31 (3-4): 6-18.

Vega-Centeno B., Imelda

1994 *Simbólica y política: Perú 1978-1993*. Lima: Fundación Friedrich Ebert.

Velazco, Jackeline

1998 *La asistencia alimentaria en los hogares pobres dirigidos por mujeres: un enfoque microeconómico*. Documento de Trabajo, n.° 152. Lima: Departamento de Economía, Pontificia Universidad Católica del Perú.

¡Viva!

1985 "Necesidad de una política democrática de población", n.° 1 (4): 22.

Wade, Peter

2003 "Race and Nation in Latin America: An Anthropological View". En Nancy P. Appelbaum, Anne S. Macpherson y Karin Alejandra Rosemblatt. *Race and Nation in Modern Latin America*. Chapel Hill: University of North Carolina Press.

WALBY, Sylvia

1990 *Theorizing Patriarchy*. Oxford: Blackwell.

WARD, Martha C.

1995 "Early Childbearing: What Is the Problem and Who Owns It?". En Faye D. Ginsburg y Rayana Rapp (eds.). *Conceiving the New World Order: The Global Politics of Reproduction*. Berkeley y Los Ángeles: University of California Press.

WAYLEN, Georgina

1998 "Gender and Governance: Democratic Consolidation and Economic Reform". *Journal of International Development*, 10: 957-967.

2007 *Engendering Transitions: Women's Mobilization, Institutions, and Gender Outcomes*. Gender and Politics. Oxford: Oxford University Press.

WAYLEN, Georgina y Vicky RANDALL (eds.)

1998 *Gender, Politics and the State*. Londres: Routledge.

WEBB, Richard

1977 *Government Policy and the Distribution of Income in Peru*. Cambridge, Mass.: Harvard University Press.

WELDON, Laurel S.

2002 *Protest, Policy, and the Problem of Violence Against Women: A Cross-National Comparison*. Pittsburgh: University of Pittsburgh Press.

WIERINGA, Saskia

1994 "Women's Interests and Empowerment: Gender Planning Reconsidered". *Development and Change*, 25 (4): 829-848.

YÁÑEZ, Ana María

2003 "Quotas and Democracy in Peru". Ponencia leída en International IDEA Workshop, Lima.

Yon Leau, Carmen

2000 *Hablan las mujeres andinas: preferencias reproductivas y anticoncepción*. Lima: Manuela Ramos.

Young, Iris Marion

1989 "Polity and Group Difference: A Critique of the Ideal of Universal Citizenship". *Ethics*, 99 (2): 250-274.

Young, Robert J. C.

1995 *Colonial Desire: Hybridity in Theory, Culture, and Race*. Londres: Routledge.

Ypeij, Annelou

2006 *Produciendo contra la pobreza: la microempresa vista desde el género*. Lima: Instituto de Estudios Peruanos.

Yuval-Davis, Nira

1997 "Women, Citizenship, and Difference". *Feminist Review*, 57 (otoño): 4-27.

2006 "Intersectionality and Feminist Politics". *European Journal of Women's Studies*, 13 (3): 193-209.

Zauzig, Maria-Christine

2000 *Perú: "Política de población" y derechos humanos: campañas de esterilización 1996-1998*. Lima: Comisión Alemana Justicia y Paz.

Made in United States
North Haven, CT
10 November 2026

22091535R00155